TARIFS

DES

DOUANES DE FRANCE.

PARIS.—Imprimerie de COSSE et J. DUMAINE, rue Christine, 2.

TARIFS

DES

DOUANES DE FRANCE

CONTENANT :

Bureaux de douanes et leurs attributions ;

TARIF GÉNÉRAL, — DE L'ALGÉRIE, — DE LA CORSE, ETC., — FRANCO-ANGLAIS, — FRANCO-BELGE, — NOUVEAU RÉGIME COLONIAL, ETC., ETC. ;

DISPOSÉS PAR ORDRE ALPHABÉTIQUE

ET TENUS AU COURANT AU MOYEN DE LIVRAISONS

(D'après les documents officiels) ;

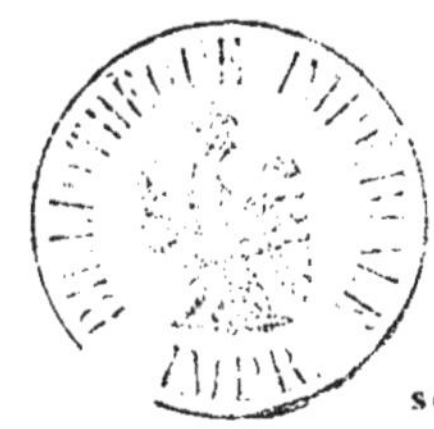

PAR

P. de LAJONKAIRE,
SOUS-INSPECTEUR DES DOUANES.

PARIS,
IMPRIMERIE ET LIBRAIRIE GÉNÉRALE DE JURISPRUDENCE.
COSSE ET MARCHAL, IMPRIMEURS-ÉDITEURS,
LIBRAIRES DE LA COUR DE CASSATION,
Place Dauphine, 27.

1862

AVERTISSEMENT.

Dans les opérations du commerce de transport et dans celles de l'industrie les taxes de douane constituent un des éléments importants du prix de revient des marchandises. Il importe donc aux armateurs, aux négociants, aux industriels, aux commissionnaires, de pouvoir être exactement renseignés sur les droits qui grèvent les marchandises étrangères à leur entrée en France, ou qui atteignent encore quelques produits à la sortie.

Un Tarif des Douanes, *parfaitement au courant*, est pour la plupart d'entre eux un livre de première nécessité.

Les nombreuses modifications que notre régime économique a subies depuis quelque temps, les conditions particulières qui résultent des traités de commerce conclus avec l'Angleterre et avec la Belgique, ont complétement transformé l'ancien Tarif.

D'un autre côté, de nouvelles conventions internationales sont en ce moment à l'étude ; elles viendront successivement modifier encore la législation actuelle. Enfin, à la suite des traités, il deviendra nécessaire de reviser le Tarif général pour le mettre en harmonie avec les modérations de droits accordées aux nations que nous aurons favorisées.

Dans un pareil état de choses nous avons pensé à une combinaison qui permettra aux hommes d'affaires d'avoir toujours des renseignements exacts.

Indépendamment de ce volume, et au fur et à mesure des changements qui interviendront, soit par voie législative, soit par voie de décrets, nos souscripteurs recevront, *dans un bref délai*, des livraisons qui résumeront ces changements et donneront une analyse des circulaires de l'Administration des Douanes relatives aux matières du Tarif.

Chaque année, nous donnerons une édition refondue de l'ouvrage, qui sera elle-même continuée au moyen de nouvelles feuilles rectificatives et supplémentaires.

SIGNES ET ABRÉVIATIONS.

L'astérisque (*) qui se trouve à la suite de quelques marchandises indique celles qui, taxées à plus de 20 fr. par 100 kilog. ou nommément désignées, soit par l'art. 8 de la loi du 27 mars 1817, soit par des lois ou décrets postérieurs, ne peuvent être importées que par certains bureaux, conformément à la restriction d'entrée établie par l'art. 20 de la loi du 28 avril 1816.

Deux astérisques (**) suivent :

1° Les denrées exotiques de 1er ordre, c'est-à-dire, les marchandises qui, dénommées dans l'art. 22 de la loi du 28 avril 1816, ne peuvent entrer que par mer et par les seuls ports d'entrepôt, sauf les cas prévus par les traités de commerce ;

2° Les marchandises des Colonies françaises admissibles au privilége colonial et dont l'importation ne peut avoir lieu également que par les seuls ports d'entrepôt.

Les lettres B. et N. placées à la suite de la désignation des marchandises, ont pour objet d'indiquer si la taxe doit être calculée sur le poids ***brut*** ou sur le poids ***net***.

Circ. Circul. Circulaire de l'Administration des Douanes.

Déc. minist. Décision ministérielle.

V. Voyez.

DIRECTIONS ET BUREAUX DE DOUANE.

Les bureaux ouverts à *l'importation* des marchandises taxées à plus de 20 francs par 100 kilogrammes, ou nommément désignées par l'article 8 de la loi du 27 mars 1817, etc., sont indiqués par un astérique (*) ;

Deux astériques (**), indiquent les bureaux ouverts à la fois : 1° à *l'importation* des marchandises dénommées dans l'article 22 de la loi du 28 avril 1816, et des denrées coloniales admises à une modération de droits; 2° à l'importation des marchandises taxées à plus de 20 francs par 100 kilogrammes, ou nommément désignées par l'article 8 de la loi du 27 mars 1817, etc. ;

La lettre majuscule (T), désigne les bureaux ouverts à la fois au *transit des marchandises prohibées* et *non prohibées ;* elle est suivie de la lettre italique *i* (T*i*), lorsque les bureaux sont ouverts au *transit international;*

La lettre italique (*t*), ceux qui sont ouverts seulement au *transit des marchandises non prohibées ;*

La lettre (C), les bureaux ouverts au *cabotage ;*

La lettre (B), les bureaux ouverts à la sortie des *boissons.*

Les villes imprimées en gros caractères sont les recettes principales.

1. DIRECTION DE DUNKERQUE.

DUNKERQUE (Inspection de).

Gravelines (**) (T) (C). . . . . (Nord).
Dunkerque (**) (T*i*) (C) . . . . »
Ghyvelde (B). . . . . »
Labrouckstraete . . . . »
L'Etoile . . . . »
Oost-Cappel (B). . . . . »
Bergues . . . . »
Wormhoudt. . . . . »

HAZEBROUCK (Inspection de).

Houtkerque . . . . (Nord).
Steenwoorde. . . . . »
Boeschèpe. . . . . »
Schaexhen. . . . . »
Bailleul (*) (B). . . . . »
La Cornette . . . . »
L'Hazewinde. . . . . »
Outtersteene. . . . . »
Hazebrouck . . . . »

2. DIRECTION DE LILLE.

ARMENTIÈRES (Inspection d').

Seau (B). . . . . (Nord).
Pont-de-Nieppe. . . . . »
Bizet. . . . . (Nord).
Armentières (*) (*t*) (B). . . . »
Houplines. . . . . »
Pont-Rouge . . . . »

2. DIRECTION DE LILLE (Suite).

Deulemont. . . . . (Nord).
Pont-de-Warneton . . . . . . »
Comines (B). . . . . »
Wervick. . . . . »
Quesnoy-sur-Deule . . . . . . »
Steenwerck . . . . »
Rue de la Lys. . . . . »
L'Armée. . . . . »
Wez-Macquart. . . . . »
Pérenchies. . . . . »
Baisieux (*) (t) (B). . . . . . . (Nord).
Tourcoing (*) (Ti) (B). . . . . »
Roubaix (*) (T) (B). . . . . . »
Lannoy . . . . »
Saint-André . . . . »
Marcq-en-Barœul . . . . »
Mons-en-Barœul . . . . »
Fives . . . . »
Lille (**) (Ti) (B). . . . . »

LILLE (Inspection de).

Halluin (*) (t) (B). . . . . . . (Nord).
Riscontout. . . . . »
Lamarlière. . . . . »
Touquet-les-Moutons. . . . . . »
Wattrelos . . . . »
Leers. . . . . »
Toufflers. . . . . »

ORCHIES (Inspection d').

Vannehain. . . . . (Nord).
Mouchain . . . . »
Cysoing . . . . »
Orchies . . . . »
Pont-à-Marcq . . . . »
Coutiches . . . . »
Bouvignies. . . . . »

3. DIRECTION DE VALENCIENNES.

CONDÉ (sous-inspection, div. de Saint-Amand).

Rumegies. . . . . (Nord).
Maulde. . . . . »
Mortagne. . . . . »
Hergnies. . . . . »
Vieux-Condé. . . . . »
Le Coq (B.). . . . . »
Condé-sur-l'Escaut (*). . . . . »
Saint-Amand. . . . . »
Fresnes-sur-l'Escaut. . . . . . »
Brillon. . . . . »
Hasnon. . . . . »
Raismes . . . . »

VALENCIENNES (Inspection de).

Crespin. . . . . (Nord).
Blancmisseron (*) (T) (B). . . »
Marchipont. . . . . »
Sebourg. . . . . »
Saint-Waast-les-Bavay. . . . . »
Valenciennes (*) (Ti) (B). . . . »
Bruay (route). . . . . »
Bruay (canal). . . . . »

Saint-Saulve . . . . (Nord).
Marly. . . . . »

FEIGNIES (Inspection de Maubeuge).

Bellignies. . . . . (Nord).
Hergies. . . . . »
Hon . . . . »
Malplaquet. . . . . »
Feignies (*) (Ti) (B). . . . . . »
Gognies-Chaussée. . . . . »
Bavay. . . . . »
Le Quesnoy. . . . . »
Pont-sur-Sambre. . . . . »

JEUMONT (Inspection de Maubeuge).

Bettignies (B). . . . . (Nord).
Villers-Sire-Nicole. . . . . . . »
Vieux-Rengt. . . . . »
Jeumont (*) (Ti) (B). . . . . . »
Haumont. . . . . »
Maubeuge (ville) (*). . . . . . »
Maubeuge (station). . . . . . . »
Aulnoye . . . . »

3. DIRECTION DE VALENCIENNES (Suite).

AVESNES (Inspection d').

Coursolre. . . . . (Nord).
Hestrud. . . . . »
Solre-le-Château. . . . . . . »
Clerfayt. . . . . »
Eppe-Sauvage . . . . (Nord).
Wallers . . . . »
Trelon . . . . »
Ohain. . . . . »
Avesnes. . . . . »
Avesnelles.. . . . . »

4. DIRECTION DE CHARLEVILLE.

HIRSON (Inspection d').

Anor. . . . . (Nord).
Rue D'ardennes. . . . . . (Aisne).
Hirson. . . . . »
Saint-Michel. . . . . . . »
Watigny. . . . . »
Signy-le-Petit.. . . . . . (Ardennes).
Fourmies.. . . . . (Nord).
La Capelle. . . . . (Aisne).
Maubert-Fontaine. . . . (Ardennes).
Vervins, agence spéc.. . (Aisne).

ROCROI (Inspection de).

Régniowez. . . . . (Ardennes).
Rocroi (*).. . . . . . . »
Gué-d'Hossus (B). . . . . »
Revin.. . . . . »
Fumay. . . . . »
Haut-Butté.. . . . . . . »
Les Rivières. . . . . . . »
Monthermé.. . . . . . . »
Braux . . . . »
Le Trembloy. . . . . . . »
Renwez . . . . »

GIVET (Inspection de Rocroi).

Vireux (*) (T) (B). . . . . (Ardennes).
Givet (B). bureau principal (*) (t) (Ardennes).
Givet (B). porte des Récollets. . »
Givet (B). porte Charbonnière.. »
Givet (B). porte du Luxembourg »
Hargnies. . . . . »

CHARLEVILLE (Inspect. de Sedan).

Gespunsart. . . . . (Ardennes).
Gernelle. . . . . »
Nouzon. . . . . »
Vrignes-aux-Bois. . . . »
Charleville (*). . . . . . »
Mézières. . . . . »

SEDAN (Inspection de).

Bosséval. . . . . (Ardennes).
Saint-Menges. . . . . . . »
Givonne. . . . . »
La Chapelle (B) . . . . . »
Francheval. . . . . »
Pourru-aux-Bois. . . . . »
Messincourt.. . . . . . . »
Matton. . . . . »
Tremblois.. . . . . »
Puilly. . . . . »
Sapogne (B).. . . . . . . »
Sedan (*) (t). . . . . . . »
Bazeilles. . . . . »
Douzy. . . . . »
Carignan. . . . . »
Margut. . . . . »

5. DIRECTION DE METZ.

MONTMÉDY (Inspection de).

Fagny. . . . . (Meuse).
Thonne-la-Long. . . . . . »
Ecouviez (B). . . . . (Meuse).
Velosnes-sur-Chiers. . . . . »
Charency.. . . . . (Moselle)
La Malmaison (E). . . . . . »

5. DIRECTION DE METZ (Suite).

Thonne-le-Thil. . . . . (Meuse).
Montmédy. . . . . »
Iré-le-Sec. . . . . »
Marville. . . . . »

LONGWY (Inspection de Montmédy).

Tellancourt. . . . . (Moselle).
Villehoudlemont. . . . . . . »
Cussigny. . . . . »
Mont-Saint-Martin (B). . . . »
Longwy (*) (T). . . . . . . »
Longuyon. . . . . »
Conslagrandville . . . . . . »

THIONVILLE (Inspection de).

Longlaville. . . . . (Moselle).
Hussigny. . . . . »
Redange. . . . . »
Audun-le-Tiche. . . . . . . »
Ottange (B). . . . . »
Volmerange . . . . »
Zoufftgen. . . . . »
Evrange (B). . . . . »
Mondorff (B). . . . . »
Gandren. . . . . »
Sierck (*) (T) par la Moselle. »
Apach (*) (T) (B). . . . . . . »
Villers-la-Montagne. . . . . »
Aumetz. . . . . »
Hettange-Grande (stat.). . . »
Thionville (ville). . . . . . »
Thionville (st.) (*) (*Ti*) (B). . »

BOUZONVILLE (Inspection de).

Merschweiller. . . . . (Moselle).
Launstroff. . . . . »
Valdwisse. . . . . »
Neunkirchen. . . . . »
Guerstling (B). . . . . »
Schreckling . . . . »
Les Trois-Maisons (B). . . . »
Merten. . . . . »
Creutzwald. . . . . »

Bouzonville. . . . . (Moselle).
Teterchen. . . . . »

METZ (Inspection de Saint-Avold).

Metz (**) (*Ti*). . . . . (Moselle).
Carling (B). . . . . »
Merlebach. . . . . »
Rosbrück. . . . . »
Petite-Rosselle. . . . . »
Forbach (*) (*Ti*) (B). . . . . »
Schœneck . . . . »
Styring. . { Route . . . . . . »
Styring. . { Gare. . . . . . . »
Boucheporn. . . . . »
Saint-Avold. . . . . »

SARREGUEMINES (Inspection de Saint-Avold).

Spickeren. . . . . (Moselle).
Zinzing. . . . . »
Grosbliederstroff. . . . . . . »
Welferding. . . . . »
Sarreguemines (*) (T). . . . »
Frauenberg (B). . . . . »
Bliesbrücken. . . . . »
Woustwiller. . . . . »
Hambach. . . . . »
Herbitzheim. . . . . (Bas-Rhin).
Théding. . . . . (Moselle).

BITCHE (Inspection de Bitche).

Guiderkirch. . . . . (Moselle).
Omerswiller. . . . . »
Volmunster. . . . . »
Schweyen. . . . . »
Walschbronn . . . . »
Haspelchiedt. . . . . »
Sturzelbronn. . . . . »
Rohrbach. . . . . »
Bitche. . . . . »

6. DIRECTION DE STRASBOURG.

WISSEMBOURG (Inspection de).

Obersteinbach. . . . . . . (Bas-Rhin).
Lembach . . . . »
Weiler. . . . . »
Wissembourg (*) (T*i*) (B). »
Schleithal. . . . . t . . . »
Lauterbourg (*) (T) (B). . . »
Reichshoffen . . . . »
Soultz-sous-Forêts. . . . . »

BISCHWILLER (Sous-inspection indépendante de Bischwilier).

Munchhausen. . . . . . . (Bas-Rhin).
Seltz. . . . . »
Beinheim. . . . . »
Fort-Louis . . . . »
Drusenheim. . . . . (Bas-Rhin).
Offendorff. . . . . »
La Wantzenau (B). . . . . »
Bischwiller. . . . . »

STRASBOURG (Inspection de).

L'écluse de l'Ill. . . . . . (Bas-Rhin).
Pont-de-Kehl (*) (T) (B). »
Gerstheim. . . . . »
Rhinau (B). . . . . »
Schœnau. . . . . »
Marckolsheim. . . . . . . »
Strasbourg (*) (T*i*). . . . . »
Schlestadt. . . . . »

7. DIRECTION DE COLMAR.

COLMAR (Sous-inspection indépendante de Neuf-Brisach.

Artzenheim (B) . . . . . (Haut-Rhin).
Ile-de-Paille (*) (B). . . . »
Nambsheim. . . . . »
Pont-de-Horbourg. . . . »
Colmar. . . . . »

MULHOUSE (Inspection de).

Chalampé (B). . . . . . . (Haut-Rhin).
Niffer. . . . . »
Kembs. . . . . »
Rixheim. . . . . »
Bartenheim. . . . . »
Mulhouse (**) (T*i*). . . . »

SAINT-LOUIS (Inspection de Mulhouse).

Huningue (*) (T) (B). . . (Haut-Rhin).
Saint-Louis (*) (T*i*) (B). . »
Bourgfeld. . . . . »
Hégenheim. . . . . (Haut-Rhin).
Niederhagenthal. . . . . »

DELLE (Inspection de).

Saint-Blaise. . . . . (Haut-Rhin).
Wolschwiller. . . . . . . »
Winckel. . . . . »
Lucelle. . . . . »
Courtavon (B). . . . . . »
Pfetterhausen. . . . . . »
Réchésy (B). . . . . »
Courcelles. . . . . »
Delle (*) (*t*) (B). . . . . »
Croix. . . . . »
Ferette. . . . . »
Beaucourt. . . . . »
Tagsdorf. . . . . »
Hirsingue. . . . . »
Dannemarie. . . . . . . »
Bourogne. . . . . »

8. DIRECTION DE BESANÇON.

MONTBÉLIARD (Inspection de.)

Abbevillers (B). . . . . (Doubs).
Villars-sous-Blamont (B). . . »
Vaufrey (B). . . . . »
Indevillers. . . . . »
Fessevillers (Gaumois) (B). . »
Damprichard. . . . . »
Etupes. . . . . »
Audincourt. . . . . »
Pont-de-Roide. . . . . »
Noirefontaine. . . . . »
Saint-Hippolyte. . . . . . . »
Maiche. . . . . »
Montbéliard. . . . . »
Besançon (**) (T). . . . . . »

LE VILLERS (Inspection de Morteau).

Blancheroche. . . . . (Doubs).
Le Villers (*) (T) (B). . . . . »
Mont-le-Bon. . . . . (Doubs).
Les Gras. . . . . »
La Fresse. . . . . »
Morteau. . . . . »
Fuans. . . . . »

PONTARLIER (Inspection de).

Pontarlier (route). . . . . . . (Doubs).
Pontarlier (st.) (*) (T) (B). . . »
Verrières-de-Joux (*) (T) (B). . »
Les Fourgs (B). . . . . »
Jougne (*) (T). . . . . »
Rochejean. . . . . »
Mouthe. . . . . »
Chaux-Neuve. . . . . »
Petit-Saint-Claude. . . . . . »
Houtaud . . . . »
Grange-Narboz. . . . . »
Vaux. . . . . »

9. DIRECTION DE BOURG.

LES ROUSSES (Inspection de Saint-Claude).

Bois-d'Amont (*) (T) (B). . . . (Jura).
Les Rousses (*) (T) (B). . . . . »
Mijoux. . . . . »
Morez. . . . . »
Foncine-le-Bas. . . . . »
Saint-Laurent. . . . . »
Château-des-Prés. . . . . . . »
Saint-Claude. . . . . »

BELLEGARDE (Inspection de Châtillon).

Forens. . . . . (Ain).
Châtillon-de-Michaille. . . . . »
Bellegarde (*) (TI). . . . . . . »
Billiat. . . . . »
Echallon. . . . . »
La Voûte. . . . . »
Seyssel. . . . . »

10. DIRECTION DE CHAMBÉRY.

ANNECY (Inspection d'Annecy).

Bassy. . . . . (H.-Savoie).
Châtel. . . . . »
Planaz. . . . . »
Frangy (*) (T). . . . . . . »
Bonlieu. . . . . »
Pont-de-la-Caille (*) (T). . »
Annecy. . . . . »
Le Plot. . . . . »

FLUMET (Inspection d'Ugine).

Saint-Jean-de-Sixt. . . . (H.-Savoie).
La Giettaz. . . . . (Savoie).
Flumet. . . . . »
Haute-Luce. . . . . »
La Gite. . . . . »

10. DIRECTION DE CHAMBÉRY (Suite).

SÉEZ (Sous-inspection divisionnaire de Bourg-Saint-Maurice).

Bonneval. . . . . (Savoie).
Séez (B). . . . . »
Mazure . . . . »
Val-de-Tignes. . . . . »

LANSLEBOURG (Inspection de Saint-Jean-de-Maurienne).

Lans-le-Villard. . . . . (Savoie).
Lans-le-Bourg (*) (T) (B). . (Savoie).
St-Jean-de-Maurienne (*) (Ti). »

CHAMBÉRY (Inspection de St-Jean-de-Maurienne).

Chambéry (*) (T).. . . . . . (Savoie).

11. DIRECTION DE DIGNE.

BRIANÇON (Inspection de).

Lauzet. . . . . H.-Alpes).
Névache.. . . . . »
Plampinet.. . . . . »
Mont-Genèvre (*). . . . . »
Briançon. . . . . »
Cervières. . . . . »
Abriès. . . . . »
La Monta. . . . . »
Fontgillarde . . . . »
Saint-Véran. . . . . »
Ceillac. . . . . »

BARCELONNETTE (Inspection de).

Maurin.. . . . . (B.-Alpes).
Saint-Paul. . . . . »
Meyronnes. . . . . »
Larche (*). . . . . »
Jausiers. . . . . »
Barcelonnette. . . . . . . »
Fours. . . . . »
Saint-Etienne. . . . . . . (Alpes-Mar.).

12. DIRECTION DE NICE.

SAINT-MARTIN-LANTOSCA (S.-insp. divis. de St-Martin-Lantosca).

Guillaumes.. . . . . . . (Alpes-Mar.).
Beuil. . . . . »
Saint-Sauveur . . . . . »
St.-Martin-Lantosca (*). »

FONTAN (Inspection de Sospello).

Fontan (*) (t) (B). . . . (Alpes-Mar.).
Saorgio. . . . . »
Breil (B) . . . . »
Sospello. . . . . »
Castillon.. . . . . »
Castellar. . . . . »

NICE (Inspection de).

Menton (*) (t). . . . . . (Alpes-Mar.).
La Turbie. . . . . »
Saint-Ospice (c). . . . . »
Villefranche (c). . . . . »
Nice (**) (T) (c) (B). . . »

CANNES (Inspection de Nice).

Cros-de-Cagnes (c). . . . Alpes-Mar.).
Antibes (*) (c) . . . . . »
Golfe Juan (c) . . . . . »
Cannes (*) (c) . . . . . »

13. DIRECTION DE TOULON.

SAINT-TROPEZ (Inspection de).

Saint-Raphaël (*) (c) . . . . . (Var).
Sainte-Maxime (c). . . . . . . »
Saint-Tropez (*) (c). . . . . . »
Lavandou (c). . . . . »

SALINS-D'HYÈRES (Inspect. de Toulon).

Salins-d'Hyères (c). . . . . . . (Var).
Les Peschiers (c). . . . . . . »
Porquerolles (c). . . . . (Var).
L'Almanarre (c). . . . . »

TOULON (Inspection de).

Toulon (**) (*t*) (c). . . . . . . (Var).
Toulon (arsenal). . . . . »
La Seyne (c) . . . . »
Cros-Saint-Georges (c). . . . . »
Ambiers (c). . . . . »
Saint-Nazaire (c). . . . . »
Bandol (c). . . . . »

14. DIRECTION DE MARSEILLE.

MARSEILLE (Inspection de).

La Ciotat (c). . . . . B.-du-Rh.).
Cassis (c). . . . . »
Marseille (**) (T *i*) (c). . . »

PORT-DE-BOUC (Inspection des Martigues).

Carri (c). . . . . B.-du-Rh.).
Ponteau (c). . . . . »
Les Martigues (c). . . . . »
Etang-du-Lion. . . . . . »
Berre. . . . . »
Saint-Chamas. . . . . . . »
Rassuens. . . . . (B.-du-Rh.).
Lavalduc. . . . . »
Citis . . . . »
Plan d'Aren. . . . . »
Port-de-Bouc (c) (*). . . . »
Fos. . . . . »

ARLES (Inspection d'Arles).

Tour-Saint-Louis (c). . . . B.-du-Rh.).
Salin-Giraud. . . . . »
Lavignolle (c). . . . . . . »
Badon. . . . . »
Arles (**) (*t*) (c). . . . (1) »

15. DIRECTION DE MONTPELLIER.

AIGUES-MORTES (Inspect. d').

Nîmes. . . . . (Gard).
Aigues-Mortes (*) (c). . . . . »

CETTE (Inspection de Cette).

Cette (**) (T *i*) (c). . . . . (Hérault).
Montpellier . . . . (Hérault).

AGDE (Sous-inspection div. d'Agde).

Agde (**) (*t*) (c). . . . . . (Hérault).
Mèze. . . . . »

(1) Le bureau d'Arles n'est ouvert au transit des marchandises non prohibées que pour l'entrée seulement.

16. DIRECTION DE PERPIGNAN.

LA NOUVELLE (Inspection de).

Estarac (Salin).	(Aude).
Peyriac (Salin).	»
Le Lac (Salin)..	»
Sigean (Salin).	»
Grimaud (Salin)..	»
Tallavignes (Salin)	»
Jules (Salin).	»
Sainte-Lucie (Salin).	»
La Nouvelle (*) (c).	»
Leucate (c).	»
Cordes (Salin).	Pyr.-Or.).
Le Barcarès-de-St-Laurent (c)	»
Durand (Salin)..	»

PERPIGNAN (Inspection de).

Perpignan.	(Pyrén.-Or.).
Collioure (c)..	»
Port-Vendres (**) (t) (c).	»
Banyuls-sur-Mer (c). .	»

La Roque.	(Pyrén.-Or.).
Le Boulou..	»
Le Perthus (*) (T) (B)..	»
Céret.	»
Arles.	»
St-Laurent-de-Cerdans(B)	»
Coustouges.	»
La Manère..	»
Prats-de-Mollo (B). . .	»

BOURG-MADAME (Inspection de Prades).

Py..	(Pyrén.-Or.).
La Cabanasse.	»
Estavar.	»
Saillagousse.	»
Osséja.	»
Bourg-Madame (*) (T) (B)	»
Angoustrine..	»
La-Tour-de-Carol.. . . .	»
Porta.	»

17. DIRECTION DE TARBES.

TOULOUSE (Inspect. de St.-Girons).

Toulouse..	(Haute-Gar.).

AX (Inspection de Saint-Girons).

L'Hospitalet.	(Ariége).
Ax..	»
Les Cabannes..	»
Tarascon..	»
Siguer.	»
Auzat..	»

SAINT-GIRONS (Inspection de Saint-Girons).

Aulus.	(Ariége).
Seix.	»
Ustou.	»
Salau..	»
Saint-Girons.	»
Castillon.	»
Lascoux.	»
Sentein..	»

SAINT-LARY (Inspection de Bagnères-de-Luchon).

Fos (B).	(Haute-Gar.).
Saint-Béat.	»
Cierp.	»
Saint-Mamet (B).	»
Bagnères..	»
Cazaux-de-Larboust . .	»
Genost.	(H.-Pyrén.).
Arreau.	»
Saint-Lary.	»
Aragnouet.	»

ARGELÈS (Inspection de Bagnères-de-Luchon).

Gavarnie.	(H.-Pyrén.).
Gèdre..	»
Luz..	»
Cauterets.	»
Argelès..	»
Arrens.	»

18. DIRECTION DE BAYONNE.

BEDOUS (Inspection d'Oloron).

Gabas. . . . . (B.-Pyrén.).
Laruns. . . . . »
Urdos (B). . . . . »
Lescun. . . . . »
Bedous (*) (t). . . . . . . »
Sainte-Marie-d'Oloron. . . »
Arette. . . . . »
Licq. . . . . »
Larrau . . . . »
Sainte-Engrace. . . . . . . »

AINHOA (Inspection d'Ustaritz).

Bidarray. . . . . (B.-Pyrén.).
Itsatsou. . . . . »
Espelette. . . . . »
Helette. . . . . »
Ainhoa (*) (t) (B). . . . . »
Sare. . . . . »
Cambo . . . . »
Ustaritz. . . . . »
Saint-Pée. . . . . »
Olhette. . . . . »

SAINT-JEAN-PIED-DE-PORT (Inspection de).

Lecumberry. . . . . (B.-Pyrén.).
Saint-Michel. . . . . »
Arneguy (B). . . . . »
St-Jean-Pied-de-Port (*) (t). »
Lacarre. . . . . »
Baigorry. . . . . »
Les Aldudes . . . . »

BAYONNE (Inspection de).

Béhobie (*) (T) (B). . . . . (B.-Pyrén.).
Hendaye. . . . . »
Saint-Jean-de-Luz (*) (c). »
Bayonne (**) (T) (c). . . . »
Briscous. . . . . »
Urcuit. . . . . »
Villefranque . . . . »

19. DIRECTION DE BORDEAUX.

LA TESTE (Inspection de).

La Teste (c) . . . . (Gironde).
Gujan (c). . . . . »
Certes (c). . . . . »

PAUILLAC (Inspection de Bordeaux).

Le Verdon (c). . . . . . . (Gironde).
La Fosse (c). . . . . »
La Maréchalle (c). . . . . . »
Paulliac (c). . . . . »

BORDEAUX (Inspect. de).

Bordeaux (**) (T i) (c). . . (Gironde).

LIBOURNE (Inspection de Blaye).

Libourne (c) . . . . (Gironde).
Plaigne (c). . . . . »
Bourg (c). . . . . »

BLAYE (Inspection de).

Blaye (*) (c). . . . . (Gironde).
Maubert (c). . . . . (Char.-Inf.).
Mortagne (c). . . . . »
Les Meschers (c). . . . . . »
Royan (c). . . . . »

20. DIRECTION DE LA ROCHELLE.

SAUJON (Inspection de Marennes).

La Tremblade (c). . . . . (Char.-Inf.).
Avallon. . . . . »
Mornac (c) . . . . »
Fontbedeau. . . . . (Char.-Inf.).
L'Eguille (c). . . . . »
Saujon (c). . . . . »
Le Gua. . . . . »
Nieulle (c). . . . . »

20. DIRECTION DE LA ROCHELLE (*suite*).

Lusac (c). . . . . (Char.-Inf.).
La Cayenne de Seudre (c). »
Marennes (c).. . . . . . . »
Le Chapus (c). . . . . . . »
Le Château (c) . . . . . . »
Saint-Pierre (c). . . . . . »
Saint-Denis (c) . . . . . . »
Brouage (c). . . . . »

ROCHEFORT (Inspection de).

Moëze (c). . . . . (Char.-Inf.).
Charente (*) (c). . . . . . »
Rochefort (**) (T) (c). . . . »
Fouras (c). . . . . »
Ile d'Aix (c). . . . . »

LA ROCHELLE (Inspection de).

Angoulins. . . . . (Char.-Inf.).
Aytré. . . . . »
Tasdon.. . . . . »
La Rochelle (**) (*t*) (c) . . »
Saint-Eloi. . . . . »
Lauzières (c) . . . . »
Marans (*) (c). . . . . . . »
La Flotte (c). . . . . »
Saint-Martin (*) (c). . . . »
Loix (c). . . . . »
Ars (c). . . . . »

21. DIRECTION DE NAPOLÉON-VENDÉE.

LES SABLES (Inspection de).

Puyravault. . . . . (Vendée).
Champagné. . . . . »
Luçon (c). . . . . »
Saint-Michel. . . . . »
L'Aiguillon (c). . . . . . »
Moricq (c). . . . . »
Jard.. . . . . »
La Guittière. . . . . »
Les Sables (*) (c). . . . . . »
La Bauduère. . . . . »
Ile-d'Olonne. . . . . »
La Gachère. . . . . »

BEAUVOIR (Inspection de).

Saint-Gilles (c). . . . . . . (Vendée).
Le Fenouiller. . . . . . . »
Riez.. . . . . »
Ile d'Yeu. . . . . »
La Barre-de-Mont (c). . . »
Beauvoir (*) (c). . . . . . »
Bouin (c). . . . . »
Noirmoutier (c). . . . . . . »

22. DIRECTION DE NANTES.

PAIMBŒUF (Inspection de).

Bourgneuf (c). . . . . . (Loire-Inf.).
Les Moutiers. . . . . . . »
Pornic (c). . . . . »
Paimbœuf (c) . . . . . . »

SAINT-NAZAIRE (Inspection de Nantes).

Méans (c). . . . . (Loire-Inf.).
Saint-Nazaire (**) (T*i*) (c) »

NANTES (Inspection de).

Nantes (**) (T *i*) (c).. . . (Loire-Inf.).
Chantenay (c).. . . . . . »
La Basse-Indre (c). . . . »

GUÉRANDE (Inspection de).

Pornichet (c). . . . . . (Loire-Inf.).
Careil.. . . . . »
Pouliguen (c) . . . . . . »
Guérande. . . . . »

22. DIRECTION DE NANTES.

Le Croisic (c) . . . . . . (Loire-Inf.).
La Turballe (c) . . . . . »
Pont-d'Armes. . . . . . (Loire-Inf.).
Le Rosais (c).. . . . . . »

23. DIRECTION DE VANNES.

REDON (Inspection de Vannes).

Redon (c). . . . . (Ille-et-Vil.).
La Roche-Bernard (c). . . (Morbihan).
Tréhiguier (c). . . . . . . »
Billiers (c). . . . . »
Penerf (c) . . . . »
Ambon (c). . . . . »

VANNES (Inspection de).

Vannes (**) (c). . . . . . (Morbihan).
Belle-Croix (c) . . . . . . »
Sarzeau (c) . . . . »
Suscinio (c). . . . . »
Saint-Armel (c). . . . . . »
Noyalo (c).. . . . . »
Quatre-Vents (c).. . . . . »
Ile d'Arz (c). . . . . »
Port-Novalo (c). . . . . . »
Larmorbaden (c). . . . . . (Morbihan).
Locmariaquer (c). . . . . »
Bransquel. . . . . »
Auray (c). . . . . »
Rochdu (c). . . . . »

LORIENT (Inspection de).

Couët-er-Hour. . . . . . . (Morbihan).
La Trinité (c). . . . . . . »
Carnac (c). . . . . »
Porthaliguen (c) . . . . . »
Palais (c). . . . . »
Port-Philippe. (c) . . . . »
Etel (c). . . . . »
Port-Louis (c). . . . . . . »
Hennebon (c). . . . . . . »
Lorient (**) (*t*) (c). . . . . »
Kernevel (c) . . . . »
Groix (c). . . . . »

24. DIRECTION DE BREST.

QUIMPER (Inspection de).

Quimperlé (c). . . . . . . (Finistère).
Douélan (c). . . . . »
Pontaven (c). . . . . »
Concarneau (c) . . . . . . »
Quimper (*) (c). . . . . . »
Pont-l'Abbé (c). . . . . . »

DOUARNENEZ (Inspection de Crozon).

Pontcroix (c). . . . . . . (Finistère).
Audierne (c).. . . . . . . »
Tréboul (c). . . . . »
Douarnenez (c) . . . . . . »
Morgat (c). . . . . »
Camaret (c). . . . . »
Le Fret (c). . . . . »
Port-Launay (c). . . . . . (Morbihan).
Le Faou (c). . . . . »

BREST (Inspection de).

Landerneau (c). . . . . . (Finistère).
Brest (**) (c).. . . . . . . »
Recouvrance (c). . . . . . »
Le Conquet (c). . . . . . »
Portzall (c) . . . . »
Labrevrach (c).. . . . . . »
Paluden (c). . . . . »

MORLAIX (Inspection de).

Plouescat (c).. . . . . . . (Finistère).
Roscoff (c). . . . . »
Morlaix (**) (*t*) (c). . . . . »

25. DIRECTION DE SAINT-BRIEUC.

TRÉGUIER (Inspection de).

Lannion (c). . . . . . . (Côtes-du-N.).
Perros (c). . . . . »
Tréguier (c) . . . . . . »
Lézardrieux (c) . . . . »
Pontrieux (c). . . . . . »
Paimpol (*) (c). . . . . »

LE LÉGUÉ (Inspection de Saint-Brieuc).

Portrieux (*) (c) . . . . (Côtes-du-N.).
Binic (**) (*t*) (c). . . . . »
Le Légué (**) (*t*) (c). . . (Côtes-du-N.).
Dahouet (c). . . . . . . »
Erquy (c).. . . . . . . »

SAINT-MALO (Inspection de).

Plancoët (c). . . . . . . (Côtes-du-N.).
Le Guildo (c). . . . . . »
Plouer (c).. . . . . . . »
Dinan (c). . . . . »
Saint-Suliac (c). . . . . »
Saint-Servan (**) (T) (c). Ille-et-Vil.).
Saint-Malo (**) (T) (c). . »
La Houlle (c). . . . . . »
Le Vivier (c). . . . . . »

26. DIRECTION DE SAINT-LO.

GRANVILLE (Inspection de)

Courtils. . . . . (Manche).
Avranches. . . . . »
Saint-Léonard.. . . . . . . »
Granville (**) (*t*) (c) . . . . »
Bricqueville.. . . . . »
Régneville (c).. . . . . . . »

PORTBAIL (Inspection des Pieux).

Saint-Germain-sur-Ay (c).. (Manche).
Portbail (c). . . . . (Manche).
Diélette (c). . . . . »
Omonville (c). . . . . »

CHERBOURG (Inspection de).

Cherbourg (**) (*t*) (c). . . . (Manche).
Barfleur (c) . . . . »
Saint-Vaast (c). . . . . . . »
Carentan (*) (c). . . . . . . »

27. DIRECTION DE CAEN.

CAEN (Inspection de).

Isigny (c). . . . . (Calvados).
Port-en-Bessin (c). . . . . »
Courseulles (c) . . . . . . »
Caen (**) (T) (c) . . . . . »
Ouistreham (c).. . . . . . »
Dives (c).. . . . . «

HONFLEUR (Inspection de).

Touques (c). . . . . (Calvados).
Trouville (c).. . . . . . . »
Honfleur (**) (*t*) (c). . . . »
Pont-Audemer (c). . . . . . . (Eure).

28. DIRECTION DE ROUEN.

ROUEN (Inspection de).

Quillebeuf (c) . . . . (Eure).
Aiziers (c). . . . . »
La Mailleraye (c). . . . (Seine-Infér.).
La Bouille (c). . . . . . (Seine-Infér.)
Rouen (**) (T *i*) (c). . . »
Croisset (c). . . . . . . »
Duclair (c). . . . . . . »
Caudebec (c).. . . . . . »

29. DIRECTION DU HAVRE.

LE HAVRE (Inspection du).

Harfleur (c). . . . . . . (Seine-Infér.).
Le Havre (**) (T *i*) (c).. »

FÉCAMP (Inspection du Havre).

Fécamp (**) (T) (c). . . (Seine-Infér.).

DIEPPE (Inspection de).

Saint-Valery-en-Caux (c). (Seine-Infér.)
Dieppe (**) (T *i*) (c). . . »
Tréport (c). . . . . »
Eu (c). . . . . »

30. DIRECTION DE BOULOGNE.

ABBEVILLE (Inspection d').

Hourdel (c). . . . . (Somme).
Saint-Valery-sur-Somme (**) (T) (c). . . . . »
Crotoy (c). . . . . »
Abbeville (**) (T) (c).. . . . »

BOULOGNE (Inspection de).

Berck (c). . . . . (Pas-de-Cal.).
Etaples (c). . . . . . . (Pas.-de-Cal.).
Boulogne (**) (T *i*) (c).. »

CALAIS (Inspection de).

Calais (**) (T *i*) (c).. . . (Pas-de Cal.).

31. DIRECTION DE BASTIA.

BASTIA (Inspection de).

Calvi (**) (c). . . . . (Corse).
Ile-Rousse (**) (c).. . . . . . »
Saint-Florent (**) (c). . . . . »
Canari (c). . . . . »
Centuri (**) (c).. . . . . »
Barcaggio (c). . . . . »
Macinaggio (**) (c). . . . . . »
Porticciolo (c) . . . . »
Bastia (**) (c) . . . . »
Venzolasca (c) . . . . »
Cervione (c) . . . . (Corse).
Calzarello (c). . . . . »

AJACCIO (Inspection d').

Solenzara (c). . . . . (Corse).
Porto-Vecchio (**) (c).. . . . »
Bonifacio (**) (c). . . . . . . »
Propriano (**) (c). . . . . . . »
Ajaccio (**) (c) . . . . »
Sagone (c) . . . . »
Piana (c). . . . . »

32. DIRECTION DE PARIS.

PARIS (Inspection de).

Gare de Batignolles (**) (T *i*). (Paris).
Gare du Nord (**) (T *i*) . . . . »
Gare de l'Est (**) (T *i*). . . . . »
Entrepôt réel (**) (T). . . . . . »
Entrepôt des sels . . . . (Paris).
Douane (Exportation, retours, exceptions).. . . . . »
Gare de Lyon (**) (T *i*). . . . . »
Gare d'Ivry (**) (T *i*). . . . . . »

33. DOUANE D'ORLÉANS.

ORLÉANS (Loiret).

34. DOUANE DE LYON.

LYON (Rhône).

35. DOUANE D'AVIGNON.

AVIGNON (Vaucluse).

36. DIRECTION D'ALGER.

TLEMCEN (Sous-inspection divisionnaire de).

Tlemcen. | Nédroma.
Lalla-Maghrnia. | Nemours.

ORAN (Inspection d').

Mers-el-Kébir. | Arzew.
Oran. | Mostaganem.

ALGER (Inspection d').

Tenez. | Alger.
Cherchell. | Dellys.

PHILIPPEVILLE (Inspect. de Bône).

Bougie. | Stora.
Gigelly. | Philippeville.
Collo.

BONE (Sous-inspection divisionn. de).

Bône. | Soukaras.
La Calle. | Guelma.

CONSTANTINE (S.-insp. divis. de).

Constantine. | Tebessa.
Aïn-Beida. | Biscara.

37. DOUANES COLONIALES.

ILE DE LA GUADELOUPE.

La Basse-Terre. | Port-Louis.
La Pointe-à-Pître. | Marie-Galante (Ile).
Le Moule. | Saint-Martin (Ile).

ILE DE LA MARTINIQUE.

Saint-Pierre. | La Trinité.
Fort-de-France. | Le Marin.

LA GUYANE FRANÇAISE.

Cayenne.

ILE DE LA RÉUNION.

Saint-Denis.—Saint-Paul.—Saint-Pierre.

SÉNÉGAL.

Saint-Louis.—Gorée.

TAITI.

TARIF GÉNÉRAL.

DROITS D'ENTRÉE.

A

Article	Unité	Par navires français ou assimilés. fr. c.	Par navires étrangers et par terre. fr. c.
Abaca en brins, teillé ou peigné. V. *Végétaux filamenteux.*			
— (cordages d'). V. *Cordages.*			
— (fils d'). V. *Fils.*			
— (tissus d'). V. *Tissus.*			
Abeilles (essaims d'), *ruches comprises*	par ruche.	exempts.	exempts.
Absinthe. V. *Herbes, etc.*			
Acétates. V. *Sels.*			
Acide citrique, des colonies françaises ** de la Guyane	1 k B.	exempt.	——
des Antilles	1 k. B.	exempt.	exempt. (a)
de la Réunion	1 k. B.	exempt.	exempt. (a)
— citrique, d'ailleurs, liquide, (*jus de citron naturel ou concentré*)* de 35 degrés et au-dessous	1 k. B.	» 01	» 05
au-dessus de 35 degr.	1 k. N.	1 50	1 60
— citrique, d'ailleurs, cristallisé*	1 k. N.		
— citrique, d'ailleurs, combiné avec la chaux (*citrate de chaux*)	1 k. B.	» 01	» 05
— sulfurique (*acide vitriolique, esprit ou huile de vitriol*)*	100 k. N.	41 00	45 10
— nitrique (*eau forte*), esprit de nitre*	» N.	90 60	98 60
— hydrochlorique (*acide muriatique*, acide marin ou esprit de sel)*	» N.		
— hydrochloro-nitrique (*acide nitro-muriatique*, ou *eau régale*)*	» N.	62 00	67 60
— phosphorique*	» N.		
— arsénieux (*arsenic blanc*)	» B.	1 00	1 10
— tartrique*	» N.	70 00	76 00
— oxalique*	» N.		
— benzoïque, des pays hors d'Europe	» B.	exempt.	2 50
— benzoïque des entrepôts	» B.	2 50	2 50
— borique*	» B.	» 25	» 25
— stéarique, en masse*	» N.	25 00	27 50
— stéarique, ouvré*	» N.	35 00	38 50
— oléique, des pays hors d'Europe	» B.	exempt.	2 00
— oléique, du cru des pays d'Europe	» B.	exempt.	2 00
— oléique, d'ailleurs	» B.	2 00	2 00
Acier. V. *Fer.*			
Acier (ouvrages en). V. *Ouvrages en métaux.*			
Agaric de chêne, ou amadouvier, brut	100 k. B.	exempt.	exempt.
— de chêne, ou amadouvier préparé (*amadou*)	» B.	+2 00	+2 20
Agaric (*suite*) blanc ou de mélèze	100 k. B.	exempt.	exempt.

(a) Plus la surtaxe d'affrètement.
\+ Décime compris.

		Par navires français ou assimilés.	Par navires étrangers et par terre.
		fr. c.	fr. c.
Agates brutes	» B.	exemptes.	exemptes.
— ouvrées, chiques	» N.	20 00	22 00
— ouvrées, autres*	1 k. N.	2 00	2 20
Agavé (Cordages d'). V. *Cordages*.			
Agneaux. V. *Bestiaux*.			
Agrès et **Apparaux de navires**. Voiles confectionnées (même régime que le tissu dont elles sont formées).			
— Ancres*, de 250 kilog. et au-dessous	100 k. N.	15 00	16 50
— Ancres*, au-dessus de 250 kilog.	» B.	10 00	11 00
— Ancres*, draguées, *de tout poids*	» B.	1 00	1 00
— Câbles en fer pour la marine*	» N.	37 50	41 20
— Autres	la valeur.	10 %	10 %
Aiguilles à coudre*, ayant de longueur 4 centim. ou moins	1 k. N.	8 00	8 80
— à coudre, de 4 cent. exclusivem. à 5 cent. inclusivem.	1 k. N.	5 00	5 50
— à coudre, ayant plus de 5 centimètres	1 k. N.	2 00	2 20
Albâtre brut	100 k. B.	1 00	3 50
— sculpté, moulé ou poli	la valeur.	15 %	15 %
Alcalis. Potasses* : par mer, des pays hors d'Europe	100 k. N.	exempt.	4 00
— Potasses, par mer, du cru des pays d'Europe	» N.	exempt.	
— Potasses, par mer, d'ailleurs	» N.	2 00	
— Potasses, par terre, du cru des pays d'Europe	» N.	——	exempt.
— Potasses, par terre, autres	» N.	——	4 00
— Soudes* : cristaux de soude	» N.	19 00	20 90
— Soudes, autres, de toute sorte	» N.	26 50	29 10
— Natrons*	» N.	21 50	23 60
— Cendres végétales vives ou lessivées, (charrée)	» B.	exemptes.	exemptes.
Algues (plantes marines). V. *Plantes alcalines*.			
Alizari. V. *Garance*.			
Almanachs. V. *Livres*.			
Aloès. V. *Sucs*.			
— (Cordages d'). V. *Cordages*.			
Alpiste (grains et farines), *par nav. franç. et par terre*	100 k. B.	exempt.	exempt.
Alpiste (grains et farines), *par nav. étrangers*	» B.	——	0 50
Altos. V. *Instruments de musique*.			
Alun. V. *Sels*.			
Amadou. V. *Agaric*.			
Amandes. V. *Fruits oléagineux*.			
Amande amère (Essence d'). V. *Huiles volatiles*.			
Ambre gris	1 k. N	+2 00	+2 20
Amidon*	100 N.	21 00	23 10
Amomes et **Cardamomes**. V. *Fruits médicinaux*.			
Amurca (Marc d'olives)	» B.	exempt.	exempt.
Ancres. V. *Agrès, etc.*			
Anes et **Anesses**	par tête.	exempts.	exempts.
Animaux non dénommés	par tête.	exempts	exempts.
Anis (Essence d'). V. *Huiles volatiles*.			
— étoilé (Badiane). V. *Fruits médicinaux*.			
— vert. V. *Fruits à distiller*.			
Antale	100 k. B.	exempt.	exempt.
Antimoine (Minerai d')	» B.	exempt.	exempt.
— sulfuré*	» B.	1 00	3 00
— métallique*	» N.	26 00	28 60
Apparaux. V. *Agrès*.			
Appareils à distiller, etc. V. *Machines*.			
Arbres (Plants d') V. *Plants*.			
Ardoises. V. *Matériaux*.			
Argent (Minerai d') *par nav. fr. et par terre*	100 k. B.	exempt.	exempt.
Argent (Minerai d') *par nav. étrangers*	»	——	1 00

+ Décime compris.

		Par navires français ou assimilés.	Par navires étrangers et par terre.
		fr. c.	fr. c.
Argent (*suite*) brut, en masses, lingots, ouvrages détruits. .	1 k. N.	0 05	0 05
— battu, tiré, laminé ou filé*.	» N.	30 00	33 00
— (Ouvrages d'). V. *Orfévrerie* et *Bijouterie* ou *Monnaies*.			
Argentan. V. *Nickel*.			
Armes de guerre, blanches, à feu, portatives ou d'affût. . .	prohibées.		
— de commerce*, blanches.	100 k. N.	400 00	447 50
— de commerce*, à feu.	» N.	200 00	212 50
Arséniate de potasse. V. *Sels*.			
Arsenic. Minerai et métal.	100 k. B.	Exempts.	Exempts.
— blanc (*acide arsénieux*). V. *Acides*.			
— (Sulfures d'). V. *Sulfures*.			
Asphodèle. V. *Bulbes d'asphodèle*.			
Avelanèdes. V. *Noix de galle*.			
Avelines. V. *Fruits oléagineux*.			
Avirons. V. *Ouvrages en bois*.			
Avoine. V. *Céréales*.			
Azur. V. *Cobalt*.			
B			
Badiane. V. *Fruits médicinaux*.			
— (Essence de). V. *Huiles volatiles*.			
Baies de Genièvre. V. *Fruits à distiller*.			
— de Myrtille. V. *Fruits à distiller*.			
— de Nerprun. V. *Nerprun*.			
Balais communs. V. *Ouvrages en bois*.			
Baleine (blanc de). V. *Blanc*.			
— (Fanons de). V. *Fanons*.			
Balles (projectiles). V. *Munitions de guerre*.			
Bambous. V. *Joncs*.			
Barbotine. V. *Herbes, etc*.			
Baryte (Carbonate de). V. *Sels*.			
— (Sulfate de). V. *Sels*.			
Basses. V. *Instruments de musique*.			
Bassons. V. *Instruments de musique*.			
Bastings. V. *Cordages*.			
Bateaux et Nacelles de rivière. V. *Machines*.			
Bâtiments de mer (*a*). V. *Embarcations*.			
Batiste. V. *Tissus de lin*.			
Bâts. V. *Ouvrages en peau, etc*.			
Baumes** Benjoin, des pays hors d'Europe.	100 k. B.	Exempt.	2 50
— Benjoin, des entrepôts.	» B.	2 50	2 50
— storax, de toute sorte, des pays hors d'Europe.	» B.	Exempt.	+2 00
— storax, des entrepôts.	» B.	+2 00	+2 00
— styrax liquide.	» B.	+2 00	+2 20

(*a*) En vertu du décret du 25 août 1861, les bâtiments *de mer*, à voiles ou à vapeur construits dans les *Etats-Unis* d'Amérique, ou naviguant sous pavillon de l'*Union américaine*, sont *provisoirement* admis à la francisation moyennant le paiement des droits suivants :

Bâtiments de mer.	en bois.	25 f. 00 c.	par tonneau de jauge française.
	en fer. .	70 00	
Coques de bâtiments de mer. . .	en bois.	15 00	
	en fer. .	30 00	

Machines ou moteurs installés sur lesdits bâtiments, 25 fr. par 100 k. N.

\+ Décime compris.

		Par navires français ou assimilés.	Par navires étrangers et par terre.
		fr. c.	fr. c.
Baumes** (*suite*) de copahu, des pays hors d'Europe.	100 k. N.	15 00	30 00
— de copahu, des entrepôts.	» N.	20 00	30 00
— non dénommés, des pays hors d'Europe.	» N.	15 00	30 00
— non dénommés, des entrepôts.	» N.	20 00	30 00
Becs de plumes métalliques. V. *Plumes.*			
Béliers. V. *Bestiaux.*			
Benjoin. V. *Baumes.*			
Bestiaux. Bœufs, taureaux.	par tête.	3 00	3 00
— Vaches, génisses, bouvillons et taurillons.	»	1 00	1 00
— Veaux.	»	0 25	0 25
— Béliers, brebis et moutons.	»	0 25	0 25
— Agneaux.	»	0 10	0 10
— Boucs, chèvres et chevreaux.	»	exempts.	exempts.
— Porcs.	»	0 25	0 25
— Cochons de lait.	»	0 10	0 10
Betteraves.	100 k. B.	exemptes.	exemptes.
Beurre frais ou fondu.	» B.	exempt.	exempt.
— salé.	» B.	+2 50	+2 70
Bézoards.	» B.	exempts.	exempts.
Bière. V. *Boissons fermentées.*			
Bijouterie* d'or.	1 hect. N.	20 00	22 00
— d'argent.	» N.	10 00	11 00
Billes de billard en ivoire. V. *Tabletterie.*			
Billon (Monnaie de). V. *Monnaies.*			
Bimbeloterie*.	100 k. N.	80 00	86 50
Biscuits de mer. V. *Pain.*			
Bismuth (Etain de glace).	100 k. B.	exempts.	0 25
Bitumes, solides ou fluides et goudron minéral provenant de la distillation de la houille, *soit liquide, soit concret.*	» B.	exempts.	exempts.
Blanc d'argent. V. *Sels (Carbonates).*			
— de plomb. V. *Sels (Carbonates).*			
Blanc de baleine* et de cachalot*, de pêche française.	100 k. B.	0 20	———
— de pêche étrang., brut, des pays hors d'Europe.	» B.	+2 00	+4 00
— de pêche étrang., brut, des entrepôts.	» B.	+4 00	+4 00
— de pêche étrang., pressé.	» N.	20 00	22 00
— de pêche étrang., raffiné.	» N.	50 00	55 00
Bleu de Prusse*.	100 k. B.	exempt.	exempt.
Bleu (Boules de). V. *Indigo.*			
Blondes. V. *Tissus de soie.*			
Bœufs. V. *Bestiaux.*			
Bois à brûler, en bûches et rondins.	le stère.	exempt.	exempt.
— en fagots.	le 100		
Bois à construire de toute espèce :			
du Sénégal**	Le stère ou les 100m de longueur *selon l'espèce.*	exempts.	———
des colonies françaises ** { de la Guyane. / des Antilles. / de la Réunion. }			exempt(a)
— de noyer, brut ou scié.	»	exempt.	exempt.
— de chêne, brut ou scié.	»	exempt.	exempt.
— autres, bruts ou simplement équarris à la hache.	le stère.	exempt.	0 10
— autres, sciés, ayant d'épaisseur plus de 80mm.	»	exempt.	0 10
— autres, sciés, ayant d'épaisseur 80mm et au-dessous,	100m de long.	0 05	1 00

(*a*) Plus la surtaxe d'affrétement.
+ Décime compris.

		Par navires français ou assimilés.	Par navires étrangers et par terre.
		fr. c.	fr. c.
Bois à construire (*suite*). Mâts, mâtereaux, espars, pigouilles, manches de gaffes, manches de fouines et de pinceaux à goudron	la pièce.	exempts.	exempts.
Bois d'ébénisterie (*a*) de toute espèce ** :			
du Sénégal** / des colonies françaises** de la Guyane	100 k. B.	exempts.	———
des colonies françaises** des Antilles	» B.	exempts.	exempt. (*b*)
des colonies françaises** de la Réunion	» B.	exempts.	exempt. (*b*)
— en billes et bûches ou sciés à plus de 2 décim. d'épaisseur, des pays hors d'Europe	» B.	exempts.	6 00
— en billes et bûches ou sciés à plus de 2 décim. d'épaisseur, des entrepôts	» B.	3 00	
— sciés à 2 déc. d'épaiss. ou moins, des pays hors d'Europe	» B.	4 00	7 00
— sciés à 2 décim. d'épaisseur ou moins, des entrepôts	» B.	4 00	
Bois en éclisses	les 1000 feuilles	0 10	2 00
Bois feuillard	le 1000 en nombre	0 10	1 50
Bois blanc (Nattes et tresses de). V. *Nattes.*			
Bois de fusil en noyer. V. *Ouvrages en bois.*			
Bois de teinture : en bûches, des colonies françaises et du Sénégal**	100 k. B.	exempts.	exempts.
— en bûches, Epine-vinette, Fustet **	» B.	exempts.	exempts.
— en bûches, autres **, des pays hors d'Europe	» B.	exempts.	6 00
— en bûches, autres **, des entrepôts	» B.	3 00	6 00
— moulus, par mer **, des pays de production	» B.	exempts.	+3 00
— moulus, par mer **, d'ailleurs	» B.	+3 00	
— moulus, par terre, des pays de production	» B.	———	exempts.
— moulus, par terre, d'ailleurs	» B.	———	+3 00
Bois odorants des pays hors d'Europe	» B.	exempts.	3 00
— des entrepôts	» B.	3 00	
Bois de Rhodes (Essence de). V. *Huiles volatiles.*			
Boissellerie. V. *Ouvrages en bois.*			
Boissons distillées : Eaux-de-vie de vin*	l'hectol. d'alcool pur.	25 00	25 00
— Eaux-de-vie de cerise (*kirschwasser*)*	»		
— Eaux-de-vie de mélasse (*rhum* et *tafia*) des colonies françaises ** de la Guyane	»	exemptes.	———
des Antilles	»	exemptes.	exempt. (*b*)
de la Réunion	»	exemptes.	exempt. (*b*)
— Eaux-de-vie de mélasse (*rhum* et *tafia*) de l'étranger	»	25 00	25 00
— Eaux-de-vie de riz (*rack*)*	»		
— Eaux-de-vie de toutes sortes	»		
— Liqueurs des colonies françaises ** de la Guyane	l'hectol. de liquide	15 00	———
des Antilles	»	exemptes.	exempt. (*b*)
de la Réunion	»	exemptes.	exempt. (*b*)
— Liqueurs d'ailleurs	»	———	150 00
Boissons fermentées. Vins ordinaires*, en futailles et en outres	l'hectol. de liquide.	0 25	0 25
— Vins ordinaires*, en bouteilles (*c*)	»		
— Vins de liqueur*, en futailles et en outres	»		
— Vins de liqueur *, en bouteilles (*c*)	»		
— Vinaigres* de vin ou de bois, en fûts et en outres	»	10 00	10 00
— Vinaigres* de vin ou de bois, en bouteilles (*c*)	»		
— Vinaigres* de bière, de cidre, de poiré et de pommes de terre	»	2 00	2 00
— Cidre, poiré et verjus*	»	2 00	2 00
— Bière*	»	6 00	6 00

(*a*) Le buis n'est pas soumis aux restrictions d'entrée.
(*b*) Plus la surtaxe d'affrétement.
\+ Double décime compris.
(*c*) Plus le droit du verre de contenance. V. *Verres* (*bouteilles*).

		Par navires français ou assimilés.	Par navires étrangers et par terre.
		fr. c.	fr. c.
Boissons fermentées (*suite*). Hydromel *. . .	L'hectol. de liquide.	25 00	25 00
— Jus d'oranges et autres jus de fruits non dénommés des colonies françaises** . . . . de la Guyane. . .	»	exempts.	———
des Antilles. . . .	»	exempts.	exempt[s] (*a*)
de la Réunion. .	»	exempts.	exempt[s] (*a*)
— Jus d'oranges et autres jus de fruits non dénommés, de l'étranger *	»	25 00	25 00
Boîtes de bois blanc. V. *Ouvrages en bois.*			
Bol d'Arménie. V. *Pierres, Terres, etc.*			
Bonbons des colonies françaises **, de l'Inde, d'ailleurs, hors d'Europe *, des entrepôts * (Même tarif que le sucre non raffiné).			
Bonneterie de bourre de soie. V. *Tissus de bourre, etc.*			
— de laine. V. *Tissus de laine.*			
— de lin ou de chanvre. V. *Tissus de lin, etc.*			
— de poils. V. *Tissus de poils.*			
— de soie. V. *Tissus de soie.*			
Borax. V. *Sels.*			
Bouchons. V. *Liége ouvré.*			
Boucs. V. *Bestiaux.*			
Bougies de blanc de baleine ou de cachalot *.	100 k. N.	220 00	233 50
— stéariques. V. *Acide stéarique.*			
Boules de bleu. V. *Indigue.*			
Bourre de soie (Tissus de). V. *Tissus de bourre de soie.*			
Bouteilles. V. *Verres.*			
Boutons (Moules de). V. *Ouvrages en bois.*			
Boutons de passementerie : en coton pur ou mélangé de matières autres que la laine ou la soie, unis.	100 k. N.	100 00	107 50
— de passementerie : en coton pur ou mélangé de matières autres que la laine ou la soie, façonnés.	» N.	200 00	212 50
— de passementerie, autres (Droits de la passementerie selon l'espèce).			
— autres que de passementerie : communs.	» N.	100 00	107 50
— autres que de passementerie : fins.	» N.	200 00	212 50
Bouvillons. V. *Bestiaux.*			
Boyaux frais ou salés.	100 k. B.	exempts.	exempts.
Brai gras. V. *Résines indigènes.*			
— sec. V. *Résines indigènes.*			
Brebis. V. *Bestiaux.*			
Briques. V. *Matériaux.*			
Brome *.	100 k. N.	40 00	44 00
Brou de noix.	» B.	exempt.	exempt.
Bruyères à vergette, brutes.	» B.	exemptes.	exemptes.
— dépouillées de leurs barbes.	» B.	0 50	5 00
Bulbes d'asphodèles, par nav. fr. et par terre.	» B.	exemptes.	exemptes.
— d'asphodèle, par nav. étrang.	» B.	———	1 10
— ou oignons-fleurs.	» B.	exemptes.	exemptes.
Burail. V. *Tissus de laine.*			
Byssus de pinnes-marines *.	1 k. B.	0 05	0 05

C

Cables. V. *Agrès, etc.*			
Cacao (fèves et pellicules) ** des colonies françaises. . . . . de la Guyane. . .	100 N.	20 00	———
des Antilles. . .	» N.	20 00	20 00 (*a*)
de la Réunion. .	» N.	20 00	20 00 (*a*)

(*a*) Plus la surtaxe d'affrétement.

		Par navires français ou assimilés.	Par navires étrangers et par terre.
		fr. c.	fr. c.
Cacao (*suite*). (Fèves et pellicules de)**, d'ailleurs, hors d'Eur.	100 k. N.	25 00	40 00
— (fèves et pellicules)** des entrepôts	» N.	35 00	40 00
— broyé. V. *Chocolat.*			
Cachalot (Blanc de). V. *Blanc de baleine.*			
Cachemire (Duvet de). V. *Poils.*			
— (Châles, Echarpes, Tissus de). V. *Tissus de poils.*			
Cachou en masse par mer**, des pays hors d'Europe	100 k. B.	exempt.	4 00
— en masse par mer**, des entrepôts	» B.	2 00	
— en masse par terre	» B.	———	
Cadmie. V. *Oxydes.*			
Cadmium brut	100 k. B.	2 00	2 20
Café** des colonies françaises, de la Guyane	» N.	+36 00	———
— des colonies françaises, des Antilles	» N	+36 00	+36 00(*a*)
— des colonies françaises, de la Réunion	« N.	+36 00	+36 00(*a*)
— des établiss. français sur la côte occid. d'Afrique	» N.	+36 00	———
— d'ailleurs, hors d'Europe	» N.	+50 40	+55 40
— des entrepôts	» N.	+55 40	+55 40
Cailloux à faïence, etc. V. *Pierres* et *Terres, etc.*			
Cajeput (Essence de). V. *Huiles volatiles.*			
Calamine. V. *Zinc.*			
Calebasses vides	100 k. B.	exemptes.	exemptes.
Camomille (Essence de). V. *Huiles volatiles.*			
Camphre. V. *Sucs.*			
Canéfice (Casse confite). V. *Fruits médicinaux.*			
Canelle** *dite* de Chine, de l'Inde	1 k. N.	0 33	1 00
— *dite* de Chine, d'ailleurs que de l'Inde	» N.	0 66	1 00
— autre, de la Guyane française	» N.	0 65	———
— autre, de l'Inde	» N.	1 00	3 00
— autre, d'ailleurs	» N.	2 00	3 00
— (Essence de). V. *Huiles volatiles.*			
Canons. V. *Armes.*			
Cantharides desséchées	100 k. B.	+2 00	+2 20
Caouane. V. *Ecailles de tortue.*			
Caoutchouc brut ou refondu. V. *Sucs.*			
— (Ouvrages en). V. *Ouvrages en caoutchouc.*			
Capillaires. V. *Herbes etc.*			
Câpres. V. *Fruits de table.*			
Capsules fulminantes. V. *Munitions de guerre.*			
Caractères d'imprimerie * : neufs, en langue française	100 k. N.	200 00	212 50
— neufs, en langue allemande	» N.	50 00	55 00
— neufs, en toute autre langue	» N.	100 00	107 50
— vieux et hors d'usage	» B.	5 00	5 50
Carapaces. V. *Ecailles.*			
Carbonates. V. *Sels.*			
Cardamomes. V. *Amomes.*			
Cardes non garnies. V. *Machines* (*Appareils complets*).			
— (Plaques et rubans de). V. *Machines* (*Pièces détachées*).			
Carillons à musique. V. *Horlogerie.*			
Carmin de toute sorte	100 k. B.	exempts.	exempts.
Carouge ou Carrobe. V. *Fruits de table.*			
Carreaux de terre. V. *Matériaux.*			
Cartes à jouer	prohib.		
— géographiques, de portefeuille et d'ornement	100 k. N.	300 00	317 50
Carthame (Fleurs de), des pays hors d'Europe	100 k. B.	exempt.	6 00
— (Fleurs de), des entrepôts	» B.	3 00	
Carton* en feuilles : de simple moulage ou pâte de papier	» N.	150 00	160 00
— en feuilles : lustré, à presser les draps	» N.	80 00	86 50

(*a*) Plus la surtaxe d'affrétement.
\+ Double décime compris.

		Par navires français ou assimilés.	Par navires étrangers et par terre.
		fr. c.	fr. c.
Carton (*suite*) en feuilles : autre	100 k. N.	150 00	160 00
— moulé, dit *Papier mâché*	» N.	200 00	212 50
— coupé et assemblé	» N.	100 00	107 50
Carvi (Essence de). V. *Huiles volatiles.*			
Casse. V. *Fruits médicinaux.*			
Cassia-lignea**, de la Guyane française	1 k. N.	0 24	——
— de l'Inde	» N.	0 33	1 00
— d'ailleurs	» N.	0 66	1 00
— (Essence de). V. *Huiles volatiles.*			
Castine. V. *Pierres* et *Terres, etc.*			
Castoréum*	100 k. B.	+2 00	+2 20
Cendres bleues ou vertes	» B.	exemptes.	exemptes
— de houille. V. *Houille.*			
— noires. V. *Terres pyriteuses.*			
— et regrets d'orfévre : par nav. franç. et par terre	100 k. B.	exempts.	exempts.
— et regrets d'orfévre : par nav. étrang.	» B.	——	1 00
— végétales. V. *Alcalis.*			
Céréales : froment, épeautre et méteil. Grains : *par navires français et par terre*	100 k. B.	0 50	0 50
par nav. étrangers	» B.	——	1 00
— Froment, épeautre et méteil. Farines : *par navires français et par terre*	» B.	1 00	1 00
par nav. étrangers	» B.	——	1 50
— Seigle. Grains et farines. — Maïs. Grains et farines. — Orge. Grains et farines. — Sarrasin. Grains et farines. — Avoine. Grains et farines : *par navires français et par terre*	» B.	exempt.	exempt.
par nav. étrangers	» B.	——	0 50
Cerf (Cornes de). V. *Cornes.*			
— (Râpures de cornes de). V. *Râpures.*			
— (Os de cœur de). V. *Os.*			
— (Moelle et vessies de). V. *Moelle.*			
Céruse. V. *Sels* (*Carbonates*).			
Châles. V. *Tissus, selon l'espèce.*			
Champignons, morilles et mousserons : en tout état	100 k. B.	exempts.	exempts.
Chandelles	» B.	10 00	11 00
Chanvre en brins, teillé ou peigné. V. *Végétaux filamenteux.*			
— (Fils de). V. *Fils.*			
— (Cordages de). V. *Cordages.*			
— (Tissus de). V. *Tissus.*			
Chapeaux de crin. V. *Tissus de crin.*			
— de feutre. V. *Feutres.*			
— de fibres de palmier*, grossiers	la pièce.	0 25	0 25
— de fibres de palmier*, fins	»	0 75	0 75
— de paille, d'écorce et de sparte, grossiers ou fins *	»	+0 25	+0 25
Charbon de bois et de chènevottes, par nav. fr. et par terre	le mètre cube	exempt.	exempt.
— de bois et de chènevottes, par navires étrangers	»	——	0 05
Chardons cardères	100 k. B.	exempts.	exempts.
Chariots. V. *Voitures.*			
Charrée. V. *Alcalis.*			
Châtaignes et leur farine. V. *Marrons.*			
Chaudières. V. *Machines.*			
Chaux de toute sorte	100 k. B.	exempte.	exempte.
Chêne. V. *Bois à construire.*			
— (Merrains de). V. *Merrains.*			
Chevaux entiers, hongres, juments	par tête.	25 00	25 00
— poulains	»	15 00	15 00
Cheveux ouvrés ou non	100 k. B.	exempts.	exempts.

+ Double décime compris.

		Par navires français ou assimilés.	Par navires étrangers et par terre.
		fr. c.	fr. c.
Chèvres, Chevreaux. V. *Bestiaux*			
Chicorée verte. V. *Racines de chicorée.*			
Chicorée moulue (faux café)		prohibée.	prohibée.
Chiens	par tête.	exempts.	exempts.
— de mer (Peaux de). V. *Peaux.*			
Chiffons. V. *Drilles.*			
— imprégnés de couleur bleue. V. *Maurelle.*			
Chiques d'agates. V. *Agates:*			
— de marbre. V. *Marbres.*			
— de pierre. V. *Pierres ouvrées.*			
Chocolat et Cacao *simplement broyé**	100 k. N.	150 00	160 00
Chromates. V. *Sels,*			
Chronomètres. V. *Horlogerie.*			
Cidre. V. *Boissons fermentées.*			
Cigares et autres tabacs fabriqués pour la Régie : des pays hors d'Europe	100 k. B.	exempts.	15 00
— et autres tabacs fabriqués pour la Régie : des entrepôts.	» B.	7 00	
— et autres tabacs fabriqués pour compte particulier.		proh. (*a*).	proh. (*a*).
Cinabre. V. *Sulfures.*			
Cire non ouvrée, jaune, brune ou blanche, des pays de product.	100 k. B.	+1 00	+3 00
— non ouvrée, jaune, brune ou blanche, d'ailleurs	» B.	+3 00	
— non ouvrée (résidu de)	» B.	exempt.	exempt.
— ouvrée (*jaune ou blanche*)	» B.	+4 00	+4 40
Cire à cacheter*	» N.	100 00	107 50
Citrate de chaux. V. *Acides.*			
Citrons et leurs variétés. V. *Fruits.*			
— (Ecorces de). V. *Herbes, etc.*			
— (Jus de). V. *Acides.*			
— (Essence de). V. *Huiles volatiles.*			
Civette*	1 k. B.	+2 00	+2 20
Clarinettes, etc. V. *Instruments de musique .*			
Cloportes desséchés	100 k. B.	exempts.	exempts.
Clous de girofle. V. *Girofle.*			
Cobalt (Minerai de)	100 k. B.	exempt.	exempt.
— (Oxyde de). V. *Oxydes.*			
— (Sels de). V. *Sels.*			
— vitrifié* en masse.—*Smalt.* Comme émail, vitrification en masse, ou azur, *selon l'espèce.*			
— vitrifié* en poudre.—*Azur.*	100 k. N.	30 00	33 00
Cochenille, par mer**, des pays hors d'Europe	100 k. B.	exempte.	15 00
— par mer**, des entrepôts	» B.	10 00	
— par terre	» B.	———	
Cochons de lait. V. *Bestiaux.*			
Coco, (Coques de). V. *Coques.*			
— (Noix de). V. *Fruits de table.*			
— (Cordages de fibres de). V. *Cordages.*			
Coins gravés. V. *Cylindres, etc.*			
Coke. V. *Houille.*			
Colcotar. V. *Oxydes.*			

(*a*) Les quantités importées pour *l'usage personnel des destinataires* et qui ne dépassent pas 10 kil. par personne, sont admises (par les seuls bureaux ouverts au transit) (V. page 7), aux conditions suivantes :

CIGARES et CIGARETTES. . . . . 24 fr. par kil. } sans addition de dé-
TABAC haché, en carottes, en poudre. 10 » } cime.

Sont admis aux mêmes droits, par toutes les douanes, les restants de provisions *déclarées* par les voyageurs, à leur arrivée de l'étranger, lorsqu'ils ne dépassent pas un kilog. de tabac ou cinq cents cigares.

\+ Décime compris.

		Par navires français ou assimilés.	Par navires étrangers et par terre.
		fr. c.	fr. c.
Colle de poisson*, des pays hors d'Europe	100 k. N.	+40 00	+45 00
— des entrepôts	» N.	+45 00	
Colle forte*	» N.	25 00	27 50
Collection (Objets de). V. *Objets de collection.*			
Colophane. V. *Résines indigènes.*			
Colza (Graines de). V *Graines oléagineuses.*			
Concombres confits. V. *Fruits de table.*			
Confitures au sucre ou au miel, des colonies françaises** : de la Guyane	100 k. N.	+12 50	——
des Antilles	» N.	+12 50	+12 50(a)
de la Réunion	» N.	+12 50	+12 50(a)
— au sucre et au miel, de l'Inde*	» N.	+30 00	+33 00
— au sucre et au miel, d'ailleurs hors d'Europe*	» N.	+30 00	+32 00
— au sucre et au miel, des entrepôts*	» N.	+32 00	+32 00
— sans sucre ni miel	» N	20 00	22 00
Contre-basses. V. *Instruments de musique.*			
Contrefaçons en librairie. V. *Livres.*			
Copahu. V. *Baumes.*			
Copal. V. *Résineux exotiques.*			
Coques de coco, des pays hors d'Europe	100 k. B.	exemptes.	3 00
— de coco, des entrepôts	» B.	3 00	
Coquillages nacrés**: Nacre de perles, sans distinction de *franche* ou *bâtarde*, en coquille brute, des pays hors d'Europe	» B.	exempte	4 00
— en coquille brute, des entrepôts	» B.	4 00	4 00
— sciée ou dépouillée de sa croûte, des pays hors d'Europe.	» B.	exempte.	8 00
— sciée ou dépouillée de sa croûte, des entrepôts	» B.	8 00	8 00
— Haliotides, dites *oreilles de mer*	» B.	exemptes.	3 00
Coquillages pleins. V. *Moules.*			
Corail brut, de toute pêche	100 k. B.	exempt.	exempt.
— taillé, non monté	» B.	exempt.	exempt.
Cordages de chanvre*	» N.	25 00	27 50
— de fibres de coco (*bastings*)	» B.	5 00	5 50
— de sparte, *de tous calibres*, en fils ou tresses battues (Veltes)	» B.		
— de sparte, etc., en fils ou tresses non battues	» B.	2 00	2 20
— de tilleul et de joncs	» B.		
— de phormium tenax, d'abaca, de jute, d'aloès, d'agavé*	» N.	25 00	27 50
— autres*	» N.		
Cordes métalliques blanches, pour instruments. V. *Fer.*			
Cornes de bétail : brutes, des pays de production	100 k. B.	exemptes.	+2 00
— brutes, d'ailleurs	» B.	+2 00	+2 00
— préparées	» B.	+3 00	+3 30
— débitées en feuilles*	» B.		
Cornes de cerf et de snak	» B.	exemptes.	exemptes.
Cornichons confits. V. *Fruits de Table.*			
Corons. V. *Fils de coton.*			
Cors. V. *Instruments de musique.*			
Coton : en laine, par mer**, des pays hors d'Europe	100 k N.	exempt.	3 00
— en laine, par mer**, des entrepôts	» N.	3 00	
— en laine, par terre	» N.	——	
— non égrené, par mer**, des pays hors d'Europe	» B.	exempt.	0 75
— non égrené, par mer**, des entrepôts	» B.	0 75	
— non égrené, par terre	» B.	——	
— en feuilles cardées et gommées. — *Ouate* *	» N.	100 00	107 50
— (Fils de). V. *Fils.*			
— (Tissus de). V. *Tissus.*			
Couleurs non dénommées*, sèches ou liquides	100 k. N.	35 00	38 50

(a) Plus la surtaxe d'affrètement.
* Décime compris.

		Par navires français ou assimilés.	Par navires étrangers et par terre.
		fr. c.	fr. c.
Couleurs (*suite*) en pâtes humides	100 k. N.	47 50	49 20
Couperoses. V. *Sels* (*Sulfates*).			
Coutellerie	Prohib.		
Coutil. V. *Tissus de lin*.			
Couvertures. V. *Tissus de laine*.			
— de bourre de soie. V. *Tissus de bourre*, etc.			
— de poils. V. *Tissus de poils*.			
— de soie. V. *Tissus de soie*.			
Craie. V. *Pierres et terres*, etc.			
Crayons simples, en pierre	100 k. B.	10 00	11 00
— composés*, à gaîne de bois blanc	» N	100 00	107 50
— composés*, à gaîne de cèdre	» N.	200 00	212 50
Crème de tartre. V. *Sels* (*Tartrates*).			
Crêpes. V. *Tissus de soie*.			
Crépon de Zurich. V. *Tissus de laine*.			
Crins bruts, préparés ou frisés, des pays hors d'Europe	100 k. B.	exempts	3 00
— bruts, préparés ou frisés, du cru des pays d'Europe	» B.	exempts.	3 00
— bruts, préparés ou frisés, d'ailleurs	» B.	3 00	3 00
— (Tissus et passementerie de). V. *Tissus de crin*.			
Cristal de roche, non ouvré	100 k. B.	exempt.	exempt.
— de roche, ouvré	Prohib.		
Cristaux. V. *Verres*, etc.			
Cudbéard. V. *Orseille*.			
Cuirs. V. *Peaux*.			
— de veau odorant (cuir de Russie). V. *Peaux préparées*.			
— (Ouvrages en). V. *Ouvrages*.			
Cuivre (Minerai de)	100 k. B.	exempt.	exempt.
— pur* de première fusion, en masses, barres ou plaques et débris de vieux ouvrages	» B.	exempt.	0 25
— pur*, laminé, en barres ou en planches	» N.	30 00	33 00
— pur*, battu	» N.	80 00	86 50
— pur*, filé, teint en jaune, imitant la dorure	» N.	+100 00	+107 50
— pur*, filé, non teint	» N.	100 00	107 50
— allié* de zinc (*laiton*) de première fusion, en masses, barres ou plaques et débris de vieux ouvrages	» B.	exempt.	0 25
— allié* de zinc (*laiton*) laminé, en barres ou en planches	» N.	30 00	33 00
— allié* de zinc (*laiton*) battu	» N.	80 00	86 50
— allié* de zinc (*laiton*) filé, poli, pour cordes d'instrum.	» N.	100 00	107 50
— allié* de zinc (*laiton*) filé, poli, autres	Prohibés.		
— allié* de zinc (*laiton*) filé, non poli	» N.	100 00	107 50
— allié* de zinc (*laiton*) filé, propre à la broderie	» N.	286 00	302 80
— allié* d'étain, de première fusion, en masses, barres ou plaques, et débris de vieux ouvrages	» B.	exempt.	0 25
— doré*, en lingots	» N.	147 00	156 80
— doré*, battu, tiré ou laminé	» N.	286 00	302 80
— doré*, filé, sur fil ou sur soie	» N.	+100 00	+107 50
— argenté*, en masses ou lingots	» N.	102 00	109 60
— argenté*, battu, tiré ou laminé	» N.	204 00	216 70
— argenté*, filé sur fil ou sur soie	» N.	+100 00	+107 50
— Limailles* et débris*	» B.	exempt.	0 25
— Monnaies en cuivre pur ou allié. V. *Monnaies*.			
— (Ouvrages en). V. *Ouvrages en métaux*.			
Curcuma en racine, des pays hors d'Europe	100 k. B.	exempt.	4 00
— en racine, des entrepôts	» B.	2 00	
— en poudre	» B.	exempt.	exempt.
Cylindres, planches et coins gravés*	La valeur.	15 %	15 %
Cymbales. V. *Instruments de musique*.			

\+ Décime compris.

D

		Par navires français ou assimilés.	Par navires étrangers et par terre.
		fr. c.	fr. c.
Dammar. V. *Résineux exotiques*.			
Débris de vieux ouvrages. V. *Fer, Cuivre, Étain, etc.*			
Déchets de fils de coton (pennes ou corons). V. *Fils de coton*.			
— de laine. V. *Laine*.			
— de pierres. V. *Matériaux*.			
Défenses d'éléphant. V. *Dents*.			
Dégras de peaux des pays hors d'Europe.	100 k. B.	exempts.	2 00
— du cru des pays d'Europe.	» B.	exempts.	2 00
— d'ailleurs.	» B.	2 00	2 00
Denrées coloniales. V. *Café, Sucre, etc.*			
Dentelles de coton. V. *Tissus de coton*.			
— de fil. V. *Tissus de lin*.			
— de soie, d'or ou d'argent. V. *Tissus de soie*.			
Dents d'éléphant** (*Défenses et mâchelières*), des pays hors d'Europe.	100 k. B.	exemptes.	3 00
— d'éléphant** (*Défenses et mâchelières*), des entrepôts.	» B.	3 00	3 00
— de loup, des pays hors d'Europe.	» B.	exemptes.	+2 00
— de loup, des entrepôts.	» B.	+2 00	+2 00
Derle, ou terre à porcelaine. V. *Pierres* et *Terres, etc.*			
Diamants. V. *Pierres gemmes*.			
Dolures de peaux. V. *Oreillons*.			
Douppions. V. *Soies*.			
Drilles et **Chiffons** : par navire français et par terre. . . .	100 k. B.	exempts.	exempts.
— par nav. étrang.	» B.	———	1 00
Duvet de cachemire. V. *Poils*.			
— de cygne, d'oie, de canard, etc. V. *Plumes*.			

E

		Par navires français ou assimilés.	Par navires étrangers et par terre.
Eau forte, eau régale. V. *Acides*.			
Eaux de senteur. V. *Parfumeries*.			
— distillées. V. *Médicaments composés*.			
— minérales de toute sorte (cruchons compris) (a).	100 k. B.	exemptes.	exemptes.
— -de-vie. V. *Boissons distillées*.			
Écailles d'ablette.	100 k. B.	exemptes.	exemptes.
— de tortue** (carapaces, onglons et caouanes), des pays hors d'Europe.	» B.	exemptes.	5 00
— de tortue** (carapaces, onglons et caouanes), des entrepôts	» B.	5 00	5 00
— de tortue**, rognures, des pays hors d'Europe.	» B.	exemptes.	2 50
— de tortue**, rognures, des entrepôts.	» B.	2 50	2 50
Écarlate (Graines d'). V. *Kermès*.			
Ecaussines. V. ce mot au *Tarif Franco-Belge*.			
Echalas. . . . . en nombre.	le mille	0 25	0 25
Ecorces de citron, d'orange, de quinquina et autres écorces médicinales non dénommées. V. *Herbes, etc.*			
— (Nattes et tresses d'). V. *Nattes*.			
— de tilleul, pour cordages.	100 k. B.	exemptes.	exemptes.
— à tan, moulues ou non moulues : d'aune, de bourdaine, de grenade et de pin.	» B.	exemptes.	exemptes.
— à tan, moulues ou non moulues : autres.	» B.	exemptes.	exemptes.

(a) Les bouteilles de contenance acquittent le droit. V. *Verres*.
\+ Décimes compris.

		Par navires français ou assimilés.	Par navires étrangers et par terre.
		fr. c.	fr. c.
Écorces (*suite*) de sumac, de fustet. V. *Sumac.*			
— (Tissus d'). V. *Tissus.*			
Ecrevisses (Yeux d'). V. *Yeux.*			
Edredon. V. *Plumes.*			
Effets à usage* : Pièces de lingerie *cousues*. Mêmes droits que le tissu dont elles sont formées, et le *dixième* en sus.			
— Habillements neufs : vêtements confectionnés et autres effets à l'usage des voyageurs.	la valeur.	30 %	30 %
— Habillements neufs : autres. Comme l'étoffe principale dont ils sont formés.			
— Habillements vieux	100 k N.	51 00	56 00
Email. V. *Verres.*			
Etan (Pieds d')	le cent.	exempts.	exempts.
Embarcations, en état de servir : Bateaux de rivière en métal. V. *Machines.*			
— en état de servir, autres. Le tonneau de mer.		20 00	20 00
— en état de servir : Bâtiments de mer (*a*). Le tonneau de mer.	prohib.		
— à dépecer, doublées en métal. Le tonneau de mer.		0 60	0 60
— à dépecer, non doublées. Le tonneau de mer		0 25	0 25
Emeri. V. *Pierres, etc., Pierres ferrugineuses.*			
Encre* à dessiner, en tablettes.	1 k. N.	1 00	1 10
— liquide, à écrire ou à imprimer	100 N.	60 00	65 50
Engrais. Poudrette, par navire français et par terre.	» B.	exempts.	exempts.
— Poudrette, par navire étranger.	» B.	———	0 50
— Guano, des pays hors d'Europe.	» B.	exempt.	3 00
— Guano, des entrepôts.	» B.	2 00	3 00
— Sang de bétail, sauf le sang de bouc desséché.	» B.	exempt.	exempt.
— Résidu de noir animal, par navire français et par terre.	» B.	exempt.	exempt.
— Résidu de noir animal, par navire étranger.	» B.	———	0 50
— autres, par navire français et par terre.	» B.	exempts.	exempts.
— autres, par navire étranger.	» B.	———	0 50
Epeautre. V. *Grains* et *Farines.*			
Epices préparées* : Moutarde (farine ou confection de) sénevé.	100 k. N.	25 00	27 50
— non dénommées.	1 N.	2 00	2 20
Epinettes. V. *Instruments de musique.*			
Epine-Vinette. V. *Bois de teinture.*			
Eponges* de toute sorte, des pays hors d'Europe.	100 k. N.	+50 00	+55 00
— de toute sorte, des entrepôts.	» N.	+55 00	+55 00
Espars. V. *Bois à construire.*			
Essaims d'abeilles. V. *Abeilles.*			
Essences : de houille et ses dérivés	100 k. N.	13 00	14 30
— ou huiles volatiles. V. *Huiles.*			
— de térébenthine. V. *Résines indigènes.*			
Etain (Minerai d').	100 k. B.	exempt.	exempt.
— brut, débris de vieux ouvrages, limailles.	» B.	exempt.	0 25
— battu ou laminé*.	» N.	60 00	65 50
— ouvré. V. *Ouvrages en métaux.*			
Etiquettes imprimées, gravées ou coloriées*.	100 k. N.	300 00	317 50
Etoffes de bourre de soie. V. *Tissus de bourre de soie.*			
— de soie. V. *Tissus de soie.*			
Etoupes de chanvre, de lin, etc. V. *Végétaux filamenteux.*			
Extraits de bois de teinture.	prohib.		
— de garance. V. *Garancine.*			
— de quinquina. V. *Médicaments composés.*			
— de viandes.	100 k. B.	exempts.	exempts.

(*a*) Pour les bâtiments de mer construits dans les Etats-Unis d'Amérique, Voy. à *Bâtiments* la note (*a*).
+ Décimes compris.

F

Article	Unité	Par navires français ou assimilés.	Par navires étrangers et par terre.
		fr. c.	fr. c.
Fagots. V. *Bois à brûler*.			
Faïence. V. *Poteries*.			
Fanons de baleine, bruts, *de toute pêche*, des pays hors d'Eur.	100 k. B.	exempts.	+2 00
— de baleine, bruts, *de toute pêche*, des entrepôts	» B.	+2 00	+2 00
— de baleine, coupés et apprêtés*	» B.	10 00	15 00
Fards. V. *Parfumeries*.			
Farines de céréales. V. *Céréales*.			
— de légumes secs. V. *Légumes secs*.			
— de marrons et de châtaignes. V. *Marrons*.			
— de moutarde. V. *Epices*.			
Faucilles et **Faux**. V. *Outils*.			
Fécules indigènes. *par navires français et par terre* . .	100 k. B.	1 00	1 00
Fécules indigènes. *par navires étrangers*	» B.	——	1 50
— exotiques. V. *Sagou, etc*.			
Fenouil (Essence de). V. *Huiles volatiles*.			
Fer (Minerai de)	100 k. B.	exempt.	exempt.
— fonte* brute, aciéreuse de Styrie ou de Carinthie (sans distinction de poids), comme fontes en gueuses pesant 15 k. ou plus.			
— fonte* brute, autre en masses, pesant 15 k. ou plus, par mer.	» B.	4 00	4 40
— fonte* brute, autre en masses, pesant 15 k. ou plus, par terre.	» B.	——	4 00
— fonte* épurée dite mazée, en masses de 15 k. ou plus. .	» B.	7 00	7 70
— fonte* de toute autre espèce.	Prohibée.		
— fonte* ouvrée ou moulée. V. *Ouvrages en fonte*.			

Article	Unité	Par navires français et par terre.	Par navires étrangers.
		fr. c.	fr. c.
Fer étiré, sans distinction de mode de fabrication, en barres plates de 458mm et plus, la largeur multipliée par l'épaisseur.	100 k. B.	10 00	11 00
— étiré, sans distinction de mode de fabrication, en barres plates de 213mm inclusivement à 458mm exclusivement, la largeur multipliée par l'épaisseur	» N.	12 00	13 20
— étiré, sans distinction de mode de fabrication, en barres plates de moins de 213mm, la largeur multipliée par l'épaisseur.	» N.	14 00	15 40
— étiré, sans distinction de mode de fabrication, en barres carrées de 22mm et plus, *sur chaque face*.	» B.	10 00	11 00
— étiré, sans distinction de mode de fabrication, en barres carrées de 15mm inclusivement à 22mm exclusivement, *sur chaque face*.	» N.	12 00	13 20
— étiré, sans distinction de mode de fabrication, en barres carrées de moins de 15mm *sur chaque face*.	» N.	14 00	15 40
— étiré, sans distinction de mode de fabrication, en barres rondes de 15mm et plus *de diamètre*	» N.	12 00	13 20
— étiré, sans distinction de mode de fabrication, en barres rondes de moins de 15mm *de diamètre*.	» N.	14 00	15 40
— en barres à rainures, dites *rails* (Mêmes droits que les fers étirés, selon leurs dimensions).			

* Décimes compris.

		Par navires français ou assimilés.	Par navires étrangers et par terre.
		fr. c.	fr. c.
Fer (*suite*) de Suède et de Norwège, en barres ou en massiaux, par navire français.	100 k. B.	+7 00	———
— de Suède ou de Norwège, en barres ou en massiaux, par navire étranger.	» B.	———	+7 70
— forgé, en *massiaux ou prismes*.	Prohibé.		
— platiné ou laminé, noir. — *Tôle**.	100 k. N.	20 00	22 00
— platiné ou laminé, étamé (*fer-blanc*), plombé, cuivré ou zingué.	» N.	40 00	44 00
— de tréfilerie*, fil de fer, même recouvert d'autres métaux.	» N.	30 00	33 00
— de tréfilerie*, cordes métalliques blanches, *pour instruments*.	» N.	70 00	76 00
— ouvré. V. *Ouvrages en fer, en tôle et en fer-blanc.*			
— Acier* en barres, *de toute espèce*.	100 k. N.	30 00	33 00
— Acier* laminé en tôle ordinaire.	» N.	50 00	55 00
— Acier* laminé en bandes *ou* feuilles blanches *ou* brunes non polies ni trempées, *ayant* plus de 1^{mm} d'épaisseur *quelle que soit la largeur*.	» N.	50 00	55 00
— Acier* laminé en bandes *ou* feuilles blanches *ou* brunes non polies ni trempées, *ayant* 1^{mm} *ou* moins d'épaisseur *et* 45 cent. *ou* plus de largeur.	» N.	75 00	81 20
— Acier* laminé en bandes *ou* feuilles blanches *ou* brunes non polies ni trempées *ayant* 1^{mm} ou moins d'épaisseur et moins de 45 cent. de largeur.	» N.	110 00	118 00
— Acier* laminé en bandes *ou* feuilles blanches *ou* brunes polies, bleuies, trempées *ou* non, roulées *ou* droites (*autres que scies*).	1 k. N.	5 00	5 50
— Acier* filé, *même blanchi pour cordes d'instruments*.	100 k. N.	70 00	76 00
— Acier ouvré. V. *Ouvrages en acier.*			
— Limailles et pailles.	100 k. B.	exemptes.	exemptes.
— Ferrailles*, débris de vieux ouvrages en fer.	» B.	8 00	8 80
— Ferrailles*, débris de vieux ouvrages en fonte, par mer.	» B.	4 00	4 40
— Ferrailles*, débris de vieux ouvrages en fonte, par terre.	» B.	———	4 00
— Mâchefer, par mer.	» B.	0 80	0 88
— Mâchefer, par terre.	» B.	———	0 80
— (Ouvrages en) V. *Ouvrages en métaux.*			
— *fer-blanc,* métal. V. *Fer étamé.*			
— *fer-blanc* (ouvrages en). V. *Ouvrages en métaux.*			
Ferrailles. V. *Fer.*			
Feuilles médicinales. V. *Herbes, etc.*			
— tinctoriales non dénommées.	100 k. B.	exemptes.	exemptes.
— de sumac et de fustet. V. *Sumac.*			
Feutres* chapeaux (y compris ceux de soie)	la pièce.	1 50	1 50
— à doublage	100 k. N.	100 00	107 50
— autres ouvrages	» N.	400 00	417 50
Fèves de cacao. V. *Cacao.*			
Figues de cactus. V. *Fruits à distiller.*			
Fil de fer. V. *Fer.*			
Filets neufs ou en état de servir*.	100 k. N.	25 00	27 50
Fils de **coton** écrus du n° 143 (*système métrique*) et au-dessus, simples.	1 k. N.	7 00	7 70
— de coton écrus du n° 143 (*système métrique*, et au-dessus, retors.	» N.	8 00	8 80
— de coton tous autres, sans distinction d'espèce, ni de numéros.	Prohibés.		
— de coton (déchets de) *pennes* ou *corons* par mer, des pays hors d'Europe.	100 k. N.	exempts.	3 00
— de coton (déchets de) *pennes* ou *corons* par mer, des entrepôts.	» N.	3 00	3 00

\+ Décimes compris.

		Par navires français ou assimilés.	Par navires étrangers et par terre.
		fr. c.	fr. c.
Fils de **coton** *suite* (déchets de) *pennes* ou *corons* par terre.	100 k. N.	———	3 00
Fils de **laine**, longue peignée, *écrus, retors à un ou plusieurs bouts, dégraissés et grillés*	1 k. N.	7 00	7 70
— de laine tous autres	Prohibés.		
Fils de **lin** ou de **chanvre**, simples, écrus, mesurant au kilogramme 6,000 mètres ou moins	100 k. N.	38 00	41 80
— simples, écrus, mesurant au kilogramme plus de 6,000 mètres ; pas plus de 12,000	» N.	48 00	52 80
— simples, écrus, mesurant au kilogramme plus de 12,000 mètres ; pas plus de 24,000	» N.	80 00	86 50
— simples, écrus, mesurant au kilogramme plus de 24,000 mètres ; pas plus de 36,000	» N.	125 00	133 70
— simples, écrus, mesurant au kilog. plus de 36,000 mètres.	» N.	165 00	175 70
— simples, blanchis, *à quelque degré que ce soit*, mesurant au kilogramme 6,000 mètres ou moins	» N.	54 00	59 20
— simples, blanchis, *à quelque degré que ce soit*, mesurant au kilog. plus de 6,000 mètres ; pas plus de 12,000.	» N.	66 00	71 80
— simples, blanchis, *à quelque degré que ce soit*, mesurant au kilogramme plus de 12,000 mètres ; pas plus de 24,000	» N.	106 00	113 80
— simples, blanchis, *à quelque degré que ce soit*, mesurant au kilogramme plus de 24,000 mètres ; pas plus de 26,000	» N.	163 00	173 60
— simples, blanchis, *à quelque degré que ce soit*, mesurant au kilogramme plus de 36,000 mètres	» N.	212 00	225 40
— simples, teints, mesurant au kilogramme 6,000 mètres ou moins	» N.	58 00	63 40
— simples, teints, mesurant au kilogramme plus de 6,000 mètres ; pas plus de 12,000	» N.	70 00	76 00
— simples, teints, mesurant au kilogramme plus de 12,000 mètres ; pas plus de 24,000	» N.	106 00	113 80
— simples, teints, mesurant au kilogramme plus de 24,000 mètres ; pas plus de 36,000	» N.	160 00	170 50
— simples, teints, mesurant au kilog. plus de 36,000 mètres	» N.	200 00	212 50
— retors, écrus, mesurant au kilogramme 6,000 mètres ou moins	» N.	44 00	48 40
— retors, écrus, mesurant au kilogramme plus de 6,000 mètres ; pas plus de 12,000	» N.	60 00	65 50
— retors, écrus, mesurant au kilogramme plus de 12,000 mètres ; pas plus de 24,000	» N.	104 00	114 70
— retors, écrus, mesurant au kilogramme plus de 24,000 mètres ; pas plus de 36,000	» N.	167 00	177 80
— retors, écrus, mesurant au kilog. plus de 36,000 mètres.	» N.	225 00	238 70
— retors, blanchis, *à quelque degré que ce soit*, mesurant au kilogramme 6,000 mètres ou moins	» N.	61 00	66 50
— retors, blanchis, *à quelque degré que ce soit*, mesurant au kilogramme plus de 6,000 mètres ; pas plus de 12,000	» N.	84 00	87 50
— retors, blanchis, *à quelque degré que ce soit*, mesurant au kilogramme plus de 12,000 mètres ; pas plus de 24,000	» N.	136 00	145 30
— retors, blanchis, *à quelque degré que ce soit*, mesurant au kilogramme plus de 24,000 mètres ; pas plus de 36,000	» N.	215 00	228 20
— retors, blanchis, *à quelque degré que ce soit*, mesurant au kilogramme plus de 36,000	» N.	287 00	303 80
— retors, teints, mesurant au kilogramme 6,000 mètres ou moins	» N.	70 00	76 00
— retors, teints, mesurant au kilogramme plus de 6,000 mètres ; pas plus de 12,000	» N.	86 00	92 80

		Par navires français ou assimilés.	Par navires étrangers et par terre.
		fr. c.	fr. c.
Fils de **lin** ou de **chanvre** (*suite*), retors, teints, mesurant au kil. plus de 12.000 mètres; pas plus de 24,000 . . .	100 k. N.	134 00	143 20
— retors, teints, mesurant au kilogramme plus de 24,000 mètres; pas plus de 36.000	» N.	205 00	217 70
— retors, teints, mesurant au kilogramme plus de 36,000 mètres.	» N.	260 00	275 50
Fils de **phormium tenax**, d'**abaca** et de **jute**, écrus*.	» N.	60 00	65 50
— de phormium tenax, d'abaca et de jute, blanchis*. . .	» N	84 00	87 50
— de phormium tenax, d'abaca et de jute, teints*.	» N.	80 00	86 50
Fils de **poils** de chèvre.	» N.	20 00	22 00
— de poils de vache et d'autres ploes	» B.	9 00	9 90
— de poils de chien.	» B.	1 00	1 10
— de poils; tous autres.	Prohibés.		
Fleuret. V. *Soies.*			
— Tissus de). V. *Tissus de bourre de soie.*			
Fleurs artificielles*.	la valeur.	12 %	12 %
— de carthame. V. *Carthame.*			
— (Graines de). V. *Graines.*			
— de lavande, d'oranger. V. *Herbes, etc.*			
— médicinales. V. *Herbes, etc.*			
— de soufre. V. *Soufre.*			
Flûtes, etc. V. *Instruments de musique.*			
Foin. V. *Fourrages.*			
Follicules de séné. V. *Fruits médicinaux.*			
Fonte. V. *Fer.*			
— (Ouvrages en). V. *Ouvrages en métaux.*			
Forte-Piano. V. *Instruments de musique.*			
Foulards. V. *Tissus de soie.*			
Fournitures d'horlogerie. V. *Horlogerie.*			
Fourrages: Paille, foin et herbes de pâturage de toute espèce, et son de toutes sortes de grains, *par navire français et par terre.*	100 k. B.	exempts.	exempts.
— Paille, foin et herbes de pâturage de toute espèce, et son de toutes sortes de grains, *par navire étranger.*	» B.	———	0 50
Fromages blancs, *de pâte molle.*	» B.	6 00	6 60
— Autres.	» N.	15 00	16 50
Froment. V. *Céréales.*			
Fruits à distiller: Anis vert, des pays de production.	100 k. B.	+2 00	4 00
— à distiller. Anis vert, d'ailleurs.	» B.	+4 00	
— à distiller. Figues de cactus, *par navire français et par terre.*	» B.	exempts.	exempts.
— à distiller. Baies de genièvre.	» B.	exempts.	exempts.
— à distiller. Baies de myrtille.	» B.	exempts.	exempts.
— à distiller. Lesdites figues et baies, *par navire étrang.*	» B.	———	1 10
Fruits médicinaux: Casse sans apprêt, des pays hors d'Eur.	» B.	exempte.	20 00
— médicinaux. Casse sans apprêt, des entrepôts	» B.	10 00	20 00
— médicinaux. Casse confite (canéfice). Même tarif que le *Sucre non raffiné.*			
— médicinaux. Tamarins, gousse et pulpe, des pays hors d'Europe..	» B.	exempts.	20 00
— médicinaux. Tamarins, gousse et pulpe, des entrepôts.	» B.	10 00	20 00
— médicinaux. Tamarins confits dans le sucre* et Myrobolans confits*.	» N.	62 00	67 60
— médicinaux. Badiane (Anis étoilé)*, de l'Inde.	» N.	45 00	40 00
— médicinaux. Badiane (Anis étoilé)*, d'ailleurs.	» N.	30 00	40 00
— médicinaux. Follicules de séné, *entières ou en grabeau.* . . — médicinaux, non dénommés. . { des pays hors d'Europe.	» B.	exempts.	20 00
{ des entrepôts	» B.	10 00	20 00

+ Décimes compris.

		Par navires français ou assimilés	Par navires étrangers et par terre.
		fr. c.	fr. c.
Fruits oléagineux (*a*) : amandes, noix, noisettes, avelines, et autres non dénommés, *par mer*, des pays hors d'Eur.	100 k. B.	exempts.	+2 00
— oléagineux : amandes, noix, noisettes, avelines, et autres non dénommés, *par mer*, du cru des pays d'Eur.	» B.	exempts.	+1 00
— oléagineux : amandes, noix, noisettes, avelines, et autres non dénommés, *par mer*, d'ailleurs	» B.	+2 00	+2 00
— oléagineux : amandes, noix, noisettes, avelines, et autres non dénommés, *par terre*, du cru des pays d'Eur.	» B.	———	exempts.
— oléagineux : amandes, noix, noisettes, avelines, et autres non dénommés, *par terre*, d'ailleurs	» B.	———	+2 00
Fruits de table frais. Citrons, oranges et leurs variétés	» B.	10 00	11 00
— de table frais. Noix de coco	» B.	exemptes.	4 00
— de table frais. Carrobe ou carouge	» B.	0 25	1 00
— de table frais. Autres, exotiques	» B.	exempts.	4 00
— de table frais. Autres, indigènes	» B.	exempts.	2 00
— de table secs ou tapés. Raisins secs	» B.	0 25	2 00
— de table secs ou tapés. Pistaches et autres non dénommés.	» N.	16 00	17 60
— de table confits. Cornichons et concombres	» N.	17 00	18 70
— de table confits. Olives et picholines *	» N.	36 00	39 60
— de table confits. Câpres *	» N.	60 00	65 50
— de table confits. Autres, à l'eau-de-vie *	» N.	98 00	105 40
— de table confits. Autres, au sucre ou au miel. V. *Confitures.*			
— de table confits. Autres, sans sucre ni miel	» N.	20 00	22 00
— de table, conservés par la méthode Appert *ou* par tout autre procédé analogue, sans sucre ni miel, des colonies françaises ** ... de la Guyane.	» N.	exempts.	———
— de table, conservés par la méthode Appert *ou* par tout autre procédé analogue, sans sucre ni miel, des colonies françaises ** ... des Antilles et de la Réunion.	» N.	exempts.	exempt. *b*)
— de table, conservés par la méthode Appert *ou* par tout autre procédé analogue, sans sucre ni miel, de l'étranger	» N.	20 00	22 00
Fusils. V. *Armes*.			
Fustet (Bois de). V. *Bois de teinture*.			
— (brindilles, feuilles, écorce de). V. *Sumac*.			
Futailles. V. *Ouvrages en bois*.			

G

Galipot. V. *Résines indigènes*.			
Galle (Noix de). V. *Noix*.			
Garance, soit en racine verte ou sèche (*alizari*), soit moulue ou en paille	100 k. B.	exempte.	exempte.
Garancine (Extrait de garance)	Prohib.		
Garou (Racines de)	100 k. B.	exemptes.	exemptes.
Gaude	» B.	exempte.	exempte.
Gaze. V. *Tissus de soie*.			
Gazomètres. V. *Machines*.			
Génestrolle ou genêt des teinturiers	100 k. B.	exempt.	exempt.
Genièvre (Baies de). V. *Fruits à distiller*.			
Génisses. V. *Bestiaux*.			

(*a*) Les graines et fruits oléagineux importés, par navires étrangers, des échelles du Levant situées en Europe, doivent être traités comme provenant des pays d'Europe. (*Déc. minist. du 16 oct. 1861.*)

b) Plus la surtaxe d'affrètement.

\+ Décimes compris.

		Par navires français ou assimilés.	Par navires étrangers et par terre.
		fr. c.	fr. c.
Gibier vivant.	la valeur.	exempt.	exempt.
— mort. V. *Viandes.*			
Gingembre. V. *Racines médicinales.*			
Ginseng. V. *Racines médicinales.*			
Girofle**. Clous (*fleurs*) des colonies françaises, de la Guyane.	1 k. N.	0 30	———
— Clous (*fleurs*) des colonies françaises, des Antilles.	» N.	exempts.	exempt (a)
— Clous (*fleurs*) des colonies françaises, de la Réunion.	» N.		
— Clous (*fleurs*) de l'Inde.	» N.	4 00	
— Clous (*fleurs*) d'ailleurs, hors d'Europe.	» N.	4 80	3 00
— Clous (*fleurs*) des entrepôts.	» N.	2 00	
— Griffes (*pédoncules*) des colonies françaises, de la Guyane.	» N.	0 07	———
— Griffes (*pédoncules*) des colonies françaises, des Antilles.	» N.		
— Griffes (*pédoncules*) des colonies françaises, de la Réunion.	» N.	exemptes.	exempt (a)
— Griffes (*pédoncules*) de l'Inde.	» N.	0 25	
— Griffes (*pédoncules*) d'ailleurs, hors d'Europe	» N.	0 45	0 75
— Griffes (*pédoncules*) des entrepôts.	» N.	0 50	
— (Essence de). V. *Huiles volatiles.*			
— (Feuilles de). V. *Herbes etc., non dénommées.*			
Glaces. V. *Verres.*			
Glu. V. *Sucs.*			
Gommes pures, d'Europe*.	100 k. B.	exemptes.	exemptes.
— pures exotiques, par mer**, du Sénégal.	» B.	exemptes	———
— pures exotiques, par mer**, de l'Inde.	» B.	exemptes.	5 00
— pures exotiques, par mer**, d'ailleurs.	» B.	3 00	5 00
— pures exotiques, par terre.	» B.	———	5 00
Goudron minéral. V. *Bitumes.*			
— végétal. V. *Résines.*			
Gousses tinctoriales : Libidibi, en gousses entières ou simplement concassées, des pays hors d'Europe.	» B.	exemptes.	4 00
— tinctoriales : Libidibi, en gousses entières ou simplement concassées, des entrepôts.	» B.	3 00	
— tinctoriales : Libidibi, moulu.	» N.	15 00	16 50
— tinctoriales : autres, entières ou simplement concassées, des pays hors d'Europe.	» B.	exemptes.	4 00
— tinctoriales : autres, entières ou simplement concassées, des entrepôts.	» B.	3 00	
Graines à ensemencer.	» B.	exemptes.	exemptes.
— d'écarlate. V. *Kermès.*			
— oléagineuses (b) : d'œillette, de colza, ou autres non dénommées, *par mer*, des pays hors d'Europe.	100 k. B.	exemptes.	+2 00
— oléagineuses : d'œillette, de colza, ou autres non dénommées, *par mer*, du cru des pays d'Europe.	» B.	exemptes.	+1 00
— oléagineuses : d'œillette, de colza, ou autres non dénommées, *par mer*, d'ailleurs.	» B.	+2 00	+2 00
— oléagineuses : d'œillette, de colza, ou autres non dénommées, *par terre*, du cru des pays d'Europe.	» B.	———	exemptes.
— oléagineuses : d'œillette, de colza, ou autres non dénommées, *par terre*, d'ailleurs.	» B.	———	+2 00
— de rocou. V. *Rocou.*			
— de jarosse ou de vesce. V. *Jarosse.*			
Grains de céréales. V. *Céréales.*			
— perlés ou mondés, comme *Fécules indigènes*. V. *ces mots.*	100 k. B.		
— durs à tailler, des pays hors d'Europe et du cru des pays d'Europe.	» B.	exempts.	3 00
— durs à tailler, d'ailleurs.	» B.	3 00	

(a) Plus la surtaxe d'affrétement.
\+ Décimes compris.
(b) V. la note *a* à la page 40.

		Par navires français ou assimilés.	Par navires étrangers et par terre.
		fr. c.	fr. c.
Graisses *de toute sorte*, excepté de poisson, des pays hors d'Europe	100 k. B.	exemptes.	2 00
— *de toute sorte*, excepté de poisson, du cru des pays d'Europe	» B.	exemptes.	2 00
— *de toute sorte*, excepté de poisson, d'ailleurs	» B.	2 00	2 00
— de poisson, *de pêche française*	» B.	0 45	———
— de poisson, *de pêche étrangère*, des pays hors d'Eur.	» B.	+6 00	+8 00
— de poisson, *de pêche étrangère*, des entrepôts	» B.	+8 00	+8 00
Graphite ou plombagine	» B.	exempte.	exempte.
Gravures et lithographies de portefeuille et d'ornement	» N.	300 00	317 50
Grenade (Écorces de). V. *Écorces à tan.*			
Grès (Pavés de). V. *Matériaux.*			
— (Poteries de). V. *Poteries.*			
Griffes de girofle. V. *Girofle.*			
Grignon (*Marc d'olives sec*)	100 k. B.	exempt.	exempt.
Groisil. V. *Verres.*			
Groison. V. *Pierres* et *Terres, etc.*			
Grosses-caisses. V. *Instruments de musique.*			
Gruaux, comme *Fécules indigènes*. V. *ces mots*	100 k. B.		
Guano. V. *Engrais.*			
Gui. V. *Herbes, etc.*			
Guitares. V. *Instruments de musique.*			
Gutta-percha brute ou simplement refondue en masses**, des pays hors d'Europe	100 k. B.	exempte.	3 00
— brute ou simplement refondue en masses**, des entrepôts	» B.	3 00	
— (Ouvrages en). V. *Ouvrages en caoutchouc, etc.*			

H

Habillements. V. *Effets à usage.*			
Haliotides. V. *Coquillages nacrés.*			
Hameçons*	100 k. N.	200 00	212 50
Harmonicas. V. *Instruments de musique.*			
Harpes. V. *Instruments de musique.*			
Hautbois. V. *Instruments de musique.*			
Herbes, feuilles, fleurs et écorces. Absinthe, gui de chêne, feuilles d'oranger et de lierre (tiges et branches comprises), barbotine ou semencine, fleurs de lavande et d'oranger même salées, capillaires et écorces de citrons, d'oranges et de leurs variétés	100 k. B.	exemptes.	exemptes.
— feuilles, fleurs et écorces : non dénommées (écorces de quinquina comprises), *par mer*, des pays hors d'Europe	» B.	exemptes.	+5 00
— feuilles, fleurs et écorces : non dénommées (écorces de quinquina comprises), *par mer*, du cru des pays d'Europe	» B.	+2 00	
— feuilles, fleurs et écorces : non dénommées (écorces de quinquina comprises), *par mer*, d'ailleurs	» B.	+5 00	
— feuilles, fleurs et écorces : non dénommées (écorces de quinquina comprises), *par terre*, du cru des pays d'Europe	» B.	———	+2 00
— feuilles, fleurs et écorces : non dénommées (écorces de quinquina comprises), *par terre*, d'ailleurs	» B.	———	+5 00
— de pâturage. V. *Fourrages.*			
Homards, de toute pêche	» B.	exempts.	exempts.

+ Décimes compris.

		Par navires français ou assimilés.	Par navires étrangers et par terre.
		fr. c.	fr. c.
Horlogerie : Ouvrages montés, montres à boîtes d'argent ou de métal autre que l'or, mouvements simples à roues de rencontre	la pièce.	1 40	1 10
— Ouvrages montés, montres à boîtes d'argent ou de métal autre que l'or, mouvements simples de toute autre sorte	»	1 80	1 80
— Ouvrages montés, montres à boîtes d'argent ou de métal autre que l'or, répétitions, réveils ou autres genres	»	1 80	1 80
— Ouvrages montés, montres à boîtes d'or, mouvements simples à roues de rencontre	»	3 10	3 10
— Ouvrages montés, montres à boîtes d'or, mouvements simples de toute autre sorte	»	4 40	4 40
— Ouvrages montés, montres à boîtes d'or, répétitions ou réveils à roues de rencontre	»	4 40	4 40
— Ouvrages montés, montres à boîtes d'or, répétitions ou réveils de toute autre sorte	»	6 00	6 00
— Ouvrages montés, montres à boîtes d'or, secondes fixes indépendantes et chronomètres de poche		6 00	6 00
— Ouvrages montés, montres sans boîtiers	la valeur.	10 °/°	10 °/°
— Ouvrages montés, carillons à musique	1 k. N.	5 00	5 50
— Ouvrages montés, horloges en bois* avec mouvement en métal	la pièce.	2 00	2 00
— Ouvrages montés, horloges en bois* toutes autres	»	1 00	1 00
— Ouvrages montés, mouvements de toute sorte	la valeur.	10 °/°	10 °/°
— (Fournitures d')*	1 k. N.	5 00	5 50
Horloges en bois. V. *Horlogerie*.			
Houblon*	100 k. N.	45 00	49 50
Houille crue ou carbonisée (*coke*) par mer	» B.	0 15	0 65
— crue ou carbonisée (*coke*) par terre, par les départements des Ardennes et de la Moselle	» B.	———	0 10
— crue ou carbonisée (*coke*) par terre, par tous autres points	» B.	———	0 15
— (Cendres de)	» B.	0 01	0 01
— (Essence de). V. *Essences*.			
Huiles fixes, pures, d'olive*	100 k. B.	+6 00	+7 00
— de palme, de coco, de touloucouna et d'illipé des colonies françaises** : de la Guyane	» B.	exemptes.	———
des Antilles	» B.	exemptes.	exempt^s (a)
de la Réunion	» B.	exemptes.	exempt (a)
— de palme, de coco, de touloucouna et d'illipé, des établissements français dans l'Inde, et au Sénégal**	» B.	exemptes.	———
— de palme, de coco, de touloucouna et d'illipé, d'ailleurs, hors d'Europe	» B.	+1 00	+3 00
— de palme, de coco, de touloucouna et d'illipé, des entrepôts	» B.	+3 00	+3 00
— autres, par mer, des pays de production	» B.	+6 00	+7 00
— autres, par mer, d'ailleurs	» B.	+7 00	+7 00
— autres, par terre, des pays de production	» B.	———	+6 00
— autres, par terre, d'ailleurs	» B.	———	+7 00
— fixes, aromatisées*	1 N.	1 00	1 10
— volatiles ou essences* : de rose et de bois de Rhodes	1 N.	40 00	44 00
— volatiles ou essences* : de girofle, muscade, macis, cannelle, cassia-lignea, sassafras, fenouil, anis, badiane, carvi, cajeput, camomille, valériane et amande amère	» N.	5 00	5 50
— volatiles ou essences* : d'orange, de citron et de leurs variétés	» N.	4 00	4 40
— volatiles ou essences toutes autres*	» N.	0 75	0 80
Huîtres fraîches : de pêche française	le mille.	exemptes.	exemptes.

(a) Plus la surtaxe d'affrètement.
+ Décimes compris.

		Par navires français ou assimilés.	Par navires étrangers et par terre.
		fr. c.	fr. c.
Huîtres (*suite*) fraîches : de pêche étrangère	le mille.	4 50	5 00
— marinées : de toute pêche	100 k. B.	+6 00	+6 60
Hydriodate de potasse. V. *Iodure de potassium*.			
Hydrochlorate de potasse. V. *Sels*.			
Hydromel. V. *Boissons fermentées*.			

I

		Par navires français ou assimilés.	Par navires étrangers et par terre.
Indigo, par mer**, de l'Inde et des autres pays où il est récolté	100 k. N.	exempt.	
— par mer**, d'ailleurs	» N.	25 00	28 00
— par terre*	» N.	———	
Indigo-Pastel (Pâte d'). V. *Pastel*.			
Indigue, Inde-plate et boules de bleu**. Mêmes droits que l'indigo.			
Instruments aratoires. V. *Outils*.			
— de chimie et de chirurgie*	la valeur.	10 %	10 %
— de musique : Fifres, flageolets et galoubets	la pièce.	0 63	0 63
— de musique : Flûtes, poches et triangles	»	0 75	0 75
— de musique : Sistres, mandolines, psaltérions et luths	»		
— Tambours, tambourins, timbales, tympanons et cymbales (*la paire*)	»	1 50	4 50
— de musique : Altos, violes, violons, bassons, guitares et lyres	»		
— de musique : Serinettes	»	3 00	3 00
— de musique : Cors, serpents, trompes, trompettes et trombones	»		
— de musique : Clarinettes et hautbois	»	4 00	4 00
— de musique : Vielles simples	»	5 00	5 00
— de musique : Basses, contre-basses, chapeaux chinois et grosses-caisses	»	7 50	7 50
— de musique : Epinettes, harmonicas, vielles organisées et orgues portatives	»	18 00	18 00
— de musique : Harpes	»	36 00	36 00
— de musique : Forte-piano carrés	»	300 00	300 00
— de musique : Forte-piano à queue ou en buffet	»	400 00	400 00
— de musique : Orgues d'église	»		
— de musique non dénommés. Mêmes droits que leurs analogues.			
— d'optique, de calcul, d'observation et de précision**	la valeur.	30 %	30 %
Iode* brut ou raffiné	1 k. N.	5 00	5 50
Iodure de potassium (*hydriodate de potasse*)*	» N.	5 00	5 50
Ipécacuanha. V. *Racines médicinales* (non dénommées).			
Iris de Florence brut. V. *Racines médicinales* (non dénommées).			
— ouvré*	100 k. N.	200 00	212 50
Ivoire brut. V. *Dents d'éléphant*.			
— (Râpures d'). V. *Râpures*.			
— ouvré. V. *Tabletterie*.			

\+ Décimes compris.

J

		Par navires français ou assimilés. fr. c.	Par navires étrangers et par terre. fr. c.
Jais	100 k. B.	exempt.	exempt.
Jalap. V. *Racines médicinales*.			
— (Résine de). V. *Résineux exotiques*.			
Jarosse (*graine de vesce*), par navire français et par terre.	100 k. B.	exempte.	exempte.
— (*graine de vesce*), par navire étranger	» B.	———	0 50
Joncs et roseaux : exotiques, des pays hors d'Europe	» B.	exempts.	+2 00
— et roseaux : exotiques, des entrepôts	» B.	+2 00	+2 00
— et roseaux : d'Europe, par mer, des pays de production	» B.	exempts.	+1 00
— et roseaux : d'Europe, par mer, d'ailleurs	» B.	+1 00	+1 00
— et roseaux : d'Europe, par terre, des pays de production	» B.	———	exempts
— et roseaux : d'Europe, par terre, d'ailleurs	» B.	———	+1 00
— (Cordages de). V. *Cordages*.			
Juments. V. *Chevaux*.			
Jus de citron. V. *Acides*.			
— d'orange, etc. V. *Boissons fermentées*.			
— de réglisse. V. *Sucs*.			
Jute en brins, teillé ou peigné. V. *Végétaux filamenteux*.			
— (Cordages de). V. *Cordages*.			
— (Fils de). V. *Fils*.			
— (Tissus de). V. *Tissus, etc*.			

K

		Par navires français ou assimilés. fr. c.	Par navires étrangers et par terre. fr. c.
Kermès animal, en grains ou graines d'écarlate	100 k. B.	exempt.	exempt.
— animal, en poudre ou en pastel	» B.	exempt.	exempt.
— minéral. V. *Médicaments composés*.			
Kino. V. *Sucs*.			
Kirschwasser. V. *Boissons distillées*.			

L

		Par navires français ou assimilés. fr. c.	Par navires étrangers et par terre. fr. c.
Labdanum. V. *Résineux exotiques*.			
Laines en masse, *par mer*, des pays hors d'Europe	100 k. B.	exemptes.	3 00
— en masse, *par mer*, du cru des pays d'Europe	» B.	exemptes.	3 00
— en masse, *par mer*, d'ailleurs	» B.	3 00	3 00
— en masse, *par terre*, du cru des pays d'Europe	» B.	———	exemptes.
— en masse, *par terre*, d'ailleurs	» B.	———	3 00
— peignées	» N.	70 00	80 00
— teintes, *de toute sorte*	» N.	100 00	115 00
— (Déchets de), bourre entière : même régime et mêmes droits que les laines en masse	» B.		
— (Déchets de), bourre lanice et tontisse	» B.	exempte.	exempte.
— (Fils de). V. *Fils*.			
— (Tissus de). V. *Tissus*.			
Lait	100 k. B.	exempt.	exempt.
Laiton. V. *Cuivre allié*.			
Laque naturelle, ou Résine de laque. V. *Résineux exotiques*.			
— en teinture ou en trochisques, des pays hors d'Europe	» B.	exempte.	10 00
— en teinture ou en trochisques, des entrepôts	» B.	5 00	10 00
Lard. V. *Viandes*.			
Lavande (Fleurs de). V. *Herbes, etc*.			

+ Décimes compris.

		Par navires français ou assimilés.	Par navires étrangers et par terre.
		fr. c.	fr. c.
Légumes secs et leurs farines.. { *par nav. fr. et par terre.*	100 k. B.	exempts.	exempts.
{ *par nav. étrangers.* . . .	» B.	———	0 50
— verts.	» B.	exempts.	exempts.
— salés ou confits..	» B.	+3 00	+3 30
Levûre de bière ou levain.	» B.	exempts.	exempts.
Libidibi. V. *Gousses tinctoriales*.			
Lichens tinctoriaux, des pays hors d'Europe.	100 k B.	exempts.	3 00
— tinctoriaux, des entrepôts.	» B.	1 00	
— autres que ceux propres à la teinture.	» B.	exempts.	exempts.
Lie de vin. V. *Sels* (*Tartrates*).			
Liége brûlé. V. *Noir*.			
— brut, râpé ou en planches, par mer : des pays de production.	100 k. B.	exempt.	+1 00
— brut, râpé ou en planches, par mer : d'ailleurs.	» B.	+1 00	
— brut, râpé ou en planches, par terre : des pays de product.		———	exempt.
— brut, râpé ou en planches, par terre : d'ailleurs. . . .	» B.	———	+1 00
— ouvré (*bouchons, etc.*).	la valeur.	10 °/₀.	10 °/₀
Lierre (Feuilles de). V. *Herbes, etc.*			
Limaille de cuivre, de fer, de plomb, etc. V. *ces mots*.			
Limes. V. *Outils*.			
Lin en brins, teillé ou peigné. V. *Végétaux filamenteux*.			
— (Fils de). V. *Fils*.			
— (Graine de). V. *Graines oléagineuses*.			
— (Tissus de). V. *Tissus*.			
— (Tourteaux de graines de). V. *Tourteaux, etc.*			
Linge de table. V. *Tissus de lin, etc.*			
Lingerie (Pièces de coutures). V. *Effets à usage*.			
Linon. V. *Tissus de lin, etc.*			
Liqueurs. V. *Boissons distillées*.			
Litharge. V. *Oxydes*.			
Lithographies. V. *Gravures*.			
Livres (*a*) en langues mortes ou étrangères : almanachs. . .	100 k. N.	100 00	107 50
— en langues mortes ou étrangères : autres.	» N.	40 00	44 00
— en langue française : mémoires scientifiques.	» N.	50 00	55 00
— en langue française : autres ouvrages publiés à l'étranger.	» N.	100 00	107 50
— en langue française : réimprimés sur éditions françaises.	» N.	150 00	160 00
— imprimés en France.	» N.	1 00	1 10
— Contrefaçons		prohib.	prohib.
Locomotives. V. *Machines*.			
Loques ou chiffons imprégnés de couleur bleue. V. *Maurelle*.			
Luths. V. *Instruments de musique*.			
Lycopode.	100 k. B.	exempt.	exempt.
Lyres. V. *Instruments de musique*.			

\+ Décimes compris.

(*a*) Les livres ne peuvent être admis que par certains bureaux désignés ci-après. Ceux qui sont précédés d'un astérisque (*) sont seuls ouverts à l'importation des livres imprimés à l'étranger.

Ajaccio.	Dunkerque.	Rouen.
Apach.	Forbach.	*St-Jean-de-Maurienne.
*Bastia.	Granville.	Saint-Louis.
*Bayonne.	*Le Havre.	Saint-Malo.
Béhobie.	Le Perthuis.	Saint-Nazaire.
*Bellegarde.	*Lille.	Sarreguemines.
Bordeaux.	*Longwy.	*Strasbourg.
*Boulogne.	*Marseille.	Thionville (station).
Caen.	Nantes.	*Valenciennes.
*Calais.	*Nice.	Verrières-de-Joux.
Culoz.	Perpignan.	Wissembourg.
Dieppe.	Pont-de-la-Caille.	

M

	Unité	Par navires français ou assimilés	Par navires étrangers et par terre.
		fr. c.	fr. c.
Mâchefer. V. *Fer*.			
Machines et mécaniques à vapeur (appareils complets) (*a*).. fixes.	100 k. N.	25 00	27 50
— pour la navigation.	» N.	35 00	38 50
— ou moteurs installés à bord des bâtiments américains admis à la francisation.	» N.	25 00	——
— locomotives, sans tenders	» N.	40 00	44 00
— autres qu'à vapeur pour la filature.	» N.		
— autres qu'à vapeur pour le tissage..	» N.	45 00	46 50
— autres qu'à vapeur, cardes non garnies.	» N.	30 00	33 00
— autres qu'à vapeur, métiers à tulle.	» N.	60 00	65 50
— autres qu'à vapeur, à fabriquer le papier.	» N	30 00	33 00
— autres qu'à vapeur, à imprimer.	» N.		
— autres qu'à vapeur, pour l'agriculture.	» N.	15 00	16 50
— autres qu'à vapeur, wagons de terrassement, à caisse en bois et roues en fonte.	» N.	20 00	22 00
— autres qu'à vapeur, bateaux et nacelles de rivière; — autres qu'à vapeur, tenders.; — autres qu'à vapeur, chaudières.; — autres qu'à vapeur, gazomètres..; — autres qu'à vapeur, appareils à sucre et à distiller, de chauffage. — en fer.	» N.	30 00	33 00
— en cuivre..	» N.	60 00	65 00
— autres qu'à vapeur non dénommées, pesant. 100 kilogrammes ou moins.	» N.	65 00	70 70
— de 400 k. exclus. à 200 k. inclus.	» N.	45 00	49 50
— de 200 k. exclus. à 1000 k. inclus.	» N.	35 00	38 50
— de 1000 k. exclus. à 2500 k. inclus.	» N.	30 00	33 00
— de 2500 k. exclus. à 5000 k. inclus.	» N.	25 00	27 50
— plus de 5000 kilogrammes..	» N.	20 00	22 00
— (Pièces détachées) (*a*). Plaques et rubans de cardes, de *toute espèce*.	» N.		
— (Pièces détachées). Peignes de tissage.	» N.	200 00	212 50
— (Pièces détachées). Navettes, *de toute sorte*..	» N.		
— (Pièces détachées) de machines purement agricoles, en fonte ou en fer pur, ou rechargé d'acier.	» N.	15 00	16 50
— (Pièces détachées) autres, en fonte, *pesant* 25 kilog. ou moins.	» N.	80 00	86 50
— (Pièces détachées), autres, en fonte, *pesant* de 25 kilog. exclus. à 50 kilog. inclus..	» N.	65 00	70 70
— (Pièces détachées), autres, en fonte, *pesant* de 50 kilog. exclus. à 100 kilog. inclus.	» N.	55 00	60 20
— (Pièces détachées), autres, en fonte, *pesant* de 100 kilog. exclus. à 200 kilog. inclus.	» N.	45 00	49 50

(a) Les machines et mécaniques, complètes ou en pièces détachées, ne peuvent être importées que par les bureaux de: Abbeville, Apach, Bellegarde, Bordeaux, Boulogne, Brest, Caen, Calais, Cette, Cherbourg, Dieppe, Dunkerque, Feignies, Forbach, le Havre, Honfleur, Jeumont, Lille, Lorient, Marseille, Morlaix, Nantes, Rochefort, Roubaix, Rouen, Saint-Louis, Saint-Malo, Thionville, Toulon, Turcoing, Valenciennes, les Verrières, Vireux et Wissembourg.

L'obligation de produire des plans et des notices à l'appui de la déclaration d'entrée des machines, est supprimée; sauf en cas de contestation, et lorsque les commissaires-experts sont appelés à donner leur avis. (*Déc. minist.*, 13 *juillet* 1861.)

		Par navires français ou assimilés.	Par navires étrangers et par terre.
		fr. c.	fr. c.
Machines *suite* (Pièces détachées), autres, en fonte, *pesant* de 200 kilog. exclus. à 1000 kilog. inclus.	100 k. N.	35 00	38 50
— (Pièces détachées), autres, en fonte, *pesant* de 1000 kilog. exclus. à 2500 kilog. inclus.	» N.	25 00	27 50
— (Pièces détachées), autres, en fonte, *pesant* de 2500 kilog. exclus. à 5000 kilog. inclus.	» N.	20 00	22 00
— (Pièces détachées), autres, en fonte, *pesant* plus de 5000 kilog.	» N.	15 00	16 50
— (Pièces détachées), autres, en fer, *pesant* 5 kilog. ou moins.	» N.	100 00	107 50
— (Pièces détachées), autres, en fer *pesant* de 5 kilog. exclus. à 25 kilog. inclus.	» N.	80 00	86 50
— (Pièces détachées), autres, en fer, *pesant* de 25 kilog. exclus. à 50 kilog. inclus.	» N.	70 00	76 00
— (Pièces détachées), autres, en fer, *pesant* plus de 50 kil.	» N.	60 00	65 50
— (Pièces détachées), autres, en acier.	» N.	150 00	160 00
— (Pièces détachées), autres, en cuivre.	» N.	200 00	212 50
Macis** de la Guyane française.	1 k. N.	1 00	———
— de la Réunion.	» N.	exemptes.	expt^es. (a)
— de l'Inde.	» N.	1 50	4 00
— d'ailleurs.	» N.	2 50	4 00
— essence de. V. *Huiles volatiles*.			
Magnésie (Carbonate de). V. *Sels*.			
— Sulfate de. V. *Sels*.			
Maïs. V. *Céréales*.			
Manches de gaffes, de fouines et de pinceaux. V. *Bois à construire*.			
— d'outils. V. *Ouvrages en bois*.			
Mandolines. V. *Instruments de musique*.			
Manganèse par navires français et par terre.	100 k. B.	exempt.	exempt.
— par navires étrangers.	» B.	———	1 00
Manne. V. *Sucs*.			

		Par navires français.	Par navires étrangers.	Par terre.
		fr. c.	fr. c.	fr. c.
Marbres blanc statuaire*, originaire et importé d'Italie et de Grèce, en blocs, simplement équarris ou ébauchés. — blanc statuaire*, originaire ou importé d'Italie ou de Grèce, en tranches ayant d'épaisseur 46 cent. ou plus.	100 k. B. » B.	2 00	2 70	2 00
— blanc statuaire*, originaire ou importé d'Italie ou de Grèce, en tranches ayant d'épaisseur moins de 46 et plus de 3 cent.	» B.	3 00	3 70	3 00
— blanc statuaire*, originaire ou importé d'Italie ou de Grèce, en tranches ayant d'épaisseur 3 cent. ou moins.	» B.	4 00	5 50	4 00
— blanc statuaire*, d'ailleurs, en blocs, simplement équarris ou ébauchés. — blanc statuaire*, d'ailleurs, en tranches ayant d'épaisseur 46 cent. ou plus.	» B. » B.	9 00	11 00	9 00
— blanc statuaire*, d'ailleurs, en tranches ayant d'épaisseur moins de 46 et plus de 3 cent.	» N.	15 00	16 50	15 00
— blanc statuaire*, d'ailleurs, en tranches ayant d'épaisseur 3 cent. ou moins.	» N.	22 00	24 20	22 00
— blanc, autre que statuaire, bleu turquin, bleu fleuri et brocatelle*, en blocs simplement équarris ou ébauchés. — blanc, autre que statuaire, bleu turquin, bleu fleuri et brocatelle* en tranches ayant d'épaisseur 46 cent. ou plus.	» B. » B.	4 00	5 50	4 00
— blanc, autre que statuaire, bleu turquin, bleu fleuri et brocatelle* en tranches ayant d'épaisseur moins de 46 et plus de 3 cent.	» B.	8 00	9 90	8 00
— blanc, autre que statuaire, bleu turquin, bleu fleuri et brocatelle* en tranches ayant d'épaisseur 3 cent. ou moins.	» N.	12 00	14 80	12 00

(a) Plus la surtaxe d'affrètement.

		Par navires français.	Par navires étrangers.	Par terre.
		fr. c.	fr. c.	fr. c.
Marbres (*suite*) jaune de Sienne, vert de mer, dit serpentine et portor*, en blocs simplement équarris ou ébauchés. . . . . — jaune de Sienne, vert de mer, dit serpentine et portor*, en tranches ayant d'épaisseur. . . . . . 16 cent. ou plus. .	» B. » B.	9 00	11 00	9 00
— moins de 16 et plus de 3 cent.	» N.	15 00	16 50	15 00
— 3 cent. ou moins. .	» N.	22 00	24 20	22 00
— autres*, en blocs simplement équarris ou ébauchés. . . . . — autres*, en tranches ayant d'épaisseur. . 16 cent. ou plus. . .	» B. » B.	2 00	2 70	2 00
— moins de 16 et plus de 3 cent.	» B.	3 00	3 70	3 00
— 3 cent. ou moins. . .	» B.	4 00	5 50	4 00
— sculptés, moulés, polis ou autrement ouvrés, *sans distinction de marbre**.	» N.	40 00	44 00	44 00
— (Chiques en), *sans distinction de marbre*.	» N.	15 00	16 50	16 50

		Par navires français et par terre.	Par navires étrangers.
		fr. c.	fr. c.
Marc de raisins.	100 k. B.	exempt.	exempt.
— de roses.	» B.	exempt.	exempt.
— d'olives. V. *Amurca* et *Grignon*.			
Marne, par navire français.	100 k. B.	exempte.	———
— par navire étranger..	» B.	———	1 00
Marrons, châtaignes et leurs farines.	» B.	exempts.	0 50
Massiaux (Fer forgé en). V. *Fer*.			
Massicot. V. *Oxydes*.			
Mâtereaux. V. *Bois à construire*.			
Matériaux. Ardoises pour toiture au-dessus de 49 c. de large par mer, et de la mer à Baisieux exclusivement. . . . . . . de plus de 27 cent.. . . .	le mille.	46 00	46 00
— de 22 exclus. à 27 inclus.	»	30 00	30 00
— de 19 exclus. à 22 inclus.	»	14 00	14 00
— Ardoises pour toiture au-dessus de 19 c. de large par les autres frontières de terre et de toute dimension..	»	7 50	7 50
— Ardoises pour toiture de 19 cent. de largeur et au-dessous, *par mer ou terre*. n'ayant pas plus de 30 cent. de long. ou plus de 3 mill. d'épaisseur.	»	7 50	7 50
— au-dessus de ces dimensions. . .	»	15 00	15 00
— Ardoises en carreaux ou en tables.	le cent.	30 00	30 00
— Chaux de toute sorte.	100 k. B.	exempt.	exempt.
— Plâtre, brut ou préparé	» B.	exempt.	exempt.
— Briques.	le mille.	4 00	4 00
— Tuiles plates..	»	4 00	4 00
— Tuiles bombées..	»	10 00	10 00
— Tuiles faîtières.	»	25 00	25 00
— Carreaux de terre.	»	10 00	10 00
— Sable commun, pour la bâtisse.	100 k. B.	exempt.	1 00
— Moellons et déchets de pierre	» B.	exempt.	0 01
— Pavés..	» B.	exempt.	1 00
— non dénommés : pierres de taille brutes, et autres.. . .	» B.	exempt.	1 00
Mâts. V. *Bois à construire*.			
Maurelle (Loques ou chiffons imprégnés de couleur bleue*).	» B.	exempte.	exempte.

		Par navires français ou assimilés.	Par navires étrangers et par terre.
		fr. c.	fr. c.
Médicaments composés* : Eaux distillées, alcooliques	100 k. N.	150 00	160 00
— composés* : Eaux distillées, sans alcool	» N.	100 00	107 50
— composés* : Extrait de quinquina de toute sorte	» B.	+2 00	+2 20
— composés* : Kermès minéral	» B.		
— composés* : non dénommés		prohib.	prohib.
Mélasse des colonies françaises** pour être convertie en alcool : de la Guyane	100 k. B.	exempte.	——
des Antilles	» B.	exempte.	exempt(a)
de la Réunion	» B.	exempte.	exempt(a)
— des colonies françaises** ayant une autre destination : de la Guyane	» B.	7 00	——
des Antilles	» B.	7 00	7 00(a)
de la Réunion	» B.	7 00	7 00(a)
— étrangère*, pour être convertie en alcool, de l'Inde, de l'Amérique méridionale et des Antilles	» B.	exempte.	3 00
— étrangère*, pour être convertie en alcool, d'ailleurs	» B.	2 00	3 00
— étrangère*, ayant une autre destination		prohib.	prohib.
Mémoires scientifiques. V. *Livres.*			
Mercerie* commune	100 k. N.	100 00	107 50
— fine	» N.	200 00	212 50
Mercure natif ou vif-argent	» B.	1 00	5 00
— (Sulfures de). V. *Sulfures.*			
Merrains de toute espèce	le 1000	0 10	1 50
Métiers à tulle. V. *Machines.*			
Meubles *de toute sorte*	la valeur.	15 %	15 %
Meules à moudre	la pièce.	exemptes.	exemptes.
— à aiguiser	»	exemptes.	exemptes.
Miel	100 k. B.	exempt.	exempt.
Millet (Grains et farines), par navire français et par terre	» B.	exempt	exempt.
— par navire étranger	» B.	——	0 50
Mine-Orange. V. *Oxydes.*			
Minerai de fer, de cuivre, de plomb, etc. V. *Fer, Cuivre, etc.*			
— non dénommés	100 k. B.	exempts.	exempts.
Minium. V. *Oxydes.*			
Miroirs. V. *Verres.*			
Modes (ouvrages de)*	la valeur	12 %	12 %
Moelle et vessies de cerf	100 k. B.	exemptes.	exemptes.
Moellons. V. *Matériaux.*			
Monnaies d'or	1 hectog. N.	0 01	0 01
— d'argent	1 k. N.		
— de cuivre, ayant cours légal en France	100 k. B.	0 20	0 20
— de cuivre, hors de cours		prohib.	prohib.
— de billon, ayant cours légal en France	100 k. B.	1 00	1 10
— de billon, hors de cours	»	prohib.	prohib.
Montres. V. *Horlogerie.*			
Moquettes. V. *Tissus de laine.*			
Morilles. V. *Champignons.*			
Mottes à brûler	le 1000	exemptes.	exemptes.
Mouchoirs de lin, etc. V. *Tissus de lin, etc.*			
Moules et autres coquillages pleins, de toute pêche	100 k. B.	exempts.	exempts
Moules de boutons. V. *Ouvrages en bois.*			
Moutarde. V. *Epices préparées.*			
Moutons. V. *Bestiaux.*			
Mouvements de montres. V. *Horlogerie.*			
Mules et Mulets	par tête.	15 00	15 00
Munitions de guerre : poudre à tirer		prohib.	prohib.
— de guerre : capsules de poudre fulminante		prohib.	prohib.
— projectiles		prohib.	prohib.
Muriate de potasse. V. *Sels.*			

+ Décime compris.

(a) Plus la surtaxe d'affrètement.

		Par navires français ou assimilés.	Par navires étrangers et par terre.
		fr. c.	fr. c.
Musc : pur, vésicules pleines ou vides et queues de rats musqués.	1 k. N.	+2 00	+2 20
Muscades** en coques, de la Guyane française.	» N.	0 66	———
— en coques, de la Réunion	» N.	exemptes.	exempᵗ (a)
— en coques, de l'Inde.	» N.	1 00	2 66
— en coques, d'ailleurs.	» N.	1 66	2 66
— sans coques, de la Guyane française	» N.	1 00	———
— sans coques, de la Réunion.	» N.	exemptes.	exempᵗ (a)
— sans coques, de l'Inde.	» N.	1 50	4 00
— sans coques, d'ailleurs.	» N.	2 50	4 00
— (essence de). V. *Huiles volatiles.*			
Musique gravée.	100 k. N.	300 00	317 50
Myrobolans confits. V. *Fruits médicinaux.*			
— secs, entiers ou simplement concassés, des pays hors d'Europe.	100 k. B.	exempts.	4 00
— secs, entiers ou simplement concassés, des entrepôts.	» B.	3 00	
Myrtille (baies de). V. *Fruits à distiller.*			

N

Nacelles de rivière. V. *Machines.*			
Nacre de perles. V. *Coquillages nacrés.*			
Nankin. V. *Tissus de coton.*			
Nard indien. V. *Racines médicinales.*			
Natrons. V. *Alcalis.*			
Nattes et tresses* : de bois blanc de plus de 7ᵐᵐ de largeur.	100 k. N.	70 00	76 00
— et tresses* : de bois blanc de 7ᵐᵐ ou moins	» N.	190 00	202 00
— et tresses* : de bois blanc ouvragées.	» N.		
— et tresses* : de paille, d'écorce et de sparte *de plus de 3 bouts*, grossières, pour paillassons	» B.	2 00	2 20
— et tresses* : de paille, d'écorce et de sparte *de plus de 3 bouts*, grossières, pour chapeaux.	» B.	5 00	5 50
— et tresses* : de paille, d'écorce et de sparte *de plus de 3 bouts*, fines.	1 k. N.	5 00	5 50
— et tresses* : de sparte *à 3 bouts exclusivement destinées à la fabrication des cordages.*	100 k. B.	2 00	2 20
Navettes. V. *Machines (pièces détachées).*			
Navires. V. *Embarcations (bâtiments de mer).*			
Nerfs de bœuf *et* d'autres animaux.	100 k. B.	exempts.	exempts.
Nerprun (baies de) et graines de *Rocou* : des pays hors d'Europe.	» B.	exemptes.	2 00
— (baies de) et graines de *Rocou* : des entrepôts.	» B.	1 00	2 00
Nickel* de première fusion.	» B.	exempt.	exempt.
— pur ou allié d'autres métaux (*Argentan*), en masse.	» B.	exempt.	0 25
— allié d'autres métaux (*Argentan*), laminé ou étiré.	» N.	100 00	107 50
— ouvré. V. *Ouvrages en métaux non dénommés.*			
Nitrates. V. *Sels.*			
Nitre. V. *Sels.*			
Noir à souliers*.	100 k. N.	123 00	134 60
— animal : d'ivoire*.	« N.	62 00	67 60
— animal : d'os, de cerf et autres.	« B.	exempt.	exempt.
— résidu de noir animal. V. *Engrais.*			
— d'imprimeur en taille douce, dit d'Allemagne.	100 k. B.	7 00	7 70

+ Décimes compris.

(a) Plus la surtaxe d'affrétement.

Article	Unité	Par navires français ou assimilés.	Par navires étrangers ou par terre.
		fr. c.	fr. c.
Noir (*suite*) d'Espagne (*liége brûlé*)	» B.	1 00	3 00
— de fumée	» B.		
— minéral naturel (noir dit *de Grant ou d'Angleterre et noir dit terre de Cologne*) par navire français et par terre.	» B.	exempt.	exempt.
— minéral naturel (noir dit *de Grant ou d'Angleterre et noir dit terre de Cologne*) par navire étranger.	» B.	———	1 00
Noisettes. V. *Fruits oléagineux*.			
Noix communes. V. *Fruits oléagineux*.			
— (brou de). V. *Brou*.			
— de coco fraîches. V. *Fruits de table*.			
— de coco autres. V. *Fruits oléagineux autres*.			
— de galle et avelanèdes entières ou simplement concassées : des pays hors d'Europe	100 k. B.	exemptes.	4 00
— de galle et avelanèdes entières ou simplement concassées : des entrepôts	» B.	3 60	
Noyer (bois de). V. *Bois à construire*.			
— (bois de fusil en). V. *Ouvrages en bois*.			

O

Article	Unité	Par navires français ou assimilés.	Par navires étrangers ou par terre.
Objets de collection, hors de commerce	la valeur.	exempts.	exempts.
Ocres. V. *Pierres et terres, etc.*			
Œillette (Graines d'). V. *Graines oléagineuses*.			
Œufs de volaille *et* de gibier	100 k. B.	exempts.	exempts.
— de vers à soie	» B.	exempts.	exempts.
Ognons-fleurs. V. *Bulbes*.			
— -légumes. V. *Légumes verts*.			
Olives confites. V. *Fruits de table*.			
Onglons V. *Ecailles de tortue*.			
Opium. V. *Sucs*.			
Or (Minerai d'), *par navires français et par terre*	100 k. B.	exempt.	exempt.
— (Minerai d'), *par navires étrangers*	» B.	———	1 00
— brut, *en masses, lingots, barres, poudres, bijoux cassés, etc.**	l'hectog. 1 N.	0 25	0 25
— battu, *en feuilles**	id. » N.	30 00	33 00
— tiré ou laminé (traits, lames, paillettes et clinquants)*	id. » N.	10 00	11 00
— filé sur soie*	id. » N.		
— (Ouvrages d'). V. *Orfèvrerie* et *Bijouterie*.			
— monnayé. V. *Monnaies*.			
Oranger (Feuilles et tiges d'). V. *Herbes, etc.*			
— (Fleurs d'). V. *Id.*			
Oranges. V. *Fruits*.			
— (Ecorce d'). V. *Herbes, etc.*			
— (Essence d'). V. *Huiles volatiles*.			
— (Jus d'). V. *Boissons fermentées*.			
Orcanette	100 k. B.	exempte.	exempte.
Orfèvrerie* d'or ou de vermeil	l'hectog. 1 N.	10 00	11 00
— d'argent	id. » N.	3 00	3 30
Oreilles de mer. V. *Coquillages nacrés*.			
Orcillons	100 k. B.	exempts.	exempts.
Orge. V. *Céréales*.			
— perlé ou mondé. V. *Grains perlés, etc.*			
Orgues. V. *Instruments de musique*.			
Orpiment, Orpin. V. *Sulfures*.			
Orseille violette ou cudbéard**	100 k. N.	200 00	212 50
— bleu cendré *ou* tournesol en pâte*	» N.	100 00	107 50

		Par navires français ou assimilés.	Par navires étrangers et par terre.
		fr. c.	fr. c.
Os et sabots de bétail, bruts ou calcinés à blanc, des pays d'Europe	100 k. B.	exempts.	+2 00
— et sabots de bétail, bruts ou calcinés à blanc, des entrepôts	» B.	+2 00	+2 00
— de cœur de cerf	» B.	exempts.	exempts.
— de sèche	» B.	exempts.	exempts.
Osier en bottes	» B.	exempt.	exempt.
Ouate en bourre de soie. V. *Soies*.			
— en coton. V. *Coton*.			
Outils* : instruments aratoires, faux	100 k. N.	120 00	128 50
— instruments aratoires, faucilles *et* tous autres	» N.	80 00	86 50
— serans *ou* peignes à pointes de fer *ou* de cuivre	» N.		
— serans ou peignes à pointes d'acier	» N.	200 00	212 50
— limes *et* râpes à grosses tailles, *dites* communes	» N.	75 00	81 20
— limes *et* râpes à polir, *dites* fines, *ayant de longueur* 17 cent. *ou* plus	» N.	180 00	194 50
— limes *et* râpes à polir, *dites* fines, *ayant de longueur* moins de 17 centimètres	» N.	225 00	238 70
— scies circulaires de plus de 20 cent. de diamètre	» N.	175 00	186 20
— scies circulaires de 20 cent. de diamètre et au-dessous	» N.	200 00	212 50
— scies autres, *ayant de longueur* 146 cent. *ou* plus, mais d'épaisseur d'usage	» N.	110 00	118 00
— scies autres, *ayant de longueur* moins de 146 cent. et jusqu'à 50 exclusivement	» N.	175 00	186 20
— scies autres, *ayant de longueur* 50 cent. et au-dessous	» N.	200 00	212 50
— autres outils, de pur fer	» N.	50 00	55 00
— autres outils de fer rechargé d'acier	» N.	125 00	133 70
— autres outils de pur acier	» N.	175 00	186 20
— autres outils de cuivre *ou* de laiton	» N.	150 00	160 00
Outremer*	1 k. N.	2 50	2 70
Outres vides. V. *Ouvrages en peau, etc.*			
Ouvrages en bois : Futailles vides, montées, cerclées en bois	l'hect. de cont.	0 25	0 25
— Futailles vides, montées, cerclées en fer	»	2 20	2 20
— Futailles vides, démontées	la valeur.	10 %	10 %
— Avirons et rames, bruts, *par navires français et par terre*	le mètre de long.	0 02	0 02
— Avirons et rames, bruts, *par navires étrangers*	»	———	0 04
— Avirons et rames façonnés	»	0 05	0 06
— Balais communs	le cent en nomb.	exempts.	exempts.
— Boîtes de bois blanc*	100 k. N.	31 00	34 10
— Moules de boutons	» N.	13 00	14 30
— Sabots en bois, *non garnis de fourrure*, communs	» N.	12 00	13 20
— Sabots en bois, *non garnis de fourrure*, peints *ou* vernis*	» N.	25 00	27 50
— Boissellerie	» B.	4 00	4 40
— Bois de fusil en noyer, *achevés* ou *ébauchés*	la valeur.	15 %	15 %
— Manches d'outils en bois *de toute sorte, avec* ou *sans virole*	»		
— non dénommés	»		
Ouvrages en caoutchouc ou en gutta-percha (*autres que les instruments de chirurgie*)* simplement refondus, purs	100 k. N.	20 00	22 00
— ou en gutta-percha (*autres que les instruments de chirurgie*)* simplement refondus, mélangés avec d'autres matières	» N.	50 00	55 00

+Décime compris.

		Par navires français ou assimilés.	Par navires étrangers et par terre.
		fr. c.	fr. c.
Ouvrages en caoutchouc (*suite*) ou en gutta-percha (*autres que les instruments de chirurgie*) combinés avec ou appliqués sur d'autres matières, *sauf les tissus en pièces*	100 k. N.	200 00	212 50
Ouvrages d'horlogerie. V. *Horlogerie*.			
Ouvrages en métaux : en fonte		prohib.	prohib.
— en fer : tubes droits ou courbes, avec ou sans raccords, ayant intérieurement un diamètre de plus de 25mm* (a)	100 k. N.	39 00	42 90
— en fer : tubes droits ou courbes, avec ou sans raccords, ayant intérieurement un diamètre de 25mm ou moins* (a)	» N.	58 00	63 40
— en fer : tubes, autres		prohib.	prohib.
— en tôle et fer-blanc		prohib.	prohib.
— en acier		prohib.	prohib.
— en cuivre pur ou allié : simplement tournés*, communs	100 k. N	100 00	107 50
— en cuivre pur ou allié : simplement tournés*, fins	» N.	200 00	212 50
— en cuivre pur ou allié : autres		prohib.	prohib.
— en plomb*	100 k. N.	24 00	26 40
— en étain : poterie commune	» N.	100 00	107 50
— en étain : poterie fine	» N.	200 00	212 50
— en étain : autres		prohib.	prohib.
— en zinc et autres métaux non dénommés		prohib.	prohib.
Ouvrages de modes. V. *Modes*.			
Ouvrages en peau ou en cuir. Sellerie grossière.—Bâts, *non garnis de cuir*	la pièce.	0 50	0 50
— ou en cuir. Sellerie autre		prohib.	prohib.
— ou en cuir. Outres vides	la valeur.	10 %	10 %
— ou en cuir. Autres		prohib.	prohib.
Oxalate acide de potasse (sel d'oseille). V. *Sels*.			
Oxydes de fer (*colcotar*) par navires français et par terre	100 k. B.	exempts.	exempts.
— de fer (*colcotar*) par navires étrangers	» B.	———	1 00
— d'étain	» B.	exempts.	exempts.
— de plomb : jaune (*massicot*)*	» N.	37 00	40 70
— de plomb : rouge (minium)*	» N.	24 00	26 40
— de plomb : demi-vitreux, rougeâtre ou jaunâtre (litharge)	» B.	10 00	11 00
— de plomb : rouge divisé (*mine-orange*)*	» N.	35 00	38 50
— de zinc : blanc (*pompholix*)	» N.	13 00	14 30
— de zinc : gris cendré (*tuthie ou cadmie*)	» B.		
— de cobalt purs (*safre*)	» B.	exempts.	exempts.
— d'urane	» B.		
— de cuivre	» B.		

P

Pagnes. V. *Tissus d'écorce*.			
Paille. V. *Fourrages*.			
— (Tresses et nattes de). V. *Nattes*.			
Pain d'épice	100 k. N.	13 00	14 30
— et biscuits de mer, *par nav. français et par terre*	» B.	1 00	1 00
— et biscuits de mer, *par nav. étrangers*	» B.	———	1 50
Papier* blanc, ou rayé pour musique	» N	150 00	160 00
— colorié, en rames ou mains, pour reliure, etc.	» N.	90 00	97 00
— d'enveloppe, à pâte de couleur	» N.	80 00	86 50
— peint, en rouleaux, pour tentures	» N.	125 00	133 70
— soyeux, dit papier de soie, papier de Chine, papier joseph et autres de la même espèce	» N.	100 00	107 50
— mâché. V. *Carton*.			

(a) Plus la surtaxe d'affrétement.

		Par navires français ou assimilés.	Par navires étrangers et par terre.
		fr. c.	fr. c.
Parapluies et parasols* en soie.	la pièce.	2 00	2 00
— et parasols en toile cirée.	»	0 75	0 75
Parchemin. V. *Peaux préparées*.			
Parfumeries : Eaux de senteurs*, alcooliques.	100 k. N.	150 00	160 00
— Eaux de senteur*, sans alcool.	» N.	100 00	107 50
— Vinaigres parfumés*.	» N.		
— Pâtes *liquides ou en pains**.	» N.	25 00	27 50
— Savons *liquides, en poudre, en pains ou en boules** .	» N.	164 00	174 70
— Poudres* : à poudrer.	» N.	25 00	27 50
— Poudres* : de senteur, de Chypre.	1 k. N.	9 00	9 90
— Poudres* : de senteur non dénommées.	100 k. N.	184 00	195 70
— Pommades de toutes sortes*.	» N.	123 00	131 60
— Fards* : blanc.	» N.	98 00	105 40
— Fards* : rouge.	1 k. N.	17 00	18 70
— Pastilles odorantes à brûler, des pays hors d'Europe.	100 k. B.	exemptes.	13 00
— Pastilles odorantes à brûler, des entrepôts.	» B.	8 00	
Passementerie (boutons de). V. *Boutons*.			
— de bourre de soie. V. (*Tissus de*).			
— de crin. V. (*Tissus de*).			
— de fils. V. *Tissus de lin, etc.*			
— de laine. V. (*Tissus de*).			
— de soie. V. (*Tissus de*).			
Pastel (Feuilles et tiges de).	100 k. B.	exempt.	exempt.
— pâte de pastel, grossière.	» B.	exempt.	exempt.
— pâte de pastel, autre, dite indigo-pastel*. (Mêmes droits que l'indigo).	» N.		
Pastilles odorantes à brûler. V. *Parfumeries*.			
Pâte de papier. V. *Carton*.			
— de pastel. V. *Pastel*.			
— de tournesol. V. *Orseille*.			
— jaune d'argile et de nerprun des teintur. V. *Stil de grain*.			
Pâtes d'Italie. V. *Semoules en pâte*.			
— liquides ou en pains. V. *Parfumeries*.			
Pavés. V. *Matériaux*.			
Peaux brutes, fraîches ou sèches, grandes et petites :			
— *par mer*, des pays hors d'Europe.	100 k. B.	exemptes.	2 50
— *par mer*, du cru des pays d'Europe.	» B.	exemptes.	2 50
— *par mer*, d'ailleurs.	» B.	2 50	2 50
— *par terre*, du cru des pays d'Europe.	» B.	——	exemptes.
— *par terre*, d'ailleurs.	» B.	——	2 50
— de chien de mer, brutes, fraîches ou sèches, *de toute pêche*, des pays hors d'Europe.	» B.	exemptes.	+2 00
— de chien de mer, brutes, fraîches ou sèches, *de toute pêche*, des entrepôts.	» B.	+2 00	
— de phoque, brutes, *de toute pêche*.	» B.	exemptes.	exemptes.
— de phoque, apprêtées. V. *Pelleteries*.			
Peaux préparées : d'agneau et de chevreau, en poil, en confit*.	le 100.	2 50	2 50
— d'agneau et de chevreau, en poil, mégies*.	»	3 00	3 00
— parchemin et vélin bruts.	100 k. B.	1 00	1 10
— parchemin et vélin achevés*.	» N.	25 00	27 50
— de cygne ou d'oie, *pour éventails**.	» N.	612 00	629 50
— cuir de veau odorant, dit *de Russie*, propre à la reliure.	pièce.	5 00	5 00
— au tan*, simplement tannées, de porc.	100 k. N.	200 00	212 50
— au tan*, simplement tannées, autres grandes.	» N.	45 00	49 50
— au tan*, simplement tannées, autres petites.	» N.	120 00	128 50
— au tan*, corroyées pour tiges de bottes.	» N.	200 00	212 50
— au tan*, corroyées, autres.	» N.	100 00	107 50
— à l'alun*, hongroyées.	» N.	40 00	44 00

+Décime compris.

		Par navires français ou assimilés.	Par navires étrangers et par terre.
		fr. c.	fr. c.
Peaux préparées : (*suite*) à l'alun*, mégissées.	100 k. N.	50 00	55 00
— autres.		prohib.	prohib.
— ouvrages en peaux ou en cuir. V. *Ouvrages*.			
— (Rognures de). V. *Oreillons*.			
Peignes d'ivoire, etc. V. *Tabletterie*.			
— ou serans. V. *Outils*.			
— de tissage. V. *Machines (pièces détachées)*.			
Pelleteries *de toute sorte*, brutes, apprêtées *ou* en morceaux cousus* :			
— *par mer*, des pays hors d'Europe.	100 k. B.	exemptes.	2 50
— *par mer*, du cru des pays d'Europe.	» B.	exemptes	2 50
— *par mer*, d'ailleurs.	» B.	2 50	2 50
— *par terre*, du cru des pays d'Europe.	» B.	———	exemptes.
— *par terre*, d'ailleurs.	» B.	———	2 50
— ouvrées*.	la valeur	15 %	15 %
Pellicules de cacao. V. *Cacao*.			
Pennes. V. *Fils de coton*.			
Perches.	le 1000.	0 25	0 25
Perles fines, *de toute pêche*.	1 hect. N.	exemptes.	exemptes.
Phoque (Peaux de). V. *Peaux*.			
Phormium-tenax (Cordages de). V. *Cordages*.			
— (Fils de). V. *Fils*.			
— (Tissus de). V. *Tissus*.			
Pianos. V. *Instruments de musique*.			
Picholines. V. *Fruits de table*.			
Pièces détachées de machines. V. *Machines*			
Pieds d'élan. V. *Élan*.			
Pierres à aiguiser. V. *Pierres et Terres, etc.*			
— à bâtir. V. *Matériaux non dénommés*.			
— calaminaire. V. *Zinc*.			
— à chaux. V. *Matériaux*.			
— (déchets de). V. *Ibid*.			
— ferrugineuses. V. *Pierres et Terres, etc.*			
— à feu. V. *Ibid*.			
— gemmes (Diamants et autres) brutes ou taillées. . . .	100 k. B.	exemptes.	exemptes.
— ouvrées, chiques.	» B.	40 00	44 00
— ouvrées, autres.	la valeur	15 %	15 %
— à plâtre. V. *Matériaux*.			
— ponce. V. *Pierres et Terres, etc.*			
— de touche. V. *Ibid*			

		Par navires français.	Par navires étrangers.	Par terre.
		fr. c.	fr. c.	fr. c.
Pierres et **Terres** servant aux arts et métiers :				
Castine.	100 k. B.	exempte.	exempte.	exempte.
Craie, bol d'Arménie et terre de Lemnos, cailloux à faïence et à porcelaine, derle ou terre à porcelaine, groison, ocres, pierres à feu, pierre de touche, pierre ponce, sable à fabriquer le verre ou la faïence, spath, talc *brut en masse*, terre à pipe, tripoli ou alana, pierres et terres servant aux arts et métiers, non dénommées.	» B.	exemptes.	1 00	exemptes.
— à aiguiser, brutes	» B.	exemptes.	1 00	exemptes.
— à aiguiser, taillées.	» B.	5 00	5 50	5 50
— ferrugineuses, émeri en pierres brutes. . .	» B.	0 50	2 00	2 00
— ferrugineuses, émeri préparé en *grains* ou *en poudre*.	» B.	8 00	8 80	8 80
— ferrugineuses, autres.	» B.	exemptes.	1 00	exemptes.

		Par navires français ou assimilés.	Par navires étrangers et par terre.
		fr. c.	fr. c.
Pigouilles. V. *Bois à construire.*			
Piment** des colonies françaises : de la Guyane.	100 k. N.	10 00	———
— des Antilles.	» N.	exempt.	exempt (a)
— de la Réunion.	» N.	exempt.	exempt (a)
— de l'Inde.	» N.	45 00	115 00
— d'ailleurs.	» N.	90 00	115 00
Pin (Ecorces de). V. *Ecorces.*			
Pinnes-marines (Byssus de). V. *Byssus.*			
Pistaches. V. *Fruits de table.*			
Planches gravées. V. *Cylindres, etc.*			
Plantes alcalines (*Algues, goëmons, varechs, etc.*.	100 k. B.	0 10	0 10
Plants d'arbres.	» B.	exempts.	exempts.
Plaques de cardes. V. *Machines (pièces détachées).*			
Plaqués.		prohib.	prohib.
Plâtre brut ou préparé.	100 k. B.	exempt.	exempt.
Plomb (Ouvrages en). V. *Ouvrages en métaux.*			
— (Minerai, scories et sulfate de)	100 k. B.	exempt.	exempt.
— allié d'antimoine*.	» N.	26 00	28 60
— Métal brut.	» B.	2 50	2 80
— Débris de vieux ouvrages.	» B.	exempt.	0 25
— Limailles.	» B.		
— battu ou laminé*.	» N.	24 00	26 40
— en balles de calibre. V. *Munitions de guerre.*			
— ouvré, de toute autre sorte. V. *Ouvrages en plomb.*			
Plombagine. V. *Graphite.*			
Plumes de parure, de toute sorte.	100 k. B.	exemptes.	exemptes.
— à écrire, brutes ou apprêtées.	» B.		
— à lit, de toute sorte (Duvet et autres).	» N.	+50 00	+55 00
— et becs de plumes en métal, *autre* que *l'or et l'argent.*	1 k. N.	4 00	4 40
Poil de Messine*.	» B.	exempt.	exempt.
Poils de toute sorte, bruts.	100 k. B.	exempts.	exempts
— de toute sorte, peignés, ou en bottes de long. assorties.	» B.	10 00	11 00
— (Fils de). V. *Fils.*			
— (Tissus de). V. *Tissus.*			
Poiré. V. *Boissons fermentées.*			
Poires écrasées. V. *Pommes.*			
Poissons d'eau douce, *de toute pêche,* frais.	100 k. B.	exempts.	exempts.
— d'eau douce, *de toute pêche,* préparés.	» N.	40 00	44 00
— de mer, *de pêche française.*	» B.	exempts.	exempts.
— de mer, *de pêche étrangère* : Stockfisch.	» B.	10 00	11 00
— de mer, *de pêche étrangère* : frais, de Givet à Mont-Genèvre.	» N.	———	11 00
— de mer, *de pêche étrangère* : frais, par tout autre point.	» N.	40 00	44 00
— de mer, *de pêche étrangère,* autres : secs, salés ou fumés.	» N.	40 00	44 00
— marinés ou à l'huile, *de toute pêche,* des colonies françaises : de la Guyane**.	» N.	10 00	———
— marinés ou à l'huile, *de toute pêche,* des colonies françaises : des Antilles*.	» N.	exempts.	exemts. (a)
— marinés ou à l'huile, *de toute pêche,* des colonies françaises : de la Réunion*.	» N.	exempts.	exemts. (a)
— marinés ou à l'huile, *de toute pêche* : de l'étranger. .	» N.	25 00	27 50
— (Vessies natatoires de). V. *Vessies.*			
Poivre** des colonies françaises : de la Guyane.	» N.	10 00	———
— des colonies françaises : des Antilles et de la Réunion.	» N.	exempt.	exempt. (a)
— de l'Inde.	» N.	40 00	105 00
— d'ailleurs.	» N.	80 00	105 00

(a) Plus la surtaxe d'affrètement.
\+ Décime compris.

		Par navires français ou assimilés.	Par navires étrangers et par terre.
		fr. c.	fr. c.
Poix. V. *Résines indigènes*.			
Pommades. V. *Parfumeries*.			
Pommes de terre	100 k. B.	exemptes.	exemptes.
Pommes et **poires** écrasées	» B.	exemptes.	exemptes.
Pompholix. V. *Oxydes*.			
Porcelaine. V. *Poteries*.			
Porcs. V. *Bestiaux*.			
Porc salé. V. *Viandes*.			
Potasse*. V. *Alcalis*.			
— Acétate, carbonate, tartrate, hydrochlorate, nitrate, sulfate, etc., de potasse. V. *Sels*.			
— hydriodate de potasse. V. *Iodure de potassium*.			
— prussiate de potasse cristallisé*	100 k. N.	210 00	223 00
Poterie d'étain. V. *Ouvrages en métaux*.			
Poteries* de terre grossière	100 k. B.	6 00	6 60
— de terre, faïence commune	» N.	49 00	53 90
— de grès commun : ustensiles d'arts et métiers	» B.	40 00	44 00
— de grès commun : vaisselle de table ou de cuisine	» N.	45 00	46 50
— de grès fin		prohib.	prohib.
— de terre de pipe (faïence fine)		prohib.	prohib.
— Porcelaine commune	100 k. N.	164 00	174 70
— Porcelaine fine	» N.	327 00	344 50
Poudres à poudrer, et de senteur. V. *Parfumeries*.			
— à tirer. V. *Munitions de guerre*.			
Poudrette. V. *Engrais*.			
Poulains. V. *Chevaux*.			
Praiss. (*Sauce de tabac*)	100 k. B.	1 00	1 10
Présure	» B.	exempte.	exempte.
Produits chimiques non dénommés		prohibés.	prohibés.
Projectiles. V. *Munitions de guerre*.			
Prussiate de potasse cristallisé. V. *Potasse*.			
Psaltérions. V. *Instruments de musique*.			

Q

Quercitron, par mer**, des pays hors d'Europe	100 k. B.	exempt.	
— par mer**, des entrepôts	» B.	2 00	4 00
— par terre	» B.	———	
Queues de rat musqué. V. *Musc*.			
Quinquina (Ecorces de). V. *Herbes, etc.*			
— (Extrait de). V. *Médicaments composés*.			

R

Rabanes. V. *Tissus d'écorce*.			
Racines de chicorée, vertes	100 k. B.	+0 25	+0 25
— de chicorée, sèches	» B.	+1 00	+1 10
— de curcuma. V. *Curcuma*.			
— de garance. V. *Garance*.			
— de garou. V. *Garou*.			

+ Décime compris.

		Par navires français ou assimilés.	Par navires étrangers et par terre.
		fr. c.	fr. c.
Racines médicinales : Salsepareille des pays hors d'Europe	100 k. B.	exemptes.	4 00
— Salsepareille des entrepôts	» B.	2 00	4 00
— Réglisse	» B.	exemptes.	2 00
— non dénommées (le gingembre compris), par mer, des pays hors d'Europe	» B.	exemptes.	
— non dénommées (le gingembre compris), par mer, du cru des pays d'Europe	» B.	+2 00	+3 00
— non dénommées (le gingembre compris), par mer, d'ailleurs	» B.	+3 00	
— non dénommées (le gingembre compris), par terre, du cru des pays d'Europe	» B.	——	+2 00
— non dénommées (le gingembre compris), par terre d'ailleurs	» B.	——	+3 00
Racines à vergettes	» B.	exemptes.	exemptes.
Rack. V. *Boissons distillées*.			
Rails. V. *Fer*.			
Raisins (Marc de). V. *Marc*.			
— secs. V. *Fruits de table*.			
Rames. V. *Ouvrages en bois*.			
Rapatelle. V. *Tissus de crin*.			
Râpes. V. *Outils*.			
Râpures de cornes de cerf	» B.	exemptes.	exemptes.
— d'ivoire	» B.	exemptes.	exemptes
Rat musqué (Queues de). V. *Musc*.			
Réalgar. V. *Sulfures*.			
Réglisse (Jus de). V. *Sucs*.			
— (Racine de). V. *Racines médicinales*.			
Regrets d'orfèvre. V. *Cendres*.			
Résidu de noir animal. V. *Engrais*.			
Résines indigènes *de toute sorte*, par mer, des pays de production	100 k. B.	exemptes.	+1 00
— indigènes *de toute sorte*, par mer, d'ailleurs	» B.	+1 00	
— indigènes *de toute sorte*, par terre, des pays de production	» B.	——	exemptes.
— indigènes *de toute sorte*, d'ailleurs	» B.	——	+1 00
Résineux exotiques, de toute sorte** (Scammonée, résine de jalap, labdanum *sec* ou *mou*, laque naturelle ou résine de laque, copal, dammar, etc.), des pays hors d'Europe	» B.	exempts.	13 00
— exotiques, de toute sorte**, des entrepôts	» B.	8 00	13 00
Rhodes (Essence de bois de). V. *Huiles volatiles*.			
Rhubarbe. V. *Racines médicinales*.			
Rhum. V. *Boissons distillées*.			
Riz : en grains, des pays hors d'Europe	100 k. B.	0 50	2 00
— en grains, des entrepôts	» B.	2 00	
— en paille, par mer, des pays hors d'Europe	» B.	0 25	
— en paille, par mer, du cru des pays d'Europe	» B.	0 25	1 75
— en paille, par mer, d'ailleurs	» B.	1 75	
— en paille, par terre, du cru des pays d'Europe	» B.	——	0 25
— en paille, d'ailleurs	» B.	——	1 75
Rocou (Graines de), des pays hors d'Europe	» B.	exemptes.	2 00
— (Graines de), des entrepôts	» B.	1 00	
— préparé, par mer**, des pays hors d'Europe	» B.	exempt.	4 00
— préparé, par mer**, des entrepôts	» B.	2 00	
— préparé, par terre	» B.	——	

+ Décime compris.

		Par navires français ou assimilés.	Par navires étrangers et par terre.
		fr. c.	fr. c.
Rognures d'écailles de tortue. V. *Écailles*.			
— de peaux blanches. V. *Oreillons*.			
Rogues de morue et de maquereau, *de pêche française*. . .	100 k. B.	exemptes.	exemptes.
— de morue et de maquereau, *de pêche étrangère*. . . .	» B.	0 50	0 50
Roseaux. V. *Joncs, etc*.			
Roses (Essence de). V. *Huiles volatiles*.			
— (Marc de). V. *Marc*.			
Rotins. V. *Ibid*.			
Rubanerie de laine. V. *Tissus de laine*.			
Rubans de bourre de soie. V. *Tissus de bourre de soie*.			
— de cardes. V. *Machines (pièces détachées)*.			
— de fil. V. *Tissus de lin, etc*.			
— de soie. V. *Tissus de soie*.			

S

Sable commun pour la bâtisse. V. *Matériaux*.			
— à faïence, à verre. V. *Pierres* et *Terres, etc*.			
Sabots de bétail. V. *Os*.			
— en bois. V. *Ouvrages en bois*.			
Safran.	100 k. B.	exempt.	3 00
Safre. V. *Oxydes*.			
Sagou, salep et fécules exotiques, des pays hors d'Europe. . .	100 k. B.	1 00	2 50
— salep et fécules exotiques, des entrepôts.	» B.	2 50	
Salep. V. *Sagou*.			
Salpêtre. V. *Sels (nitrates)*.			
Salsepareille. V. *Racines médicinales*.			
Sang de bétail. V. *Engrais*.			
— de bouc desséché.	100 k. B.	exempt.	exempt.
Sangsues.	le mille.	exemptes.	exemptes.
Sarcocolle. V. *Sucs*.			
Sarrasin. V. *Céréales*.			
Sarrette.	100 k. B.	exempte.	exempte.
Sassafras (Essence de). V. *Huiles volatiles*.			
Sauce de tabac. V. *Praiss*.			
Savons parfumés. V. *Parfumeries*.			
— autres.		prohib.	prohib.
Scammonée. V. *Résineux exotiques*.			
Scies. V. *Outils*.			
Sèche (Os de). V. *Os*.			
Seigle. V. *Céréales*.			
Sellerie. V. *Ouvrages en peau, etc*.			
Sel marin, sel de saline et sel gemme bruts ou raffinés autres que blancs, par terre*, par la frontière de Belgique. .	100 k. B.	———	2 00
— marin, sel de saline et sel gemme bruts ou raffinés autres que blancs, par terre*, par les autres frontières. . .	» B.	———	0 50
— marin, sel de saline et sel gemme bruts ou raffinés autres que blancs, par mer, des établissements français autres que les colonies **.	» B.	exempts.	———
— marin, sel de saline, et sel de gemme bruts ou raffinés autres que blancs, par mer des colonies françaises **. { de la Guyane. . .	» B.	exempts.	———
{ des Antilles. . .	» B.	exempts.	exem^s (a)
{ de la Réunion. .	» B.	exempts.	exem^s (a)

(a) Plus la surtaxe d'affrètement.

		Par navires français ou assimilés.	Par navires étrangers et par terre.
		fr. c.	fr. c.
Sel (*suite*) marin, sel de saline, et sel gemme bruts ou raffinés autres que blancs, par mer, d'ailleurs* par la Manche et l'Océan.	» B.	1 75	2 25
— marin, sel de saline, et sel gemme bruts ou raffinés autres que blancs, par mer, d'ailleurs* par la Méditerranée.	» B.	0 50	1 00
— marin, sel de saline, et sel gemme raffinés blancs, par terre*, par la frontière de Belgique.	» B.	———	2 75
— marin, sel de saline, et sel gemme raffinés blancs, par terre*, par les autres frontières.	» B.	———	0 50
— marin, sel de saline, et sel gemme raffinés blancs, par mer, des établiss. français autres que les colonies**.	» B.	exempts.	———
— marin, sel de saline, et sel gemme raffinés blancs, par mer, des colonies françaises** de la Guyane.	» B.	exempts.	———
— (id.) des Antilles.	» B.	exempts.	exem* (a)
— (id.) de la Réunion.	» B.	exempts.	exem* (a)
— marin, sel de saline, et sel gemme raffinés blancs, par mer, d'ailleurs* par la Manche et l'Océan.	» B.	2 75	3 25
— marin, sel de saline, et sel gemme raffinés blancs, par mer, d'ailleurs* par la Méditerranée.	» B.	0 50	1 00
— ammoniacaux*, bruts, en poudre, *de quelque nature que ce soit*.	1 k. N.	0 50	0 50
— ammoniacaux*, raffinés, en pains.	» N.	1 00	1 10
— médicinal de Kreutznach*.	100 k. B.	10 00	11 00
— de cobalt, *de toute sorte**.	» B.	exempts.	exempts.
— Nitrate* de potasse (*nitre* ou *salpêtre*), des pays hors d'Europe.	» B.	exempts.	4 00
— Nitrate* de potasse (*nitre* ou *salpêtre*) des entrepôts.	» B.	2 00	
— Nitrate* de soude, des pays hors d'Europe.	» B.	exempts.	4 00
— Nitrate* de soude, des entrepôts.	» B.	2 00	
— Hydrochlorate ou muriate de potasse*.	» N.	45 00	46 50
— Sulfates de potasse (*sel de duobus*)*.	» B.	10 00	11 00
— Sulfate de soude (*sel de Glauber*)*.	» B.	6 00	8 00
— Sulfate de magnésie (sel d'Epsom ou de Sedlitz)*.	» N.	70 00	76 00
— Sulfate de baryte (*spath pesant*)* par nav. fr. et par terre.	» B.	exempt.	exempt.
— Sulfate de baryte (*spath pesant*)* par nav. étrang.	» B.	———	1 00
— Sulfate de fer (*couperose verte*)*.	» B.	6 00	6 60
— Sulfate de cuivre (*id. bleue*)*.	» N.	31 00	34 10
— Sulfate de zinc (*id. blanche*)*.	» N.		
— Sulfate double de fer et de cuivre dit *Vitriol d'Admonde et de Saltzbourg**.	» N.	18 50	20 30
— Sulfate alun* brûlé ou calciné.	» N.	89 40	97 20
— Sulfate alun* de toute autre espèce.	» N.	25 00	28 00
— Oxalate acide de potasse (sel d'oseille)*.	» N.	70 00	76 00
— Chromates* de plomb.	» N.	75 00	81 20
— Chromates* de potasse.	» N.	150 00	160 00
— Borax* brut, natif de l'Inde.	» B.	exempt.	6 00
— Borax* brut, natif d'ailleurs.	» B.	3 00	
— Borax* brut artificiel, de l'Inde.	» N.	50 00	125 00
— Borax* brut artificiel, d'ailleurs.	» N.	100 00	
— Borax* mi-raffiné, natif ou artificiel de l'Inde	» N.	65 00	162 50
— Borax* mi-raffiné, natif ou artificiel d'ailleurs.	» N.	130 00	
— Borax* raffiné.	» N.	180 00	191 50
— Tartrate acide de potasse, très-impur — Lie de vin.	» B.	exempt.	exempt.
— Tartrate acide de potasse, impur, tartre brut*, par mer des pays hors d'Europe.	» N.	exempt.	4 00
— Tartrate acide de potasse, impur, tartre brut*, par mer du cru des pays d'Europe.	» N.	exempt.	

(a) Plus la surtaxe d'affrètement.

		Par navires français ou assimilés.	Par navires étrangers et par terre.
		fr. c.	fr. c.
Sel (*suite*). Tartrate acide de potasse, impur, tartre brut*, par mer d'ailleurs	» N.	2 00	4 00
— Tartrate acide de potasse, impur, tartre brut*, par terre du cru des pays d'Europe	» N.	——	exempt.
— Tartrate acide de potasse, impur, tartre brut*, par terre autres	» N.	——	4 00
— Tartrate acide de potasse, impur, cristaux de tartre*	» N.	25 00	27 50
— Tartrate acide de potasse, pur, crème de tartre*	» N.	30 00	33 00
— Tartrate de potasse (*sel végétal*)	» N.	70 00	76 00
— Tartrate de soude et de potasse (*sel de Seignette*)*	» N.		
— Acétate* de cuivre, brut ou non cristallisé (*vert-de-gris*), humide	» N.	43 00	44 30
— Acétate* de cuivre, brut ou non cristallisé (*vert-de-gris*) sec	» N.	34 00	34 10
— Acétate* de cuivre cristallisé (*verdet cristallisé*)	» N.	41 00	45 10
— Acétate* de fer, liquide	» B.	exempt.	exempt.
— Acétate* de fer, concentré à un degré quelconque	» N.	40 00	44 00
— Acétate* de plomb (*sel de saturne*)	» N.		
— Acétate* de potasse (*terre foliée*) et de soude	» N.	70 00	76 00
— Arséniate de potasse, même liquide*	» N.		
— Carbonate de baryte, natif	» B.	exempt.	2 00
— Carbonate de magnésie*	» N.	200 00	212 50
— Carbonate de potasse,* par mer, des pays hors d'Europe	» N.	exempt.	
— Carbonate de potasse,* par mer, du cru des pays d'Europe	» N.		4 00
— Carbonate de potasse,* par mer, d'ailleurs	» N.	2 00	
— Carbonate de potasse,* par terre, du cru des pays d'Europe	» N.	——	exempt.
— Carbonate de potasse,* par terre, autres	» N.	——	4 00
— Carbonate de plomb*, céruse	» N.	20 00	22 00
— Carbonate de plomb*, blanc de plomb	» N.	30 00	33 00
— Carbonate de plomb*, blanc d'argent	» N.	35 00	38 50
Semencine. V. *Herbes, etc.*			
Semoules en gruau (*grosse farine*), par nav. fr. et par terre	100 k. B.	4 00	4 00
— en gruau (*grosse farine*), par navire étranger	» B.	——	4 50
— en pâte et pâtes d'Italie, par mer, des pays hors d'Europe	» B.	5 00	
— en pâte et pâtes d'Italie, par mer, du cru des pays d'Europe	» B.		7 00
— en pâte et pâtes d'Italie, par mer, d'ailleurs	» B.	7 00	
— en pâte et pâtes d'Italie, par terre, du cru des pays d'Europe	» B.	——	5 00
— en pâte et pâtes d'Italie, par terre, d'ailleurs	» B.	——	7 00
Séné (Feuilles de). V. *Herbes, etc.* (*non dénommées*).			
— (Follicules de). V. *Fruits médicinaux*.			
Serans. V. *Outils*.			
Serinettes. V. *Instruments de musique*.			
Serpents. V. *Instruments de musique*.			
Sirops des colonies françaises de la Guyane**, des Antilles**, de la Réunion**, d'ailleurs hors d'Europe*, des entrepôts* (*même régime que le Sucre non raffiné*).			
Sistres. V. *Instruments de musique*.			
Smalt. V. *Cobalt*.			
Soies* en cocons	100 k. B.	exemptes.	exemptes.
— écrues *y compris les douppions*, grèges	1 k. N.	0 05	0 05
— écrues *y compris les douppions*, moulinées	» N.	0 10	0 10
— teintes de toute sorte	» N.	3 06	3 30

		Par navires français ou assimilés.	Par navires étrangers et par terre.
		fr. c.	fr. c.
Soies (*suite*). Bourre en masse écrue.	100 k. B.	exempte.	1 00
— Bourre en masse teinte.	1 k. B.	0 40	0 40
— Bourre cardée en feuilles et gommée.—Ouate.	100 k. N.	62 00	67 60
— Bourre cardée; frisons peignés.	1 k. B.	0 40	0 40
— Bourre cardée, toute autre.	» B.	0 40	0 40
— Bourre filée (*fleuret*) écrue ou azurée.	» N.	1 00	1 10
— Bourre filée (*fleuret*) teinte.	» N.	3 00	3 30
Son. V. *Fourrages*.			
Sorbet*.	100 k. N.	74 00	80 20
Soudes. V. *Alcalis*.			
— tartrates, etc. V. *Sels*.			
Soufre (*minerai, soufre épuré* ou *non* et *sublimé*)	100 k. B.	exempt.	exempt.
Sparte (Chapeaux de). V. *Chapeaux*.			
— (Cordages de). V. *Cordages*.			
— (Nattes et tresses de). V. *Nattes, etc.*			
— (Tiges de), comme *Joncs*.			
Spath. V. *Pierres* et *Terres, etc.*			
— pesant. V. *Sels* (*sulfates*).			
Spermaceti. V. *Blanc de baleine*.			
Stil de grain (pâte *jaune d'argile et de nerprun des teinturiers*).	100 k. B.	exempt.	exempt.
Stockfish. V. *Poissons*.			
Storax. V. *Baumes*.			
Styrax. V. *Baumes*.			
Succin.	100 k. B.	exempt.	exempt.
Sucre** non raffiné et non assimilé au raffiné :			
— des colonies françaises, de la Guyane, jusqu'au 30 juin 1866.	» N.	22 00	———
— des colonies françaises, de la Guyane, à partir du 1er juill. 1866.	» N.	25 00	———
— des colonies françaises, des Antilles, jusqu'au 30 juin 1866.	» N.	22 00	22 00 (a)
— des colonies françaises, des Antilles, à partir du 1er juill. 1866.	» N.	25 00	25 00 (a)
— des colonies françaises, de la Réunion, jusqu'au 30 juin 1864.	» N.	19 00	19 00 (a)
— des colonies françaises, de la Réunion, du 1er juill. 1864 au 30 juin 1865.	» N.	20 50	20 50 (a)
— des colonies françaises, de la Réunion, du 1er juill. 1865 au 30 juin 1866.	» N.	22 00	22 00 (a)
— des colonies françaises, de la Réunion, à partir du 1er juill. 1866.	» N.	25 00	25 00 (a)
— de l'Inde.	» N.	+30 00	+33 00
— d'ailleurs, hors d'Europe.	» N.	+30 00	+32 00
— des entrepôts.	» N.	+32 00	
— raffiné des colonies françaises, de la Guyane, jusqu'au 30 juin 1866.	» N.	24 50	———
— raffiné des colonies françaises, de la Guyane, à partir du 1er juill. 1866.	» N.	27 50	———
— raffiné des colonies françaises, des Antilles, jusqu'au 30 juin 1866.	» N.	24 50	24 50 (a)
— raffiné des colonies françaises, des Antilles, à partir du 1er juill. 1866.	» N.	27 50	27 50 (a)
— raffiné des colonies françaises, de la Réunion, jusqu'au 30 juin 1864.	» N.	24 50	24 50 (a)
— raffiné des colonies françaises, de la Réunion, du 1er juill. 1864 au 30 juin 1865.	» N.	23 00	23 00 (a)
— raffiné des colonies françaises, de la Réunion, du 1er juill. 1865 au 30 juin 1866.	» N.	24 50	24 50 (a)
— raffiné des colonies françaises, de la Réunion, à partir du 1er juill. 1866.	» N.	27 50	27 50 (a)
— d'ailleurs.		prohibé.	prohibé.
Sucs d'espèce particulière :			
Camphre** brut des pays de production.	100 k. B.	exempt.	+2 00
Camphre** brut d'ailleurs.	» B.	+2 00	
Camphre** raffiné.	» B.	+2 00	+2 20
— Caoutchouc et gutta-percha bruts ou refondus en masses ** des pays hors d'Europe.	» B.	exempts.	3 00

(a) Plus la surtaxe d'affrètement, décime compris (*Décr. du 20 oct.* 1861).
\+ Décime compris.

		Par navires français ou assimilés.	Par navires étrangers et par terre.
		fr. c.	fr. c.
Sucs d'espèce particulière (*suite*).			
— Caoutchouc et gutta-percha bruts ou refondus en masses** des entrepôts	100 k. B.	3 00	3 00
— Glu	» B.	exempte.	exempte.
— Manne *	» N.	80 00	86 50
— Aloès **, des pays hors d'Europe	» B.	5 00	20 00
— Aloès ** des entrepôts	» B.	10 00	20 00
— Opium **	» N	200 00	212 50
— Jus de réglisse *	» N.	48 00	52 80
— Sarcocolle, kino et autres sucs végétaux desséchés ** des pays hors d'Europe	» B.	exempts.	+2 00
— Sarcocolle, kino et autres sucs végétaux desséchés ** des entrepôts	» B.	+2 00	+2 00
Sucs tanins, liquides ou concrets extraits des végétaux	100 k. B.	exempts.	2 00
Sulfates. V. *Sels.*			
Sulfures d'arsenic en masses (*orpin*, *orpiment* et *réalgar*)	100 k. B.	8 00	8 80
— de mercure *, en pierres, naturel ou artificiel (*cinabre*)	» N.	150 00	160.00
— de mercure * pulvérisé (*vermillon*)	» N.	200 00	212 50
Sumac et Fustet (écorces, feuilles et brindilles) par navires français et par terre	100 k. B.	exemptes.	exemptes.
— et Fustet (écorces, feuilles et brindilles) par navires étrangers	» B.	———	1 00
— et Fustet moulus	» N.	15 00	16 50

T

Tabacs en feuilles ou en côtes pour la régie, des pays hors d'Europe	100 k. B.	exempts.	10 00
— ou en côtes pour la régie, des entrepôts	» B.	5 00	10 00
— en feuilles ou en côtes pour compte particulier (a)		prohibés.	prohibés.
— fabriqués. V. *Cigares, etc.*			
— (Sauce de). V. *Praiss.*			
Tabletterie * : Billes de billard en ivoire	1 k. N.	4 00	4 40
— Peignes d'ivoire	» N.		
— Peignes d'écaille	» N.	5 00	5 50
— non dénommée		prohibée.	prohibée.

Tafia. V. *Boissons distillées.*
Talc. V. *Pierres* et *Terres, etc.*
Tamarins. V. *Fruits médicinaux.*
Tambours, etc. V. *Instruments de musique.*
Tamis (toile à). V. *Tissus de crin.*
Tapis de bourre de soie V. *Tissus de bourre de soie.*
— de pieds. V. *Tissus de laine.*
— de poils. V. *Tissus de poils.*
— (tissus épais pour). V. *Tissus de lin, etc.* (*dernier art.*)
— de soie. V. *Tissus de soie.*
Tartrates. V. *Sels.*
Tartre, brut, etc. V. *Sels* (*tartrates*).
Taureaux, taurillons. V. *Bestiaux.*
Teintures (Bois de). V. *Bois.*
— (Extraits de bois de). V. *Extraits.*
— sucs tannins, etc. V. *Sucs*
Tenders. V. *Machines.*
Térébenthine. V. *Résines indigènes.*
— (Essence de). V. *Ibid.*

(a) Voy. la note à l'article *Cigares.*

		Par navires français ou assimilés.	Par navires étrangers et par terre.
		fr. c.	fr. c.
Terres de Cologne. V. *Noir.*			
— foliée. V. *Sels* (*acétate de potasse*).			
— de Lemnos. V. *Pierres. Terres, etc.*			
— à pipe. V. *Pierres, Terres, etc.*			
— à porcelaine. *Pierres, Terres, etc.*			
— pyriteuses, dites cendres noires ou de Tropey, *par navires français et par terre*	100 k. B.	exemptes.	exemptes.
— pyriteuses, dites cendres noires ou de Tropey, *par navires étrangers*	» B.	———	1 00
— servant aux arts et métiers. V. *Pierres, Terres, etc.*			
Thé** *par navires français,* des pays de production hors d'Europe	100 k. N.	75 00	———
— *par navires français,* d'ailleurs, *jusqu'au 31 mai* 1864.	» N.	200 00	———
— *par navires français,* d'ailleurs, *du 1er juin 1864 au 31 mai 1866*	» N.	150 00	———
— *par navires français,* d'ailleurs, à partir du 1er juin 1866	» N.	90 00	———
— *par navires étrangers, jusqu'au 31 mai 1864*	» N.	———	250 00
— *par navires étrangers,* du 1er juin 1864 au 31 mai 1866	» N.	———	175 00
— *par navires étrangers,* à partir du 1er juin 1866	» N.	———	100 00
Tiges de millet, *pour balais*	» B.	exemptes.	exemptes.
— d'oranger. V. *Herbes, etc.*			
— de pastel. V. *Pastel.*			
Tilleul (cordages de). V. *Cordages.*			
— (écorces de). V. *Ecorces.*			
Tissus de **bourre de soie** (*fleuret*)*, tissus façon cachemire.		prohibés.	prohibés.
— de bourre de soie (*fleuret*)*, étoffes pures.	1 k. N.	7 00	7 70
— de bourre de soie (*fleuret*)*, étoffes mêlées d'or ou d'argent fin.	» N.	10 00	11 00
— de bourre de soie (*fleuret*)*, étoffes mêlées d'or ou d'argent faux.		prohibés.	prohibés.
— de bourre de soie (*fleuret*)*, couvertures.	100 k. N.	204 00	216 70
— de bourre de soie (*fleuret*)*, tapis, *même mêlés de fil.*	» N.	306 00	323 50
— de bourre de soie (*fleuret*)*, bonneterie.	1 k. N.	6 00	6 60
— de bourre de soie (*fleuret*)*, passementerie et rubans.	100 k. N.	800 00	817 50
Tissus de cachemire. V. *Tissus de poils.*			
Tissus de **coton** : nankin, de l'Inde**.	1 k. N.	1 00	prohibé.
— de coton : nankin, d'ailleurs.		prohibé.	prohibé.
— de coton : dentelles fabriquées à la main et aux fuseaux*.	La valeur.	5 %	5 %
— de coton : tulle, avec applic. d'ouvrages en dentelle de fil*.	»		
— de coton : tout autre tulle.		prohibé.	prohibé.
— de coton : autres *de toute sorte.*		prohibés.	prohibés.
Tissus de **crin*** : toile à tamis (*rapatelle*).	100 k. N.	41 00	45 10
— de crin* : passementerie.	» N.	150 00	160 00
— de crin* : chapeaux.	la pièce.	0 25	0 25
— de crin* : autres, *de toute sorte.*		prohibés	prohibés.
Tissus d'écorce purs ou mélangés en fibres de palmier, dits *pagnes* ou *rabanes** de 8 fils *ou* moins.	le m. car.	0 45	0 45
— d'écorce purs ou mélangés en fibres de palmier, dits *pagnes* ou *rabanes**, au-dessus de 8 fils. Droits des toiles de lin, *selon l'espèce.*	100 k. N.		
— d'écorce purs ou mélangés, autres, *de toute sorte.*		prohibés.	prohibés.
Tissus de **laine**.—Couvertures*.	100 k. N.	200 00	212 50
— Tapis de pied* simples à chaîne de fil de lin *ou* de chanvre, *dont l'envers présente un canevas :* moquettes veloutées, dont le canevas présente, *dans l'espace d'un décimètre,* au moins 40 carreaux en hauteur *et* 50 en longueur par Dunkerque et Lille.	» N.	250 00	250 00
— les mêmes par tous autres bureaux.	» N.	300 00	317 50

		Par navires français ou assimilés.	Par navires étrangers et par terre.
		fr. c.	fr. c.
Tissus de **laine** (*suite*). Tapis de pied* simples à chaîne de fil de lin *ou* de chanvre, *dont l'envers présente un canevas :* moquettes autres	100 k. N.	300 00	347 50
— Tapis de pied* simples autres que moquettes *soit* de pure laine, soit mêlés de fil, mais *sans canevas à l'envers*.	» N.	500 00	547 50
— Tapis de pied* à nœuds, à chaîne autre que de fil de lin *ou* de chanvre	» N.	500 00	547 50
— Tapis de pied* à nœuds, à chaîne de fil de lin *ou* de chanvre	» N.	300 00	347 50
— Burail *et* Crépon de Zurich, par Saint-Louis seulement.	» N.	200 00	212 50
— Toile à blutoir, *sans couture**	» N.		
— Bonneterie		prohibée.	prohibée.
— Passementerie *et* Rubanerie* de pure laine blanche	100 k. N.	190 00	202 00
— Passementerie *et* Rubanerie* de pure laine teinte *ou* mélangée de fil *et* de poil	» N.	220 00	233 50
— Autres, *de toute sorte*		prohibés.	prohibés.
Tissus de **lin*** ou de **chanvre***.—Toile unie, écrue, de moins de 8 fils	100 k. N.	60 00	60 00
— Toile unie, écrue, de 8 fils	» N.	80 00	80 00
— Toile unie, écrue, de 9 fils *inclusivement* à 12 *exclusivement*	» N.	126 00	126 00
— Toile unie, écrue, de 12 fils	» N.	144 00	144 00
— Toile unie, écrue, de 13 fils *inclusivement* à 16 *exclusivement*	» N.	201 00	201 00
— Toile unie, écrue, de 16 fils	» N.	267 00	267 00
— Toile unie, écrue, de 17 fils	» N.	287 00	287 00
— Toile unie, écrue, de 18 *et* 19 fils	» N.	297 00	297 00
— Toile unie, écrue, de 20 fils	» N.	342 00	342 00
— Toile unie, écrue, au-dessus de 20 fils	» N.	467 00	467 00
— Toile unie, blanche, ou mi-blanche, de moins de 8 fils	» N.	90 00	90 00
— Toile unie, blanche, ou mi-blanche, de 8 fils	» N.	146 00	146 00
— Toile unie, blanche, ou mi-blanche, de 9 fils *inclusivement* à 12 *exclusivement*	» N.	194 00	194 00
— Toile unie, blanche, ou mi-blanche, de 12 fils	» N.	249 00	249 00
— Toile unie, blanche, ou mi-blanche, de 13 fils *inclusivement* à 16 *exclusivement*	» N.	306 00	306 00
— Toile unie, blanche, ou mi-blanche, de 16 fils	» N.	417 00	417 00
— Toile unie, blanche, ou mi-blanche, de 17 fils	» N.	457 00	457 00
— Toile unie, blanche, ou mi-blanche, de 18 *et* 19 fils	» N.	477 00	477 00
— Toile unie, blanche, ou mi-blanche, de 20 fils	» N.	567 00	567 00
— Toile unie, blanche, ou mi-blanche, au-dessus de 20 fils	» N.	847 00	847 00
— Toile unie, teinte, de moins de 8 fils	» N.	90 00	90 00
— Toile unie, teinte, de 8 fils	» N.	146 00	146 00
— Toile unie, teinte, de 9 fils *inclusivement* à 12 *exclusivement*	» N.	146 00	146 00
— Toile unie, teinte, de 12 fils	» N.	167 00	167 00
— Toile unie, teinte, de 13 fils *inclusivement* à 16 *exclusivement*	» N.	246 00	246 00
— Toile unie, teinte, de 16 fils	» N.	289 00	289 00
— Toile unie, teinte, de 17 fils	» N.	347 00	347 00
— Toile unie, teinte, de 18 *et* 19 fils	» N.	329 00	329 00
— Toile unie, teinte, de 20 fils	» N.	380 00	380 00
— Toile unie, teinte, au-dessus de 20 fils	» N.	537 00	537 00
— Toile unie, imprimée, de moins de 8 fils	» N.	90 00	90 00
— Toile unie, imprimée, de 8 fils	» N.	146 00	146 00
— Toile unie, imprimée, de 9 fils *inclusivement* à 12 *exclusivement*	» N.	194 00	194 00
— Toile unie, imprimée, de 12 fils	» N.	219 00	219 00

		Par navires français ou assimilés.	Par navires étrangers et par terre.
		fr. c.	fr. c.
Tissus de **lin** ou de **chanvre** (*suite*) : Toile unie imprimée, de 13 fils *inclusivement* à 16 *exclusivement*.	100 k. N.	306 00	306 00
— Toile unie, imprimée, de 16 fils.	» N.	417 00	417 00
— Toile unie, imprimée, de 17 fils	» N.	457 00	457 00
— Toile unie, imprimée, de 18 *et* 19 fils.	» N.	477 00	477 00
— Toile unie, imprimée, de 20 fils.	» N.	567 00	567 00
— Toile unie, imprimée, au-dessus de 20 fils.	» N.	817 00	817 00
— Toile unie, à matelas, *sans distinction de finesse*.	» N.	212 00	212 00
— Toile unie, cirée, de moins de 8 fils	» N.	70 00	70 00
— Toile unie, cirée, de 8 fils *inclusivement* à 13 *exclusivement*.	» N.	120 00	120 00
— Toile unie, cirée, de 13 fils *inclusivement* à 20 *exclusivement*.	» N.	170 00	170 00
— Toile unie cirée, de 20 fils *et* au-dessus.	» N.	220 00	220 00
— Toile unie, peinte sur enduit, *pour tapisserie*	» N.	184 00	195 70
— Toile croisée grossière, dite *treillis*, écrue.	» N.	60 00	60 00
— Toile croisée grossière, dite *treillis*, autre.	» N.	90 00	90 00
— Toile croisée coutil pour tenture ou literie.	» N.	212 00	212 00
— Toile croisée coutil pour vêtements. écrue.	» N.	322 00	322 00
— Toile croisée coutil pour vêtements. autre.	» N.	364 00	364 00
— Linge de table, ouvragé écru, de 16 fils *ou* moins	» N	267 00	267 00
— Linge de table, ouvragé écru, de 17 fils	» N.	287 00	287 00
— Linge de table, ouvragé écru, de 18 *et* 19 fils	» N.	297 00	297 00
— Linge de table, ouvragé écru, de 20 fils	» N.	342 00	342 00
— Linge de table, ouvragé écru, de plus de 20 fils	» N.	467 00	467 00
— Linge de table, ouvragé blanc, de 16 fils *ou* moins	» N.	417 00	417 00
— Linge de table, ouvragé blanc, de 17 fils.	» N.	457 00	457 00
— Linge de table, ouvragé blanc, de 18 *et* 19 fils	» N.	477 00	477 00
— Linge de table, ouvragé blanc, de 20 fils.	» N.	567 00	567 00
— Linge de table, ouvragé blanc, de plus de 20 fils	» N.	817 00	817 00
— Linge de table, damassé écru, de 16 fils *ou* moins.	» N.	320 40	320 40
— Linge de table, damassé écru, de 17 fils	» N.	344 40	344 40
— Linge de table, damassé écru, de 18 *et* 19 fils	» N.	356 40	356 40
— Linge de table, damassé écru, de 20 fils.	» N.	410 40	410 40
— Linge de table, damassé écru, de plus de 20 fils	» N.	560 40	560 40
— Linge de table, damassé blanc, de 16 fils *ou* moins	» N.	500 40	500 40
— Linge de table, damassé blanc, de 17 fils	» N.	548 40	548 40
— Linge de table, damassé blanc, de 18 *et* 19 fils	» N.	572 40	572 40
— Linge de table, damassé blanc, de 20 fils	» N	680 40	680 40
— Linge de table, damassé blanc, de plus de 20 fils	» N.	980 40	980 40
— Mouchoirs. Mêmes droits que la toile, *selon l'espèce*.			
— Batiste *et* linon	1 k. N.	25 00	27 50
— Dentelles.	la valeur.	5 %	5 %
— Tulle		prohibé.	prohibé.
— Bonneterie.	100 k. N.	200 00	212 50
— Passementerie et rubans de fils, écrus bis ou herbés	» N.	80 00	86 50
— Passementerie et rubans de fils, écrus mélangés de blanc.	» N.	120 00	128 50
— Passementerie et rubans de fils blancs.	» N.		
— Passementerie et rubans de fils teints, en tout ou en partie	» N.	150 00	160 00
— Rubans à jour.	» N.	500 00	517 50
— Tissus épais pour tapis de pied en fils de lin ou de chanvre teints, de moins de 8 fils aux 5^{mm}.	» N.	75 00	75 00
Tissus[*] de **phormium tenax**, d'**abaca** et de **jute**, écrus, de moins de 8 fils.	100 k. N.	77 00	83 30
— écrus, de 8 fils	» N.	90 00	97 00
— écrus, de 9 fils *inclusivement* à 12 *exclusivement*.	» N.	129 00	137 90
— écrus de 12 fils et au-dessus. Droits des tissus de lin *ou* de chanvre.	» N.		
— blanchis, de moins de 8 fils.	» N.	107 00	114 80

5.

		Par navires français ou assimilés.	Par navires étrangers et par terre.
		fr. c.	fr. c.
Tissus* de phormium tenax, etc... (*suite*) de 8 fils (*suite*).	100 k. N.	126 00	134 80
— blanchis, de 9 fils *inclusivement* à 12 *exclusivement*.	» N.	194 00	206 20
— blanchis, de 12 fils et au-dessus. Droits des tissus de lin *ou* de chanvre.			
— teints, de moins de 8 fils.	» N.	107 00	114 80
— teints, de 8 fils.	» N.	126 00	134 80
— teints, de 9 fils *inclusivement* à 12 *exclusivement*.	» N.	149 00	158 90
— teints, de 12 fils et au-dessus. Droits des tissus de lin *ou* de chanvre.			
Tissus de poils, de cachemire, fabriqués aux fuseaux dans les pays hors d'Europe, châles longs de toute dimension.	la pièce.	100 00	100 00
— de cachemire, fabriqués aux fuseaux dans les pays hors d'Europe, châles carrés de 180 cent. et au-dessus.	»		
— de cachemire, fabriqués aux fuseaux dans les pays hors d'Europe, châles carrés de moindre dimension.	»	50 00	50 00
— de cachemire, fabriqués aux fuseaux dans les pays hors d'Europe, écharpes.	»		
— de cachemire, fabriqués aux fuseaux dans les pays hors d'Europe, autres.		prohibés.	prohibés.
— Couvertures ou tapis *.	100 k. N.	50 00	55 00
— Bonneterie * de castor.	» N.	400 00	417 50
— Bonneterie d'autres poils*.	» N.	200 00	212 50
— Autres de toute sorte.		prohibés.	prohibés.
Tissus de soie *.			
— Foulards. écrus. de l'Inde.	1 k. N.	6 00	8 00
— Foulards. écrus. d'ailleurs.	» N.	7 00	
— Foulards. imprimés. de l'Inde.	» N.	12 00	15 00
— Foulards. imprimés. d'ailleurs.	» N.	14 00	
— Crêpes. unis. des pays d'origine, *en droiture*.	» N	20 00	25 00
— Crêpes. unis. d'ailleurs.	» N.	25 00	30 00
— Crêpes. brodés ou façonnés. des pays d'origine, *en droiture*.	» N.	34 00	45 00
— Crêpes. brodés ou façonnés. d'ailleurs.	» N.	40 00	50 00
— autres que foulards et crêpes * : de l'Inde et de tout autre pays hors d'Europe. des pays d'origine, *en droiture*.	» N.	Mêmes droits et même régime que les tissus similaires d'origine européenne.	
— autres que foulards et crêpes * : de l'Inde et de tout autre pays hors d'Europe. d'ailleurs.		prohibés.	prohib.
— autres que les foulards et les crêpes* ; d'Europe. Etoffes pures. unies.	1 k. N.	16 00	17 60
— id. Etoffes pures. façonnées.	» N.	19 00	20 90
— id. Etoffes pures. brochées de soie.	» N.		
— id. Etoffes pures. brochées *ou* d'or *ou* d'argent fin.	» N.	31 00	34 10
— id. Etoffes pures. brochées *ou* d'or *ou* d'argent faux.	» N.	prohibés.	prohib.
— id. Etoffes mêlées de fil. sans autre mélange.	» N.	13 00	14 30
— id. Etoffes mêlées de fil. *et* d'or *ou* d'argent. fin.	» N.	17 00	18 70
— id. Etoffes mêlées de fil. *et* d'or *ou* d'argent. faux.		prohibés.	prohib.
— id. Couvertures.	100 k. N.	204 00	216 70
— id. Tapis, *même mêlés de fil*.	» N.	306 00	323 50
— id. Gaze. de soie pure.	1 k. N.	31 00	34 10
— id. Gaze. mêlée de fil.	» N.	17 00	18 70
— id. Gaze. mêlée d'or *ou* d'argent. fin.	» N.	62 00	67 60
— id. Gaze. mêlée d'or *ou* d'argent. faux.		prohib.	prohib.
— id. Tulle.		prohib.	prohib.
— id. Dentelles. de soie, dites *Blondes*.	la valeur.	15 %	15 %
— id. Dentelles. d'or fin.	1 k. N.	200 00	212 50
— id. Dentelles. d'argent fin.	» N.	100 00	107 50
— id. Dentelles. d'or *ou* d'argent faux.	» N.	25 00	27 50

		Par navires français ou assimilés.	Par navires étrangers et par terre.
		fr. c.	fr. c.
Tissus de soie* (*suite*) :			
— autres que les foulards et les crêpes* d'Europe (*suite*). Bonneterie	100 k. N.	1200 00	1217 50
Passementerie d'or ou d'argent fin	1 k. N.	30 00	33 00
Passementerie d'or ou d'argent faux	» N.	3 00	3 30
Passementerie de soie pure	» N.	16 00	17 60
Passementerie de soie mêlée d'or *ou* d'argent fin	» N.	25 00	27 50
Passementerie de soie mêlée d'or *ou* d'argent faux	» N.	8 00	8 80
Passementerie de soie mêlée d'autres matières	» N.	8 00	8 80
Rubans, *même de velours*	100 k. N.	800 00	817 50
Tissus de vannerie. V. *Vannerie*.			
Tissus épais pour tapis. V. *Tissus de lin, etc.*			
Toile à blutoir. V. *Tissus de laine*.			
Toiles. V. *Tissus de lin, etc.*			
— cirée. V. *Tissus de lin, etc.*			
— peinte. V. *Tissus de lin, etc.*			
Toiles métalliques* de fer	100 k. N.	75 00	81 20
— métalliques* de pur acier — métalliques* de cuivre ou de laiton	» N. » N.	150 00	160 00
Toile à tamis. V. *Tissus de crin*.			
Tôle. V. *Fer*.			
Tôle (ouvrages en). V. *Ouvrages en métaux*.			
Tombereaux, etc. V. *Voitures*.			
Tortues vivantes	la valeur.	exempte*.	exempte*.
— mortes. V. *Viandes*.			
— (écailles de). V. *Ecaille*.			
Touloucouna (noix de). V. *Fruits oléagineux (autres)*.			
Tourbe crue	100 k. B.	exempte	exempte.
— carbonisée	le m. c.	exempte.	exempte.
Tournesol en pâte. V. *Orseille*.			
Tourteaux de graines oléagineuses	100 k. B.	exempts.	exempts.
Treillis. V. *Tissus de lin, etc.* (*Toile croisée*).			
Tresses de bois blanc, de paille, d'écorce, de sparte. V. *Nattes*.			
Triangles. V. *Instruments de musique*.			
Tripoli ou alana. V. *Pierres et Terres, etc.*			
Trombones, **Trompes**, **Trompettes**, etc. V. *Instruments de musique*.			
Truffes fraîches ou marinées.—Sèches	100 k. B.	exempte*.	exempte*
Tubes en fer. V. *Ouvrages en métaux*.			
Tuiles. V. *Matériaux*.			
Tulle de coton. V. *Tissus de coton*.			
— de fil. V. *Tissus de lin, etc.*			
— de soie. V. *Tissus de soie*.			
Tuthie. V. *Oxydes*.			
Tympanons. V. *Instruments de musique*.			

U

Ustensiles d'arts et métiers en grès. V. *Poteries*.			

V

	Unité	Par navires français ou assimilés.	Par navires étrangers et par terre.
		fr. c.	fr. c.
Vaches V. *Bestiaux.*			
Vaisselle de table ou de cuisine. V. *Poteries.*			
Valériane (Essence de). V. *Huiles volatiles.*			
Vanille des colonies françaises** de la Guyane	1 k. N.	exempte.	———
— des colonies françaises** des Antilles	» N.	exempte.	ex[te] (a)
— des colonies françaises** de la Réunion	» N.	exempte.	ex[te] (a)
— des pays à l'ouest du cap Horn*	» N.	2 50	5 50
— d'ailleurs*	» N.	5 00	5 50
Vannerie* (Tissus de)	le m. car.	0 45	0 45
— autre qu'en tissus, en quelque végétal que ce soit, brut	100 k. B.	6 00	7 00
— autre qu'en tissus, en quelque végétal que ce soit, pelé	» N.	12 00	14 00
— autre qu'en tissus, en quelque végétal que ce soit, coupé	» N.	20 00	24 00
Varechs. V. *Plantes alcalines.*			
Veaux. V. *Bestiaux.*			
Végétaux filamenteux, abaca, chanvre, jute, lin et tous autres, soit en tiges brutes, soit teillés et étoupes	100 k. B.	exempts.	exempts
— peignés	» N.	15 00	16 50
Vélin. V. *Peaux préparées.*			
Velours de soie. V. *Tissus de soie (Étoffes pures).*			
Vettes. V. *Cordages de sparte.*			
Verdet cristallisé. V. *Sels, acétates.*			
Verjus. V. *Boissons fermentées.*			
Vermeil (Ouvrages en). V. *Orfèvrerie.*			
— (Vernis). V. *Vernis.*			
Vermillon. V. *Sulfures.*			
Vernis* vermeil	100 k. N.	41 00	45 10
— autres, de toute sorte	» N.	82 00	88 60
Verres et **Cristaux** : Verres à lunettes et à cadrans, bruts	» B.	10 00	11 00
— Verres à lunettes et à cadrans, taillés et polis*	» N.	200 00	212 50
— Bouteilles pleines (*outre le droit des liquides*), le litre de contenance		0 15	0 15
— Bouteilles vides		prohib.	prohib.
— Groisil ou verre cassé, par nav. fr. et par terre	» B.	exempt.	exempt.
— Groisil ou verre cassé, par nav. étrang.	» B.	———	1 00
— Verrerie de toute autre sorte que celle ci-dessus		prohib.	prohib.
— Vitrifications* en masses ou en tubes à tailler	1 k. N.	3 00	3 30
— Vitrifications* en grains percés	» N.	4 00	4 40
— Vitrifications* taillées en pierres à bijoux	» N.	6 00	6 60
— Vitrifications*, émail	» N.	2 00	2 20
— Miroirs*, grands (*glaces*) non étamés, de plus de 3 millimètres d'épaisseur, *ayant en superficie* 50 déc. ou moins	le m. car.	15 00	15 00
— Miroirs*, grands (*glaces*) non étamés, de plus de 3 millimètres d'épaisseur, *ayant en superficie* 50 déc. exclusivement à 100 déc. inclusivement		22 50	22 50
— Miroirs*, grands (*glaces*) non étamés, de plus de 3 millimètres d'épaisseur, *ayant en superficie* 100 déc. exclusivement à 200 déc. inclusivement	»	28 00	28 00
— Miroirs*, grands (*glaces*) non étamés, de plus de 3 millimètres d'épaisseur, *ayant en superficie* 200 déc. exclusivement à 300 déc. inclusivement	»	40 00	40 00

(a) Plus la surtaxe d'affrètement.

		Par navires français ou assimilés.	Par navires étrangers et par terre.
		fr. c.	fr. c.
Verres et Cristaux (*suite*) :			
— Miroirs*, grands (*glaces*) non étamés, de plus de 3 millimètres d'épaisseur, *ayant en superficie* 300 déc. exclusivement à 500 déc. inclusivement.	le m. car.	50 00	50 00
— Miroirs*, grands (*glaces*) non étamés, de plus de 3 millimètres d'épaisseur, *ayant en superficie* plus de 500 décimètres.	»	60 00	60 00
— Miroirs*, grands (*glaces*) non étamés, de 3 millimètres d'épaisseur ou moins, *ayant en superficie* 50 déc. ou moins.	»	40 00	40 00
— Miroirs*, grands (*glaces*) non étamés, de 3 millimètres d'épaisseur, ou moins, *ayant en superficie* 50 déc. exclusivement à 100 déc. inclusivement.	»	15 00	15 00
— Miroirs*, grands (*glaces*) non étamés, de 3 millimètres d'épaisseur ou moins, *ayant en superficie* 100 déc. exclusivement à 200 déc. inclusivement.	»	18 66	18 66
— Miroirs*, grands (*glaces*) non étamés, de 3 millimètres d'épaisseur ou moins, *ayant en superficie* 200 déc. exclusivement à 300 déc. inclusivement.	»	26 66	26 66
— Miroirs*, grands (*glaces*) non étamés, de 3 millimètres d'épaisseur ou moins, *ayant en superficie* 300 déc. exclusivement à 500 déc. inclusivement.	»	33 33	33 33
— Miroirs*, grands (*glaces*) non étamés, de 3 millimètres d'épaisseur ou moins, *ayant en superficie* plus de 500 décimètres.	»	40 00	40 00
— Miroirs*, grands (*glaces*) étamés, de plus de 3 millimètres d'épaisseur, *ayant en superficie* 50 déc. au moins.	»	16 50	16 50
— Miroirs*, grands (*glaces*) étamés, de plus de 3 millimètres d'épaisseur, *ayant en superficie* 50 déc. exclusivement à 100 déc. inclusivement.	»	24 75	24 75
— Miroirs*, grands (*glaces*) étamés, de plus de 3 millimètres d'épaisseur, *ayant en superficie* 100 déc. exclusivement à 200 déc. inclusivement.	»	30 80	30 80
— Miroirs*, grands (*glaces*) étamés, de plus de 3 millimètres d'épaisseur, *ayant en superficie* 200 déc. exclusivement à 300 déc. inclusivement.	»	44 00	44 00
— Miroirs*, grands (*glaces*) étamés, de plus de 3 millimètres d'épaisseur, *ayant en superficie* 300 déc. exclusivement à 500 déc. inclusivement.	»	55 00	55 00
— Miroirs*, grands (*glaces*) étamés, de plus de 3 millimètres d'épaisseur, *ayant en superficie* plus de 500 décimètres.	»	66 00	66 00
— Miroirs*, grands (*glaces*) étamés, de 3 millimètres d'épaisseur ou moins, *ayant en superficie* 50 déc. ou moins.	»	11 00	11 00
— Miroirs*, grands (*glaces*) étamés, de 3 millimètres d'épaisseur ou moins, *ayant en superficie* 50 déc. exclusivement à 100 déc. inclusivement.	»	16 50	16 50
— Miroirs*, grands (*glaces*) étamés, de 3 millimètres d'épaisseur ou moins, *ayant en superficie* 100 déc. exclusivement à 200 déc. inclusivement.	»	20 53	20 53
— Miroirs*, grands (*glaces*) étamés, de 3 millimètres d'épaisseur ou moins, *ayant en superficie* 200 déc. exclusivement à 300 déc. inclusivement.	»	29 33	29 33
— Miroirs*, grands (*glaces*) étamés, de 3 millimètres d'épaisseur ou moins, *ayant en superficie* 300 déc. exclusivement à 500 déc. inclusivement.	»	36 66	36 66

		Par navires français ou assimilés.	Par navires étrangers et par terre.
		fr. c.	fr. c.
Verres et Cristaux (*suite*).			
— Miroirs*, grands (*glaces*) étamés, de 3 millimètres d'épaisseur ou moins, *ayant en superficie* plus de 500 décimètres	le m. car.	44 00	44 00
— Miroirs*, petits, sans distinction d'épaisseur	100 k. N.	400 00	407 50
Vert-de-gris. V. *Sels acétates*.			
Vert de montagne	100 k. B.	exempt.	exempt.
Vesce. V. *Jarosse*.			
Vésicules de musc. V. *Musc*.			
Vessies de toutes sortes	100 k. B.	exempte*.	exempte*.
Vêtements. V. *Effets à usage*.			
Viandes fraîches de boucherie	100 k. B.	0 50	0 50
— fraîches, gibier mort	» B.	exempte*.	exempte*.
— fraîches, tortues mortes	» B.	exempte*.	exempte*.
— fraîches, volailles mortes	» B.	exempte*.	exempte*.
— salées de porc, *lard compris*	» B.	exempte*.	exempte*.
— salées, autres	» B.	0 50	0 50
Vielles. V. *Instruments de musique*.	» B.	0 50	0 50
Vif-argent. V. *Mercure*.			
Vinaigres. V. *Boissons fermentées*.			
— parfumés. V. *Parfumeries*.			
Vins. V. *Boissons fermentées*.			
Violes, Violons. V. *Instruments de musique*.			
Vipères	le 100.	exempte*.	exempte*.
Vitrifications. V. *Verres, etc*.			
Vitriol, etc. V. *Sels*.			
Voiles de navires. V. *Agrès*.			
Voitures suspendues, garnies ou peintes		prohib.	prohib.
— autres, à échelles, chariots, tombereaux, etc.	la valeur.	15 %	15 %
— waggons de terrassement. V. *Machines*.			
Volailles vivantes	la valeur.	exempte*.	exempte*.
— mortes. V. *Viandes*.			

W

Waggons de terrassement. V. *Machines*.

Y

Yeux d'écrevisse	100 k. B.	exempts.	exempts.

Z

Zinc (Minerai de) cru (*pierre calaminaire*)	» B.	exempt.	exempt.
— (Minerai de) grillé (*calamine grillée*), pulvérisé ou non.	» B.	exempt.	exempt.
— de première fusion en masses brutes, saumons, barres ou plaques, par nav. fr. et par terre	» B.	exempt.	exempt.
— de première fusion en masses brutes, saumons, barres ou plaques par nav. étrang.	» B.	———	0 25
— laminé*	» N.	50 00	55 00
— débris de vieux ouvrages.—Limailles	» B.	exempt.	0 25
— (Ouvrages en). V. *Ouvrages en métaux*.			
Zostère marine. V. *Plantes alcalines*.			

TARIF GÉNÉRAL.

DROITS DE SORTIE.

		fr. c.
Amandes, noix, noisettes et avelines	100 k. B.	0 25
Argent brut en masses, lingots, ouvrages détruits, etc.	1 k. N.	0 25
— monnayé.	» N.	0 01
Armes de guerre	100 k. B.	0 25
Béliers, brebis et moutons	par tête.	0 25
Bœufs	»	1 00
Bois de noyer brut ou scié de toutes dimensions	100 k. B.	30 00
— de fusil en noyer, achevés ou ébauchés	» B.	30 00
Bourre de soie, en masse ou cardée	1 k. B.	0 30
— de soie, filée (fleuret)	» B.	0 05
Bouteilles en cristal ou en verre, pleines ou vides	100 k. B.	0 25
Carton de simple moulage (pâte à papier)		prohib.
Chapeaux de feutre ou de soie	la valeur.	1/4 %
Chardons cardères	100 k. B.	3 00
Chiens de forte race, de Dunkerque aux Rousses exclusivement	par tête.	5 00
— de forte race, par tous autres points	»	0 50
Contrefaçons en librairie		prohib.
Cornes de bétail, autres qu'en feuillets	100 k. B.	20 00
Drilles		prohib.
Eaux-de-vie	l'hectol. d'alc. pur.	0 10
Engrais, autres que la poudrette	100 k. B.	2 25
Essence de térébenthine	» B.	0 25
Faïence commune. V. *Poteries.*		
Feutres (chapeaux), *chapeaux de soie compris*	la valeur.	1/4 %
Fleurs artificielles	»	1/4 %
Forte-piano	»	1/4 %
Fourrages: paille, foin et herbes de pâturage de toute espèce	100 k. B.	0 10
Fruits de table et fruits oléagineux dénommés au tarif d'entrée	» B.	0 25
Graines à ensemencer	» B.	0 25
— d'œillette et de colza	» B.	0 25
Huiles fixes pures de graines grasses	» B.	0 25
Légumes verts	» B.	0 25
Liqueurs	l'hect. de liquide.	1 00
Marne	100 k. B.	0 02
Mercerie	» B.	0 25
Meubles, de toute sorte	la valeur	1/4 %
Meules à moudre	la pièce.	4 00
— à aiguiser	»	0 20
Minerai de plomb	100 k. B.	0 25
Moutons	par tête.	0 25
Mules et **Mulets**	»	2 00
Noir animal d'os	100 k. B.	0 25
Œufs de volaille et de gibier	» B.	2 00
Or brut, en masses, lingots, barres, poudre, bijoux cassés, etc.	1 h. N.	0 25
— monnayé	» N.	0 01

		fr. c.
Oreillons autres que rognures et dolures de peaux blanches		prohib.
Ouvrages en fer	100 k. B.	0 25
— de modes	la valeur.	1/4 %
Paille. V. *Fourrages*.		
Papier blanc ou rayé pour musique	100 k. B.	0 25
— peint en rouleaux pour tentures	» B.	
Pâte à papier		prohib.
Parfumeries	» B.	0 25
Peaux brutes fraîches ou sèches, grandes, de vache	» B.	10 00
— brutes, fraîches ou sèches, grandes, autres que de vache	» B.	2 00
— brutes, fraîches ou sèches, petites, de chevreau	» B.	20 00
— brutes, fraîches ou sèches, petites, autres	» B.	2 00
— préparées au tan	» B.	0 25
Pianos. V. *Forte-piano*.		
Porcelaine	» B.	
Porcs	par tête.	
Poteries de terre, faïence commune	100 k. B.	
Poudre à tirer		prohib.
Projectiles de guerre		prohib.
Soie en cocons	1 k. B.	0 30
— teintes, pour tapisserie en pelotons d'un demi-kilog. ou moins et en écheveaux ou bobines pesant au plus 3 décag	» N.	1 00
— teintes, à coudre, en écheveaux ou bobines pesant au plus 3 décag.	» N.	0 10
— teintes, toutes autres	» N.	6 00
— (Bourre de). V. *Bourre*.		
Tabacs en côtes ou en feuilles	100 k. B.	0 25
Tourteaux de graines oléagineuses, de lin et de coton	» B.	0 50
— de graines oléagineuses, autres	» B.	2 25
Vaches	par tête.	0 50
Verres et cristaux non dénommés	100 k. B.	0 25
Vins ordinaires en futailles et en outres	l'hect. de liquide.	0 01
— ordinaires en bouteilles	»	0 05
Toutes autres marchandises	»	exempte*.

TARIF DE L'ALGÉRIE.

Les transports entre la France et l'Algérie ne peuvent s'effectuer que par navires français, sauf le cas d'urgence et de nécessité absolue pour un service public.

Produits algériens. — Conditions à leur importation en France.

Les droits résultant du tarif général de la France sont applicables aux marchandises importées d'Algérie dans la métropole, sauf les exceptions énumérées ci-après (loi du 11 janv. 1851 et décret du 11 février 1860).

Le bénéfice de la franchise est subordonné à la condition que les produits de l'Algérie arriveront en France, par navires français, directement des ports d'Alger, Mers-el-Kébir, Oran, Philippeville, Bone, Mostaganem, Cherchell, Djemmaâ-Ghazaouat, Dellys, Bougie, Gigelly, Arzew, Stora et la Calle. Cette franchise ne sera accordée que dans les ports ouverts à l'importation des marchandises taxées à plus de 20 fr. par 100 kilog.

Produits naturels de l'Algérie admis en franchise à leur entrée en France.

Animaux vivants de race chevaline, bovine, ovine, etc. — Antimoine métallique (régule). — Argent brut.

Bambous. — Bois communs de toutes sortes, bruts, équarris ou sciés. — Bois d'ébénisterie indigène. — Bois de cactus. — Boyaux frais et salés.

Céréales en grains. — Cire brute de toutes sortes. — Cochenille. — Conserves alimentaires. — Corail brut de pêche algérienne. — Cornes de cerf. — Coton en laine. — Crins. — Cuivre pur, ou allié, de première fusion en masses, barres ou plaques, laminé, en barres ou en planches.

Dents d'éléphant. — Drilles. — Drinn en feuilles.

Eaux de fleurs d'oranger. — Écorces à tan. — Écorces propres à la médecine. — Étain brut, battu ou laminé.

Farines de céréales. — Fers : fonte brute non aciéreuse en masses pesant 15 kilog. ou plus ; étiré en barres plates, carrées ou rondes ; platiné ou laminé : noir (tôle); étamé (fer-blanc), plombé, cuivré ou zingué ; acier : en barres de toute espèce ; en tôle de toute espèce. — Feuilles de palmier-nain. — Feuilles propres à la médecine. — Filaments végétaux bruts ou n'ayant subi qu'une préparation analogue au teillage. — Fleurs propres à la médecine. — Fontes brutes, aciéreuses. — Fourrages de toute sorte. — Fruits de table frais, secs ou tapés et confits de toute espèce. — Fruits oléagineux de toute sorte.

Garance en racine, verte ou sèche, moulue. — Gibier, volailles et tortues. — Gommes pures indigènes. — Graines à ensemencer. — Graines d'alpiste. — Graines de sorgho entières. — Graines oléagineuses de toute sorte. — Graisses de bœuf et de mouton (suif brut). — Graisses de poisson de pêche algérienne. — Groisil, ou verre cassé.

Henné en feuilles pour la teinture. — Herbes propres à la médecine. — Huiles d'olive et de graines grasses.

Indigo.

Kermès en grains.

Laines en masse. — Légumes frais et secs. Lichens tinctoriaux. — Liége brut ou simplement râpé.

Marbre brut. — Miel. — Minerais de toute sorte.

Nerfs de bœuf et d'autres animaux.

Oignons de scille marine. — Olives en saumure ou à l'huile. — Opium. — Or brut. — Oreillons, — Orge perlé. — Os, sabots et cornes de bétail.

Pain et biscuit de mer. — Patates. — Peaux brutes. — Pelleteries. — Plomb brut. — Plumes de parure. — Plumes d'oiseaux à écrire. — Poils de Messine. — Poils en masse. — Poissons de mer frais, secs, salés ou fumés, provenant de pêche algérienne. — Pommes de terre. — Poudre d'or.

Racines propres à la médecine. — Résines d'exsudation brutes : résine molle, poix galipot ; épurées : térébenthine, résidus de distillation, brai sec, colophane, résine d'huile. — Ruches à miel renfermant des essaims vivants.

Safran. — Sangsues. — Sels de marais ou de saline et sels gemme ou fossile, sauf *perception du droit de consommation applicable au sel français.* — Soies et œufs de vers à soie. — Soies moulinées. — Soufre non épuré (minerai compris). — Sparte en tiges brutes et battues.

Tabac en feuilles destiné à la régie. — Terres savonneuses.

Zinc laminé.

Produits fabriqués en Algérie admis en franchise à leur entrée en France.

Acide stéarique ouvré (bougies stéariques, etc.). — Alcool de toute sorte. — Armes de luxe damasquinées.

Bijouterie d'or, de vermeil ou d'argent. Blagues à tabac, brodées or, soie et argent, sur cuir ou tissu. — Bourses en soie, façon de Tunis. — Bracelets et cordons en passementerie arabe. — Brosserie de palmier nain ou de drinn.

Cannes en bois de myrte et autres. — Carmin. Carton. — Ceintures algériennes en laine.— Chachias en velours. — Chandelles. — Chapeaux du Sahara en paille ou sparte avec plumes d'autruche. — Chapelets arabes. — Cire ouvrée (bougies, etc.). — Cordages en sparterie et fil d'aloès. — Coussins en cuir ou en velours brodés d'or et d'argent. — Coussins en drap, le drap valant moins de 4 fr. le kilog. — Cuirs tannés.

Eaux d'oranger. — Écharpes algériennes de coton, de laine et de soie brochées d'or. — Essences odorantes de jasmin, de géranium, et toutes autres. — Éventails brodés d'or et d'argent, en plumes d'autruche, en paille. — Extrait colorant de la graine et de la plante de sorgho à l'état liquide.

Farines de céréales. — Ferrailles. — Fichus de soie lamés d'or et d'argent. — Fils de crin, de palmier nain, d'alpha et d'aloès. — Futailles vides.

Gandouras (espèce de grandes tuniques sans capuchon, en laine mélangée de soie, la laine entrant pour moins de moitié dans le mélange).

Haïcks, burnous en laine ou mélangés de laine et de soie.

Instruments de musique arabes.

Joaillerie algérienne.

Laines cardées, peignées et filées. — Lanternes mauresques. — Librairie en feuilles. — Liége ouvré (en bouchons, etc.). — Livres, brochures.

Mémoires et autres écrits imprimés en Algérie. — Meubles de toute sorte.

Nattes de crin, de palmier nain, d'alpha et d'aloès. — Noir animal.

Objets d'histoire naturelle. — Œufs d'autruche peints et garnis. — Orfévrerie d'or, de vermeil ou d'argent. — Ouvrages en bois de toute sorte. — Ouvrages en marqueterie indigène ou en mosaïque arabe.

Paniers à ouvrage en écorce et laine, ou en fil d'aloès. — Paniers et corbeilles de nègres avec franges et tressages en drap. — Pantoufles pour hommes et pour femmes, unies ou brodées, or et argent, sur cuir et sur velours. — Papier. — Parfumeries : eaux distillées et de senteur ; alcooliques, sans alcool ; vinaigres parfumés ; pâtes liquides ou en pains ; savons liquides, en poudre, en pains ou boules ; poudres de senteur, pommades de toute sorte ; fards ; pastilles odorantes à brûler. — Passementerie arabe, laine et soie, or et soie, tout or (la laine entrant pour moins de moitié dans le mélange). — Pâtes alimentaires. — Pâtes à papier. — Peaux préparées. — Pelleteries ouvrées. — Pipes en bois ornées de cuivre. — Plateaux en cuivre ciselé. — Poissons marinés à l'huile. — Porte-cigares. — Porte-monnaie brodés, or ou argent, sur cuir ou sur velours. — Potasse brute. — Poterie grossière, faïence commune. — Poupées en costumes indigènes.

Sellerie indigène.

Tapis algériens mélangés de laine et d'écorce. — Tapis algériens étroits, de grosse laine. — Tresses de crin, de palmier nain, d'alpha et d'aloès. — Tuyaux de pipes.

Vannerie. — Vinaigres. — Vins ordinaires et liqueurs.

Droits à percevoir à l'entrée en France sur les produits algériens ci-après :

			Les 100 kil.	
Soude naturelle			3 f.	60 c.
Savons autres que de parfumerie, blancs ou marbrés composés d'alcalis		et d'huile d'olive ou de graines grasses ou mélangées de graisses animales (L'huile entrant pour moitié au moins dans le mélange des corps gras)	6	80
		(L'huile entrant pour moins de moitié)	5	»
Id.	id.	de graisses animales pures	5	»
Id.	id.	de graisses animales mélangées de résine	3	35
Peaux tannées, corroyées, hongroyées ou autrement apprêtées, teintes		ou vernies	5	»
Id. mégies, chamoisées ou maroquinées			10	»
Liqueurs alcooliques		l'hectolitre	12	50

IMPORTATION EN ALGÉRIE PAR MER.

Le régime du *Tarif général* est applicable à l'importation en Algérie des marchandises ou produits qui ne figurent pas au tableau ci-après.

Les modérations de droit et les assimilations de pavillon stipulées par les traités de commerce ne sont pas applicables en Algérie. Toutefois, il y a exception en faveur des produits de l'Angleterre, de la Belgique et du royaume d'Italie dans les conditions suivantes :

1° Les produits et marchandises de la Grande-Bretagne et de la Belgique sont admis en Algérie au bénéfice des traités des 23 janvier 1860 et 1er mai 1861 ; mais les navires anglais et belges ne cesseront pas d'y être assujettis aux droits de navigation, et, s'il y a lieu, aux surtaxes de pavillon (*Voir, au besoin, page* 89).

2° Sont admis en franchise en Algérie sous pavillon italien, comme par navires français, en vertu du traité de commerce conclu avec les États sardes, le 5 novembre 1850, les bois à construire et à brûler, le bois feuillard, etc., importés directement du royaume d'Italie en Algérie.

REMARQUE. Les produits tarifés par l'ordonnance du 16 décembre 1843 ne sont pas passibles, à l'entrée en Algérie, du décime additionnel. Pour ceux qui se trouvent dans ce cas, le chiffre des droits est précédé d'une (+) dans le tableau ci-après :

		Par navires français.	Par navires étrangers.
		fr. c.	fr. c.
Ardoises. Le mille ou le cent en nombre, selon l'espèce. (V. *le Tarif général*.)		exempte[s].	exempte[s].
Armes de guerre		prohib.	prohib.
Bestiaux : Bœufs, vaches, taureaux, bouvillons et taurillons, génisses, veaux, béliers, brebis et moutons, agneaux, boucs et chèvres, chevreaux, porcs, cochons de lait.	par tête.	exempts.	exempts.
Bitumes solides, purs, mêlés de terre et mastic bitumineux.	100 k. B.	exempts.	exempts.
Bois à brûler du royaume d'Italie, par nav. français ou italiens. Le stère ou le cent en nombre, selon l'espèce.		exempts.	exempts.
— à brûler d'ailleurs. V. *le Tarif général*.			
— à construire du royaume d'Italie, par navires français ou italiens. Le stère ou les 100 m. de longueur, selon l'espèce.		exempts.	exempts.
— à construire, d'ailleurs, bois de noyer. . . . . . . *id*.	»	exempts.	exempts.
— à construire, d'ailleurs, autres. V. *le Tarif général*.			
— en éclisses. V. *le Tarif général*.			
— feuillard du royaume d'Italie, par navires français ou italiens.	le mille en nomb.	exempts.	exempts.
— feuillard, d'ailleurs. V. *le Tarif général*.			
— de fusils en noyer, ébauchés ou achevés.	la valeur.	15 %	15 %
Café des entrepôts de France.	100 k. N.	+42 00	———
— d'ailleurs que des entrepôts de France.	» N.	+45 00	+46 50
Capsules. V. *Munitions de guerre*.			
Carreaux en faïence.	100 k. B.	exempts.	exempts.
Carrobe ou **Carouge**. V. *Fruits*.			
Carton en feuilles, de simple moulage ou pâte à papier.	100 k. N.	150 00	160 00
— autre. V. *le Tarif général*.			
Charbon de bois et de chènevottes du royaume d'Italie, par navires français ou italiens.	le m. cub.	exempt.	exempt.
— de bois et de chènevottes d'ailleurs. V. *le Tarif général*.			
— de terre. V. *Houille*.			
Chaux	100 k. B.	exempte.	exempte.
Chevaux, étalons et juments.	par tête.	exempts.	exempts.
— autres. V. *le Tarif général*.			
Chiffons. V. *Drilles*.			
Cigares et autres tabacs fabriqués	100 k. N.	+40 00	+44 00
Citrons. V. *Fruits*.			
Contrefaçons		prohib.	prohib.
Cuivre (Minerai de)	100 k. B.	exempt.	exempt.
— en tout autre état. V. *le Tarif général*.			
Drilles et chiffons.	100 k. B.	exempt.	1 00
Faïence (Carreaux en). V. *Carreaux*.			

(+) Non passibles du décime.

Article	Unité	Par navires français.	Par navires étrangers.
		fr. c.	fr. c.
Fils de soie. V. *Soies.*			
— autres. V. *le Tarif général.*			
Foin, paille et fourrages.	100 k. B.	+0 50	+0 50
Fruits de table frais : citrons, oranges et leurs variétés, noix de coco, carrobe ou carouge, autres fruits exotiques ou indigènes.	100 k. B.	exempts.	exempts
Graines à ensemencer : de jardin et de fleurs; de garance, de pastel et de chardons cardères ; forestales, de coton, de prairie.	» B.	exempte[a].	exempte[a]
Grès (Poterie de). V. *Poteries.*			
Houille crue.	» B.	exempte.	exempte.
Légumes verts.	» B.	exempts.	exempts.
Mâtereaux, mâts, etc. V. *Bois.*			
Merrains du royaume d'Italie, par navires français ou italiens. le mille	en nomb.	exempts.	exempts.
— d'ailleurs. V. *le Tarif général.*			
Minerai de cuivre. V. *Cuivre.*			
— en tout autre état. V. *le Tarif général.*			
Mules et **Mulets**.	par tête.	exempts.	exempts.
Munitions de guerre : poudre à tirer, capsules de poudre fulminante, projectiles.		prohib.	prohib.
Noix de coco. V. *Fruits.*			
Noyer (Bois de). V. *Bois.*			
Oranges. V. *Fruits.*			
Pâte à papier.	100 k. N.	150 00	160 00
Paille. V. *Foin, etc.*			
Pierres à bâtir.	100 k. B.	exempte[a].	exempte[a].
Piment en grain ou moulu.	» N.	15 00	16 50
Plants d'arbres.	» B.	exempts.	exempts
Poterie de grès fin, en blanc, *platerie*.	» N.	+27 50	+30 20
— de grès fin, en blanc, *creux*.	» N.	+55 00	+60 20
— de grès fin, imprimée, *platerie*.	» N.	+50 00	+55 00
— de grès fin, imprimée, *creux*.	» N.	+77 50	+83 80
— de grès fin, peinte et décorée.	» N.	+137 50	+146 80
Poudre à tirer. V. *Munitions de guerre.*			
Pouzzolane.	100 k. B.	exempte.	exempte.
Projectiles. V. *Munitions de guerre.*			
Riz. V. *le Tarif général.*			
Sel marin, sel de saline et sel gemme.	100 k. B.	+3 00	+3 30
Soies en cocons.	» B.	exempte[a].	exempte[a].
— écrues grèges, y compris les doupions.	1 k. N.	0 05	0 05
— écrues moulinées, y compris les doupions.	» N.	0 10	0 10
— teintes pour tapisserie, en pelotons d'un demi-kilog. ou moins, et en écheveaux ou bobines, pesant au plus 3 décag.	» N.	3 06	3 30
— teintes à coudre, en écheveaux ou bobines, pesant au plus 3 décag.	» N.	3 06	3 30
— teintes, toutes autres.	» N.	3 06	3 30
— bourre, en masse, écrue.	100 k. B.	exempte[a].	1 00
— bourre, en masse, teinte.	1 k. B.	0 10	0 10
— bourre, cardée, en feuilles et gommée (ouate).	100 k. N.	62 00	67 60
— bourre, cardée, frisons peignés.	1 k. B.	0 10	0 10
— bourre, cardée, toute autre.	» B.	0 10	0 10
— bourre, filée (fleuret) écrue ou azurée.	» N.	1 00	1 10
— bourre filée (fleuret). teinte.	» N.	3 00	3 30
Sucre non raffiné et non assimilé au raffiné, de la Guyane française et des fabriques de la métropole.	100 k. N.	+10 00	——

a Plus la surtaxe d'affrètement de 20 francs ou de 30 francs par tonneau, selon la provenance (*décime compris*).

(+) Non passibles du décime.

		Par navires français.	Par navires étrangers.
		fr. c.	fr. c.
Sucre non raffiné et non assimilé au raffiné, des colonies françaises des Antilles et de la Réunion.	100 k. N.	+10 00	+10 00 (a)
— non raffiné et non assimilé au raffiné, étranger, des entrepôts de France, importé primitivement par navires français, de l'Inde.	» N.	+18 75	
— non raffiné et non assimilé au raffiné, étranger, des entrepôts de France, importé primitivement par navires français, d'ailleurs, hors d'Europe.	» N.	+18 75	
— non raffiné et non assimilé au raffiné, étranger, des entrepôts de France, importé primitivement par navires français des entrepôts.	» N.	+20 00	
— non raffiné et non assimilé au raffiné : étranger, des entrepôts de France, importé primitivement par navires étrangers.	» N.	+20 00	—
— non raffiné et non assimilé au raffiné, étranger, d'ailleurs que des entrepôts de France. V. *le Tarif général.*			
— raffiné, en France.	100 k. N.	+20 00	
— raffiné, dans les colonies françaises. V. *le Tarif général..*			
— raffiné à l'étranger. V. *le Tarif général.*			
Tabacs en feuilles ou en côtes, des entrepôts de France . .	100 k. N.	+20 00	
— en feuilles ou en côtes, d'ailleurs.	» N.	+25 00	+27 50
— fabriqués.	» N.	+40 00	+44 00
Tissus de coton : *purs ou mélangés d'autres matières que la soie ou la laine :*			
— unis ou croisés dits calicots, percales, jaconas, coutils, printanière, etc., écrus, de moins de 15 fils.	1 k. N.	+0 85	+0 90
— unis ou croisés, dits calicots, percales, jaconas, coutils, printanière, etc., écrus, de 15 fils inclusivement à 20 fils exclusivement.	» N.	+1 30	+1 40
— unis ou croisés dits calicots, percales, jaconas, coutils, printanière, etc., écrus, de 20 fils inclusivement à 25 fils exclusivement.	» N.	+2 90	+3 10
— unis ou croisés, dits calicots, percales, jaconas, coutils, printanière, etc., écrus, de 25 fils et au-dessus.	» N.	+8 00	+8 80
— unis ou croisés dits calicots, percales, jaconas, coutils, printanière, etc., blancs, de moins de 15 fils.	» N.	+0 95	+1 00
— unis ou croisés dits calicots, percales, jaconas, coutils, printanière, etc., blancs, de 15 fils inclusivement à 20 fils exclusivement.	» N.	+1 40	+1 50
— unis ou croisés dits calicots, percales, jaconas, coutils, printanière, etc., blancs, de 20 fils inclusivement à 25 fils exclusivement.	» N.	+3 00	+3 30
— unis ou croisés dits calicots, percales, jaconas, coutils, printanière, etc., blancs, de 25 fils et au-dessus. . .	» N.	+8 35	+9 15
— unis ou croisés dits calicots, percales, jaconas, coutils, printanière, etc., teints ou imprim., de moins de 15 fils.	» N.	+1 70	+1 80
— unis ou croisés, dits calicots, percales, jaconas, coutils, printanière, etc.. teints ou imprimés, de 15 fils inclusivement à 20 fils exclusivement..	» N.	+2 50	+2 70
— unis ou croisés, dits calicots, percales, jaconas, coutils, printanière, etc., teints ou imprimés, de 20 fils inclusivement à 25 fils exclusivement.	» N.	+5 00	+5 50
— unis ou croisés, dits calicots, percales, jaconas, coutils, printanière, etc., teints ou imprimés, de 25 fils et au-dessus	» N.	+12 10	+13 30
— **Mouchoirs** écrus.	» N.	+3 15	+3 45
— **Mouchoirs** blancs..	» N.	+3 35	+3 65

(+) Non passibles du décime.

(a) Plus la surtaxe d'affrètement (sans décime).

		Par navires français.	Par navires étrangers.
		fr. c.	fr. c.
Tissus de coton *purs ou mélangés d'autres matières que la soie ou la laine* (suite) :			
— Mouchoirs teints ou imprimés.	1 k. N.	+4 00	+4 40
— Mousselines, gazes, organdis, etc., unis ou brochés, écrus de moins de 12 fils.	» N.	+2 00	+2 20
— Mousselines, gazes, organdis, etc., unis ou brochés, écrus, de 12 fils inclusivement à 16 fils exclusivement. . . .	» N.	+11 65	+12 80
— Mousselines, gazes, organdis, etc., unis ou brochés, écrus, de 16 fils et au-dessus.	» N.	+32 95	+36 20
— Mousselines, gazes, organdis, etc., unis ou brochés, blancs, de moins de 12 fils.	» N.	+2 45	+2 35
— Mousselines, gazes, organdis, etc., unis ou brochés, blancs, de 12 fils inclusivement à 16 fils exclusivement.	» N.	+12 25	+13 45
— Mousselines, gazes, organdis, etc., unis ou brochés, blancs, de 16 fils et au-dessus.	» N.	+33 75	+37 10
— Mousselines, gazes, organdis, etc., unis ou brochés, teints ou imprimés, de moins de 12 fils.	» N.	+3 55	+3 90
— Mousselines, gazes, organdis, etc., unis ou brochés, teints ou imprimés, de 12 fils inclusivement à 16 fils exclusivement.	» N.	+17 00	+18 70
— Mousselines, gazes, organdis, etc., unis ou brochés, teints ou imprimés, de 16 fils et au-dessus.	» N.	+45 40	+49 90
— Mousselines, gazes, organdis, etc., brodés, écrus, de moins de 12 fils.	» N.	+4 00	+4 40
— Mousselines, gazes, organdis, etc., brodés, écrus, de 12 fils inclusivement à 16 fils exclusivement.	» N.	+23 30	+25 60
— Mousselines, gazes, organdis, etc., brodés, écrus, de 16 fils et au-dessus.	» N.	+65 90	+71 60
— Mousselines, gazes, organdis, etc., brodés, blancs, de moins de 12 fils.	» N.	+4 30	+4 70
— Mousselines, gazes, organdis, etc., brodés, blancs, de 12 fils inclusivement à 16 fils exclusivement.	» N.	+24 50	+26 90
— Mousselines, gazes, organdis, etc., brodés, blancs, de 16 fils et au-dessus.	» N.	+67 50	+73 30
— Mousselines, gazes, organdis, etc., brodés, teints ou imprimés, de moins de 12 fils.	» N.	+7 40	+7 80
— Mousselines, gazes, organdis, etc., brodés, teints ou imprimés de 12 fils inclusivement à 16 fils exclusivement.	» N.	+34 00	+37 40
— Mousselines, gazes, organdis, etc., brodés, teints ou imprimés, de 16 fils et au-dessus.	» N.	+90 80	+97 80
— Tulles et dentelles écrus.	» N.	+65 90	+71 60
— Tulles et dentelles blancs.	» N.	+67 50	+73 30
— Tulles et dentelles teints ou imprimés.	» N.	+90 80	+97 80
— Couvertures, bonneterie, rubanerie et passementerie écrues.	» N.	+0 85	+0 90
— Couvertures, bonneterie, rubanerie et passementerie blanches.	» N.	+0 95	+1 00
— Couvertures, bonneterie, rubanerie et passementerie teintes ou imprimées.	» N.	+1 70	+1 80
— *mélangés de soie* de moins de 16 fils.	» N.	+8 40	+9 20
— *mélangés de soie* de 16 fils et au-dessus.	» N.	+18 60	+20 40
— Nankin. V. *le Tarif général.*			
Tissus de laine, purs ou mélangés d'autres matières que la soie, foulés et drapés (draps) valant par mètre. . . . . — moins de 10 francs. .	1 k. N.	+6 90	+7 50
— 10 fr. inclusivt à 20 fr. exclusivt.	» N.	+9 15	+10 05
— 20 fr. inclusivt à 30 fr. exclusivt.	» N.	+11 70	+12 80
— 30 fr. et au-dessus. .	» N.	+16 90	+18 50

(+) Non passibles du décime.

			Par navires français.	Par navires étrangers
Tissus de laine (*suite*) :			fr. c.	fr. c.
— purs ou mélangés d'autres matières que la soie, foulés, légèrement foulés ou non foulés (casimir, mérinos, mousseline, nouveautés, etc.) valant par mètre..	moins de 10 francs. .	1 k. N.	+6 60	+7 20
	10 fr. inclusivt à 20 fr. exclusivt..	» N.	+6 90	+7 50
	20 fr. inclusivt à 30 fr. exclusivt..	» N.	+7 90	+8 60
	30 fr. et au-dessus. .	» N.	+10 80	+11 80
— mélangés de soie.		» N.	+25 85	+28 40
— Couvertures ordinaires.		» N.	+2 40	+2 60
— Couvertures à raies de couleur..		» N.	+4 20	+4 60
— Bonneterie orientale.		» N.	+9 15	+10 05
— Bonneterie autre.		» N.	+6 90	+7 50
— Châles. Mêmes droits que les tissus non foulés, selon l'espèce.		» N.		
— Passementerie et rubanerie. V. *le Tarif général.*				
— Tapis. V. *le Tarif général.*				
— Burail et crépon de Zurich. V. *le Tarif général.*				
— Toile à blutoir, sans couture. V. *le Tarif général.*				
Tourteaux de graines oléagineuses : de lin et de coton. . . .		100 k B.	exempts.	exempts.
— autres.		» B.	exempts.	exempts.
Toutes autres marchandises *prohibées à l'entrée en France : des entrepôts de France.*		la valeur.	20 %	20 %
— *prohibées à l'entrée en France : de l'étranger.*		»	25 %	25 %
— *tarifées à l'entrée en France.* Droits du Tarif général.				

DROITS A LA SORTIE DE L'ALGÉRIE PAR MER ET PAR TERRE.

		fr. c.
Armes de guerre.		prohib.
Bois de noyer brut ou scié de toutes dimensions, bois de fusils en noyer, achevés ou ébauchés	100 k. B.	30 00
Bourre de soie, en masses ou cardée.	1 k. B.	0 30
— de soie, filée (fleuret).	» B.	0 05
Carton de simple moulage (pâte de papier).		prohib.
Drilles et chiffons.		prohib.
Minerai de cuivre.		prohib.
Munitions de guerre : poudre à tirer, capsules, projectiles.		prohib.
Soies en cocons..	» B.	0 30
— teintes (pures ou mélangées) pour tapisserie ; en peloton d'un demi-kilog. ou moins ; et en écheveaux ou bobines pesant au plus 3 déc.	» N.	1 00
— teintes (pures ou mélangées) à coudre, en écheveaux ou bobines pesant au plus 3 décag.	» N.	0 10
— teintes (pures ou mélangées) toutes autres.	» N.	6 00
— bourre de soie en masse, cardée et filée. V. *Bourre.*		
Tourteaux de graines oléagineuses, de lin et de coton.	100 k. B.	0 50
— de graines oléagineuses, autres.	» B.	2 25
Toutes autres marchandises, dénommées au tableau relatif à l'Algérie (importation)..		exemptes.
— non dénommées au tableau relatif à l'Algérie (importation) : *Régime du Tarif général.*		

Importations en Algérie et exportations d'Algérie par les frontières de terre.

I. De la régence de Tunis et de l'empire du Maroc.

IMPORTATIONS.		PRODUITS de la régence de Tunis.	PRODUITS de l'empire du Maroc.
		fr. c.	fr. c.
Bestiaux	par tête.	exempts.	exempts.
Bonnets de laine (bonneterie orientale)	1 k. N.	4 50	2 25
Brenschia de Constantinople (gaze de soie pure)	» N.	15 00	7 50
Burnous en laine (tissus de laine non foulés, valant par mètre moins de 10 fr.)	» N.	3 30	1 65
— en tissus de laine mélangée de soie	» N.	13 00	6 50
Ceintures en laine mélangée de soie	» N.	13 00	6 50
Dattes (Fruits secs ou tapés)	100 k. B.	8 00	4 00
El-Adjah en tissu de coton mélangé de soie, de moins de 16 fils	1 k. N.	4 20	2 10
— en tissu de coton mélangé de soie, de 16 fils et au-dessus	» N.	9 30	4 65
Haïcks en laine avec filets de soie (comme tissus de laine valant par mètre moins de 10 francs)	» N.	3 30	1 65
— en tissu de laine, mélangé de soie	» N.	13 00	6 50
Laines en masse	100 k. B.	exempte*.	exempte*.
Mules et Mulets	par tête.	exempts.	exempts.
Peaux ouvrées (babouches)	100 k. N.	50 00	25 00
— préparées	» N.	20 00	10 00
Scheimbir (Tissu de soie, étoffe pure unie)	1 k. N.	8 00	4 00
Turbans en tissu de coton mélangé de soie, de moins de 16 fils	» N.	4 20	2 10
— en tissu de coton de 16 fils et au-dessus	» N.	9 30	4 65
Autres marchandises. (Même régime et mêmes droits qu'à l'importation par mer sous pavillon étranger.)			

EXPORTATIONS.

Même régime et mêmes droits qu'à l'exportation par mer.

II. Importations en Algérie par les frontières du sud de l'Algérie.

Produits naturels et fabriqués originaires du Sahara et du Soudan	exempts.
— autres	prohibés.

TARIF DE L'ILE DE CORSE.

Les produits du sol français et de l'industrie française expédiés du continent à destination de la Corse ne sont soumis à aucune taxe de sortie et n'acquittent aucun droit à leur entrée dans l'île.

Les produits du sol et des fabriques de la Corse dont les noms suivent peuvent, indépendamment de ceux qui, aux termes du Tarif général, sont exempts de droits à l'importation en France, être admis en franchise sur le continent français, savoir :

1° Chevaux, bœufs et moutons, viande fraîche de boucherie, peaux brutes, laines en masse, crins et poils, soie en cocons, cire jaune non ouvrée, suif brut, miel, engrais, anguilles et dorades salées provenant de Chiurlino, huile extraite des poissons marinés en Corse, cornes, os et sabots de bétail bruts, froment, seigle, maïs, orge, avoine, pommes de terre, haricots, lupins et pois chiches, châtaignes et leurs farines, alpiste et millet, citrons et oranges frais, cédrats salés à l'eau de mer, figues et raisins, amandes en coques ou cassées, olives et noix communes, graines de lin, de pin et de garance, huile d'olive, herbes, fleurs et graines de lavande, mousse marine, perches et échalas, merrains de chêne et de châtaignier, osier en bottes, liége brut ou simplement râpé, calebasses vides, joncs de marais, écorces de tilleul pour cordages, lin et chanvre bruts en tiges, mortina et lichens tinctoriaux, légumes verts, fourrages, plans d'arbres, agaric brut, marbres et granits bruts, vins et vinaigres de vin, eaux minérales, fromages de lait de brebis, dits de *Bruccio*; alcools d'asphodèle, de cactus et autres, vieilles ferrailles, fers forgés en massiaux ou prismes; acier en barres naturel ou de cémentation; (*a*).

2° Brai sec, chanvre et lin teillés et peignés, coussinets en fonte pour chemin de fer, eau-de-vie de baies d'arbousier, fer étiré en barres de toutes dimensions, lorsque l'origine en est constatée, au vu d'échantillons, par les commissaires experts du Gouvernement; fontes en masses pesant plus de 15 kil., goudron, groisil, marbres polis et ouvrés, pâtes alimentaires dites pâtes d'Italie, poissons de mer salés dans les ateliers situés à la résidence des receveurs des douanes, potasses, soies grèges, soude naturelle, tartre brut, marbres sciés, livres imprimés dans l'île de Corse, résines de toutes sortes, peaux tannées et apprêtées, fers forgés en massiaux ou prismes, fontes moulées, aciers de cémentation, essieux bruts pour locomotives ou voitures (*a*),

(*a*) Les marchandises et denrées de l'île de Corse qui sont expédiées en France doivent, pour jouir de la franchise, être accompagnées de certificats d'origine délivrés par les autorités locales, à l'exception, toutefois, de celles qui sont exemptes de droits d'entrée, d'après le Tarif général, dans les ports de la métropole. Les douanes de l'île doivent délivrer, pour ces expéditions, des acquits-à-cautions ou des passavants, suivant les règles prescrites pour le cabotage d'un port à l'autre de France (*Loi du* 6 *mai* 1841. — *Déc. min. des* 31 *août et* 11 *octobre* 1861).

Toutes les autres marchandises et denrées envoyées de l'île de Corse sur le continent français doivent être assujetties à leur entrée aux droits du *Tarif général* comme si elles étaient importées de l'étranger même.

Les produits de la Corse, dont l'admission en franchise sur le continent est autorisée, ne peuvent être importés que par les ports de Toulon, La Seyne, Marseille, Antibes, Cannes, Cette, Agde, Bayonne, Bordeaux, Nantes, Saint-Malo, le Havre, Honfleur, Rouen et Dunkerque. Toutefois, les coussinets en fonte pour chemin de fer et les marbres polis et ouvrés seront également admissibles par les bureaux d'Arles et de Bouc.

Pour toutes les marchandises taxées *au poids*, autres que celles qui figurent au tableau ci-après, on doit, mais *pour l'entrée* seulement, réduire *à moitié* la portion du droit qui excède 5 fr. par 100 kilogrammes.

La surtaxe de navigation doit être proportionnellement réduite pour les droits ainsi modifiés, c'est-à-dire qu'après que le droit principal a été établi, suivant la base indiquée dans le paragraphe précédent, la surtaxe doit être calculée proportionnellement à la quotité de ce droit, de la manière déterminée par l'art. 7 de la loi du 28 avril 1816.

Dans l'application de ces règles, et ainsi que le prescrit l'art. 8 de la loi du 21 avril 1818, on doit ramener les centimes à des nombres décimaux, soit en abandonnant ceux qui n'excèdent pas 5, soit en forçant les autres.

Par exception à ces dispositions, les aciers en barres, les caractères d'imprimerie, l'encre d'impression, l'essence de térébenthine, les ferrailles, les fers en barres, les fontes brutes, les fromages blancs de pâte molle, l'huile d'olive, les légumes secs et leurs farines, les machines à imprimer sur caractères, le papier, les pâtes d'Italie, les peaux brutes fraîches et sèches, les semoules en pâtes, le stockfisch et la térébenthine, doivent acquitter les droits portés au *Tarif général.*

Les marchandises réexportées *par navires français*, des entrepôts de l'Empire à destination de la Corse, doivent, à leur arrivée dans l'île être traitées, sous le rapport des surtaxes, comme elles l'auraient été à la sortie de ces mêmes entrepôts en raison de leur provenance primitive, si, au lieu d'être dirigées sur la Corse, elles avaient été déclarées pour la consommation. Toutefois, dans le cas où ces marchandises auraient été originairement importées en France par navires étrangers, elles devraient être considérées à leur arrivée en Corse comme provenant des entrepôts d'Europe.

Quant aux marchandises étrangères réexportées des entrepôts de l'Empire à destination de la Corse *par navires étrangers*, elles doivent supporter la surtaxe de navigation afférente aux importations par navires étrangers, quel que soit le pavillon sous lequel elles ont été primitivement importées.

Les dispositions des traités de navigation et de commerce sont, de tous points, applicables en Corse, au même titre et sous les mêmes conditions que dans les autres parties de l'Empire.

Restrictions d'entrée *et* de tonnage.— Les marchandises qui, dans le tableau ci-après comme au Tarif général, sont marquées d'un astérisque * ne peuvent être importées en Corse que par les seuls bureaux de Bastia, Bonifacio, Ajaccio, Calvi, l'Ile Rousse, Macinaggio, Porto-Vecchio, Propriano, Saint-Florent, Centuri et Sagone. En outre, les marchandises dénommées dans l'art. 22 de la loi du 28 avril 1816 ne peuvent être admises *par ces mêmes bureaux* que lorsqu'elles y arrivent sur des bâtiments de 20 tonneaux et au-dessus : ces marchandises sont celles qui sont marquées de deux astérisques ** au *Tarif général*.

Importation en Corse.

Le *Tarif général* est applicable à l'importation en Corse sauf les modifications suivantes :

		Par tout pavillon.
		fr. c.
Bestiaux, bœufs	par tête.	1 00
— vaches	»	0 30
— taureaux	»	1 00
— bouvillons et génisses	»	0 30
— veaux	»	0 15
— béliers, brebis et moutons	»	0 25
— agneaux	»	0 10
— boucs et chèvres	»	exempts.
— cheveaux	»	exempts.
— porcs, pesant plus de 15 kil.	»	0 25
— porcs, pesant 15 kil. ou moins (cochons de lait)	»	0 10
Viande de porc salée	100 k. B.	0 50

		Par navires français	Par navires étrangers.
		fr. c.	fr. c.
Fromages de Sardaigne	100 k. B.	5 00	5 50
— autres	» B.	10 00	11 00
Poissons de pêche étrangère autres que marinés	» N.	15 00	16 50
Riz	» B.	1 00	1 10
Châtaignes	» B.	exempte*.	0 50
Semoules en gruau (*grosse farine*). (Mêmes droits que les farines selon l'espèce.)			
Denrées coloniales de consommation* tabacs en feuilles	» N.	60 00	65 50
— coloniales de consommation* autres. (Moitié des droits portés au *Tarif général* pour tous les articles compris sous cette dénomination).			
Feuilles de myrte	» B.	exempte*.	exempte*.
Tabac fabriqué*	» N.	100 00	107 50
Tissus de lin ou de chanvre* dentelles	la valeur.	2 1/2 %	2 1/2 %
— de lin ou de chanvre* autres. (Moitié des droits portés au *Tarif général* pour tous les articles compris sous cette dénomination).			
— de fleuret	1 k. N.	1 00	1 10

Exportations de Corse.

		fr. c.
Béliers, brebis et moutons	par tête.	0 25
Bœufs	»	1 00
Châtaignes	100 k. B.	0 25
Feuilles de myrte	» B.	0 50
Porcs pesant plus de 15 kil.	par tête.	0 25
Vaches	»	0 50
Autres marchandises dénommées au tarif de la Corse (Importation) (*a*).		exempte*.

(*a*) Celles qui n'y sont pas dénommées suivent à leur sortie de Corse les conditions du Tarif général (Droits de sortie).

DISPOSITIONS relatives à certains produits importés des ÉTABLISSEMENTS FRANÇAIS situés au delà du cap de Bonne-Espérance (autres que ceux de l'Inde) et dans l'Océanie.

SAVOIR:

MADAGASCAR, MAYOTTE, NOSSIBÉ, TAITI.

I. Modérations de droits réservées exclusivement aux produits des Établissements français ci-dessus dénommés.		Droits d'entrée en France.
		fr. c.
Sucre** non raffiné et non assimilé au raffiné, jusqu'au 30 juin 1864 . .	100 k. N.	19 00
— non raffiné et non assimilé au raffiné, du 1er juillet 1864 au 30 juin 1865.	» N.	20 50
— non raffiné et non assimilé au raffiné, du 1er juillet 1865 au 30 juin 1866	» N.	22 00
— non raffiné et non assimilé au raffiné, à partir du 1er juillet 1866 .	» N.	25 00
— raffiné, jusqu'au 30 juin 1864	» N.	21 50
— raffiné, du 1er juillet 1864 au 30 juin 1865	» N.	23 00
— raffiné, du 1er juillet 1865 au 30 juin 1866	» N.	24 50
— raffiné, à partir du 1er juillet 1866.	» N.	27 50
Cacao (*fèves et pellicules*)**.	» N.	20 00
Café**.	» N.	+36 00
Girofle** clous (*fleurs*).	1 k. N.	exempt.
— griffes (*pédoncules*).	» N.	exempt.
Vanille** (*a*).	» N.	exempte.
Coton** en laine, et non égréné.	100 k. N.	exempt.
Eaux-de-vie de mélasse** (*rhum et tafia*) (*a*).	l'hect. d'alc. pur.	exempte*.

II. Droits applicables quelle que soit l'origine des produits :

Graines oléagineuses**.	100 k. B.	exempte*.
Huiles de palme de coco, de touloucouna et d'illipé**.	» B.	exempte*.
Poivre**, **Thé****, **Indigo****. (Droits du tarif général.).		
Produits non spécifiés ci-dessus, naturels**. (Les 4/5 des droits applicables à la provenance la plus favorisée autre que les colonies françaises et les pays situés au delà des îles et passages de la Sonde.		
— non spécifiés ci-dessus, fabriqués**. (Conditions du *Tarif général*.)		

+ Décimes compris.

(*a*) Cette exemption n'est applicable qu'à la vanille et aux eaux-de-vie de mélasse de *Mayotte* seulement. (*Circ.* nos *304 et 612.*)

TARIF

RÉSULTANT DES TRAITÉS CONCLUS :

1° ENTRE LA FRANCE ET LA GRANDE BRETAGNE (1)

(23 janvier 1860) ;

2° ENTRE LA FRANCE ET LA BELGIQUE (2)

(1er mai 1861).

(Le décret du 29 mai 1861 ayant rendu communes à l'Angleterre les dispositions du traité de commerce avec la Belgique, on a cru devoir, pour faciliter les recherches, réunir ici en un seul les deux tarifs conventionnels).

DISPOSITIONS GÉNÉRALES.

Algérie. — Les dispositions des traités franco-anglais et franco-belge sont applicables à l'Algérie, tant pour l'exportation des produits de cette possession que pour l'importation des marchandises anglaises ou belges. Seulement, les importateurs en Algérie sont libres d'opter pour l'application du tarif colonial, lorsque celui-ci leur paraîtra plus favorable, comme par exemple en ce qui concerne *la houille*.

Les produits venus en Algérie, d'Angleterre, sous pavillon anglais, ou de Belgique sous pavillon belge, seront soumis à la surtaxe et acquitteront les droits inscrits à la deuxième colonne du Tarif ci-après.

Bureaux d'entrée.—Les bureaux d'entrée désignés à titre général par les lois, ordonnances ou décrets à l'égard des marchandises spécifiées par le tarif général, demeurent ouverts à celles de ces marchandises d'origine britannique ou belge qui seront importées d'Angleterre ou de Belgique.

Les produits ci-après dénommés d'origine ou de manufacture anglaise ou belge, ne pourront être importés, soit par mer, soit par terre, que par les bureaux ouverts à l'importation :

(1) Les produits des îles de Jersey et de Guernesey, sont admis au même traitement que les marchandises d'origine ou de manufacture du Royaume-Uni (Décision Minist., 28 janv. 1861).

(2) D'un autre côté, les traités sont applicables à l'île de Corse au même titre et sous les mêmes conditions que dans les autres parties de l'Empire, sous les réserves inscrites au tarif de cette île.

1° Des marchandises taxées à plus de 20 fr. par 100 kilog.

La carrosserie ;

Les cartes à jouer ;

La chicorée brûlée ou moulue ;

La coutellerie ;

Les ouvrages en peau ou en cuir ;

Les ouvrages en crin et en poil de vache, purs ou mélangés ;

Les produits chimiques, les savons ordinaires ;

Les verreries et cristaux ;

Gobeletterie et cristaux blancs et colorés ;

Verres à vitre ;

Verres de couleur, polis ou gravés ;

Verres de montre et d'optique ;

Objets de verre non dénommés ;

2° Des machines et mécaniques ;

Les bâtiments de mer, les coques de bâtiment de mer, les bateaux de rivière ;

3° Des fils de laine ;

Les fils d'alpaga, de lama et de vigogne; les fils de poil de chameau (décr. 1er oct. 1861).

Denrées coloniales importées par terre.—Est levée la prohibition d'entrée par terre édictée, par la loi du 28 avril. 1816, à l'égard des marchandises (denrées coloniales) qui y sont désignées, lesquelles pouvaient déjà, en vertu du traité du 27 février 1854, être importées de Belgique par Lille et Valenciennes. Ces marchandises, sur toute l'étendue de la frontière belge, ne seront plus soumises qu'à la restriction édictée par l'art. 20 de la loi du 28 avril 1816.

Fils de coton, fils de laine.—Les ports de Marseille, Bordeaux, Nantes, Rouen, le Havre, Dieppe, Boulogne, Calais, Dunkerque, et les bureaux de douane de Turcoing, Roubaix, Lille, Valenciennes, Paris, Mulhouse et Lyon, sont ouverts à l'importation des fils de coton et de laine de toute sorte, d'origine anglaise ou belge (décret du 1er oct. 1861).

Tissus taxés à la valeur.—Les douanes de Bordeaux, le Havre, Lille, Lyon, Marseille, Mulhouse, Nantes, Paris et Rouen, sont seules ouvertes à l'importation directe et à l'*acquittement* des tissus anglais et belges taxés à la valeur.

Les autres ports de France et les autres bureaux de la frontière de Belgique déjà ouverts au transit des marchandises non prohibées, pourront recevoir les mêmes tissus d'origine britannique ou belge, mais seulement pour le transit, ou pour être dirigés, sous plomb, et par acquit-à-caution, sur l'une des douanes désignées dans le § précédent et qui seules vérifieront ces marchandises et percevront les droits d'entrée.

L'acquittement des droits d'entrée sur les tissus belges ou anglais importés dans les conditions des traités franco-anglais et franco-belge, ne pourra avoir lieu en Algérie que dans le port d'Alger.

Certificats d'origine.—Pour établir que les produits pour lesquels on demandera le bénéfice des traités sont d'origine ou de manufacture britannique ou belge, l'importateur devra présenter à la douane un certificat constatant cette origine.

Il est inutile de produire une justification d'origine : 1° pour les marchandises venant soit d'Angleterre, soit de Belgique, qui sont exemptes de droit, d'après le

Tarif général ; 2° pour les produits de la librairie (livres, musique, gravures, photographies, etc.) ; 3° pour les objets usagers et les mobiliers importés par des voyageurs ou des étrangers qui viennent s'établir en France ; 4° pour les objets rapportés d'Angleterre ou de Belgique par des voyageurs, lorsqu'il sera reconnu que ces objets sont hors de commerce, destinés à l'usage des importateurs, et en rapport avec leur condition et l'importance de leurs bagages.

En dehors de ces exceptions, les marchandises non accompagnées de certificats d'origine seront soumises au régime du *Tarif général.*

La douane française admet comme valables justifications d'origine les certificats dans les conditions suivantes :

Pour l'Angleterre :

1° Déclaration de l'expéditeur dont la douane anglaise a donné acte, sans constater autrement l'origine du produit ;

2° Déclaration officielle faite devant un magistrat britannique siégeant au lieu d'expédition ou d'embarquement ;

3° Certificat directement délivré par les consuls ou agents consulaires de France ;

4° Certificat des commissaires anglais chargés de la réception des assermentations, (commissioners to administer oaths in chancery in England).

Pour la Belgique :

1° Déclaration de la douane belge constatant l'origine du produit ;

2° Certificat d'un magistrat local (bourgmestre, juge de paix, etc.) ;

3° Certificat direct du consul ou de l'agent consulaire de France.

Ces documents doivent les uns et les autres être visés et légalisés par le consul ou agent consulaire de France du point d'expédition, d'embarquement ou de la circonscription.

Les certificats d'origine pourront être spéciaux pour une seule partie des marchandises ou collectifs pour plusieurs parties.

Le commerce n'est pas tenu de fournir la traduction légale des certificats écrits en langue anglaise à moins qu'il n'y ait matière à doute sur leur contenu.

MARCHANDISES TAXÉES A LA VALEUR. *Factures.* — L'importateur d'une marchandise d'origine et de manufacture britanniques ou belges, taxée *ad valorem*, devra joindre à sa déclaration écrite, énonçant la valeur de cette marchandise, et au certificat d'origine, une facture qui en indique le prix réel au lieu d'achat. Cette facture qui devra émaner du fabricant ou du vendeur, sera visée par un consul ou agent consulaire de France.

La douane pourra en outre se faire représenter les connaissements.

Base de l'estimation. — Les droits *ad valorem*, seront calculés sur la valeur, au lieu d'origine ou de fabrication de l'objet importé, augmentée des frais de transport, d'assurance et de commission nécessaires pour l'importation en France jusqu'au lieu d'introduction. (1)

(1) On a élevé la question de savoir, notamment à l'égard des importations effectuées d'Angleterre, si la valeur à déclarer par les intéressés devait comprendre, ou non, l'escompte ou les remises de diverses sortes qui peuvent être accordés par le vendeur.

Dans la Grande-Bretagne, notamment, ce qu'on entend par escompte ne consiste pas seulement, comme en France, dans une remise limitée et peu variable

Si, au lieu d'être livrée immédiatement à la consommation, la marchandise taxée *ad valorem*, était mise en entrepôt ou expédiée en transit ou en mutation d'entrepôt sur un autre point du territoire pour être acquittée ultérieurement, la valeur déclarée et admise à l'entrée pourrait être plus tard modifiée. Ce sera toujours la *valeur actuelle*, au moment de la déclaration d'acquittement, qui servira de base à l'application du droit.

Expertise. Préemption. — La convention complémentaire conclue, le 12 oct. 1860, avec l'Angleterre (art. 6, 7, 8) et les art. 20, 21, 22 et 23 du traité de commerce avec la Belgique, ont armé la douane du *droit de préemption*, lorsqu'elle juge que la valeur déclarée est inférieure à la valeur réelle, et institué l'*expertise* comme une double garantie, d'une part, contre l'abus du droit de préemption au préjudice

d'une portion du prix en vue du payement à opérer au comptant ou à brève échéance. D'après divers usages et dans certains centres manufacturiers, des fabricants britanniques ont conservé à leurs produits la valeur nominale qu'ils avaient il y a de longues années ; seulement, dans les factures qu'ils délivrent à leurs acquéreurs, ils font une déduction de 5, 10, 15, 20, 25 p. 100 et plus, qui a pour but de ramener les choses à la réalité. Suivant d'autres usages encore, des maisons nouvellement établies, ou dont la marque et le nom ne sont pas très-connus ou placés sur le même rang que ceux d'autres industriels, accordent aussi, quel que soit d'ailleurs le mérite relatif de leurs produits, un rabais dont la quotité est très-variable. Enfin, le terme plus ou moins rapproché dans lequel l'acquéreur doit se libérer donne lieu, soit en Angleterre, soit en Belgique, comme en France, à des concessions de prix plus ou moins larges de la part du vendeur.

On comprend qu'il serait le plus souvent impossible au service d'apprécier la cause, l'origine et l'exactitude de ces sortes de remises quand elles sont mentionnées dans les factures, de bien déterminer le rôle qu'elles jouent par rapport à la valeur réelle des produits. Aussi, tous débats sous ce rapport entre la douane et les intéressés doivent être évités. L'art. 4 de la convention du 12 oct. 1860, conclue avec l'Angleterre, et l'art. 19, § 2, du traité conclu avec la Belgique le 1er mai 1861, portent que les importateurs devront, indépendamment du certificat d'origine, joindre à leurs déclarations une facture indiquant le prix *réel* et émanant du fabricant ou du vendeur. Cette facture, comme il a été entendu très-expressément, ne peut, en aucun cas, avoir d'autre caractère que celui d'un renseignement destiné à éclairer ou à corroborer l'estimation de la douane, sans pouvoir jamais lier celle-ci ou les experts en aucune façon. Au fond, la valeur à déclarer par l'importateur, et celle sur laquelle doit porter le droit, est la valeur normale et régulière du produit dans le pays de production, augmentée des frais ordinaires de transport, d'assurance et de commission, jusqu'à son arrivée ou son débarquement en France. Quand, au lieu du prix net et effectif de la vente, les factures présentées à l'appui des déclarations mentionnent des escomptes ou remises quelconques, la douane ne peut en tenir compte qu'autant qu'ils ne font pas obstacle à ce que le prix régulier puisse être rétabli, de manière que les mêmes produits, quel que soit le déclarant, supportent autant que possible la même somme de droits.

On a demandé également si le montant de l'assurance doit être compris dans la valeur déclarée par l'importateur, alors qu'en fait la marchandise n'aurait pas été assurée. Cette question ne peut qu'être résolue par l'affirmative. En effet, l'importateur qui ne se fait pas assurer est censé s'assurer lui-même, et le risque qu'il court, il en tient compte dans la vente de ses produits. Du reste, et comme on l'a dit déjà, la douane n'a pas à entrer dans le détail des frais relatifs à chaque opération, elle ne peut procéder que d'après des données générales, et s'arrêter, en définitive, à la valeur réelle des objets parvenus en France (Circul. n° 798).

de l'importateur, et, de l'autre, contre les inconvénients des mésestimations au point du vue du trésor public.

Si la douane juge insuffisante la valeur déclarée, elle aura le droit de retenir les marchandises, en payant à l'importateur le prix déclaré par lui augmenté de 5 pour cent. Ce payement devra être effectué dans les quinze jours qui suivront la déclaration, et les droits, s'il en a été perçu, seront en même temps restitués.

L'importateur contre lequel la douane voudra exercer le droit de préemption pourra, s'il le préfère, demander l'estimation de sa marchandise par des experts (1). La même faculté appartiendra à la douane, lorsqu'elle ne jugera pas convenable de recourir immédiatement à la préemption (2).

Les deux arbitres experts seront nommés, l'un par le déclarant, l'autre par le chef local du service des douanes. En cas de partage, ou même au moment de la constitution de l'arbitrage, si le déclarant le requiert, les experts choisiront un tiers arbitre ; s'il y a désaccord, celui-ci sera nommé par le président du tribunal de commerce du ressort. Si le bureau de déclaration est à plus d'un myriamètre du siége du tribunal de commerce, le tiers arbitre pourra être nommé par le juge de paix du canton.

La décision arbitrale devra être rendue dans les quinze jours qui suivront la constitution de l'arbitrage.

Si l'expertise constate que la valeur de la marchandise ne dépasse pas de 5 p. 100 celle qui est déclarée par l'importateur, le droit sera perçu sur le montant de la déclaration.

Si la valeur dépasse de 5 p. 100 celle qui est déclarée, la douane pourra, à son choix, exercer la préemption ou percevoir le droit sur la valeur déterminée par les experts.

Ce droit sera augmenté de 50 p. 100, à titre d'amende, si l'évaluation des experts est de 10 p. 100 supérieure à la valeur déclarée (3).

Les frais d'expertise seront supportés par le déclarant, si la valeur déterminée par la décision arbitrale excède de 5 p. 100 la valeur déclarée ; dans le cas contraire, ils seront supportés par la douane (4).

Déclarations.—Les déclarations doivent contenir toutes les indications nécessaires pour l'application des droits. Ainsi, outre la nature, l'espèce, la qualité, la provenance et la destination de la marchandise, elles doivent énoncer le poids, le nombre, la mesure ou la valeur, suivant le cas.

Si, par suite de circonstances exceptionnelles, le déclarant se trouve dans l'impossibilité d'énoncer la quantité à soumettre aux droits, la douane pourra lui per-

(1) Ceux-ci devront être choisis de préférence parmi les fabricants ou marchands d'objets similaires de ceux qui devront être estimés (Circul. n° 704).

(2) Toutes les fois que la douane, ou l'importateur, réclamera l'expertise, l'un ou l'autre, suivant le cas, notifiera par écrit ses intentions à la partie adverse, aussitôt après la reconnaissance des marchandises. Cette notification, qui devra avoir lieu dans les vingt-quatre heures qui suivront la reconnaissance, sera faite dans la forme administrative par le receveur du bureau où la déclaration aura été enregistrée (Circul. n° 704).

(3) A l'égard du supplément de 50 p. 100 du droit, exigible comme pénalité, la marchandise pourra être retenue jusqu'à ce que l'importateur ait acquitté l'amende ou fourni caution.

(4) En cas de contestation sur le chiffre de ces frais, ils seront arbitrés par le président du tribunal.

mettre de vérifier lui-même, à ses frais, dans un local désigné ou agréé par elle, le poids, la mesure ou le nombre ; après quoi l'importateur sera tenu de faire la déclaration détaillée de la marchandise dans les délais voulus par les règlements généraux.

Restrictions d'emballage. — Les fils et tissus de coton, les fils de laine, les fils d'alpaga, de lama et de vigogne, ainsi que les fils de poil de chameau, ne pourront être importés, tant par mer que par la frontière de terre, qu'en colis ne renfermant que des tissus d'une même espèce ou que des fils d'une même espèce et d'une même classe (Décret du 1er oct. 1861).

Les mêmes restrictions d'emballage sont applicables, d'après la législation générale, aux fils et aux toiles de lin ou de chanvre.

La douane pourra tolérer que des outils diversement taxés soient placés dans le même colis, sauf aux importateurs à séparer les catégories de manière à prévenir les lenteurs d'une vérification qui devrait être précédée du triage des objets. Il est entendu que les déclarations devront toujours, conformément aux prescriptions générales, indiquer le poids distinct de chaque catégorie (*Circ.* 704).

Restrictions d'entrée. V. *Bureaux d'entrée.*

Surtaxes.—Les produits non originaires d'Angleterre ou de Belgique, c'est-à-dire ceux qui n'appartiennent pas notoirement à la production de ces deux pays ou qui ne seront pas accompagnés de certificat d'origine, doivent, qu'ils soient importés par navire français ou anglais, français ou belges, être soumis, en dehors du régime conventionnel d'entrée, au payement de la surtaxe (*quand il y a surtaxe*) afférente aux importations, soit d'ailleurs que des pays d'origine soit des entrepôts d'Europe, sous pavillon français (1).

Toutefois, par exception, les surtaxes dont il s'agit ne sont pas exigées sur les cotons de l'Inde, sur les laines d'Australie, sur le jute peigné, bien que non originaires d'Angleterre ou de Belgique.

Les produits non originaires de Belgique ou d'Angleterre désignés dans les traités, à l'égard desquels il n'existe pas de droits différentiels de provenance, sont soumis à leur importation directe par mer, d'Angleterre sous pavillon anglais, et de Belgique sous pavillon belge, au droit des importations par navires français.

Dans le cas où des bâtiments tiers importeraient d'Angleterre ou de Belgique des marchandises non originaires de ces pays, ou pour lesquelles il ne serait pas fourni de certificats d'origine, ces marchandises demeureraient soumises aux conditions du Tarif général et acquitteraient le droit des importations par navires étrangers.

A l'importation de Belgique par terre, les produits non originaires de Belgique, spécifiés, ou non, en l'art. 22 de la loi du 28 avril 1816, seront soumis à leur importation en France par terre, soit aux surtaxes de provenance dont sont ou pourront être frappés, d'après le Tarif général, les produits importés en France sous pavillon français *d'ailleurs que des pays d'origine,* soit à la surtaxe afférente aux importations *des entrepôts d'Europe* par navire français. Quant aux pro-

(1) 1° A une surtaxe fixe de 25 centimes par 100 kilogrammes, lorsque ces marchandises sont affranchies de tout droit à l'entrée, ou lorsqu'elles sont taxées à moins de 3 fr. par 100 kilogrammes ;

2° Aux surtaxes édictées par l'art. 7 de la loi du 28 avril 1816, lorsque ces marchandises sont assujetties à un droit de 3 fr. et au-dessus par 100 kilogrammes (Décrets 28 oct. 1860 et 29 mai 1861).

duits non originaires de Belgique importés par terre, et pour lesquels il n'existe aucune taxe différentielle, soit de provenance, soit d'origine, d'après le Tarif général, le droit à appliquer est celui des importations par navires français.

Il est à remarquer seulement que les cotons en laine de l'Inde, la laine d'Australie en masse et le jute peigné seront admis par terre en franchise.

Marchandises avariées. Il a été convenu entre les Hautes Parties contractantes que les droits fixés par les traités ne subiront aucune réduction pour cause d'avarie ou de détérioration quelconque des marchandises.

---

*DROITS D'ENTRÉE applicables à divers produits originaires ou importés d'*ANGLETERRE *et de* BELGIQUE *en vertu des traités franco-anglais des 26 janvier 1826 et 23 janvier 1860 (1) et en vertu du traité franco-belge et de la convention du 1er mai 1861 (2).*

N. B. Pour les droits applicables aux produits *non originaires* du Royaume-Uni ou de la Belgique, suivant qu'ils sont ou non repris dans les conventions précitées, voir à la fin du Tarif franco-anglo-belge (*droits d'entrée*, dernier article).

A		Directement d'Angleterre par navires français ou anglais; de Belgique, par navires français ou belges, et par terre. (*Décimes compris.*)	Par navires tiers. (*Décimes compris.*)
		fr. c.	fr. c.
Abaca brut. V. *Phormium tenax.*			
— (fils d'). V. *Fils.*			
— (tissus d'). V. *Tissus de phormium tenax, etc*,			
Absinthe. V. *Herbes etc., médicinales.*			
Acétates. V. *Produits chimiques*			
Acides' citrique	100 k. B.	exempts.	0 25
— sulfurique	» B.	exempts.	0 25
— nitrique	» B.	exempts.	0 25
— hydrochlorique (*ou muriatique*)	» B.	3 60	3 90
— arsénieux	» B.	exempt.	0 25
— tartrique	» B.	exempt.	0 25
— oxalique	» N.	45 00	46 50
— benzoïque	» B.	exempts.	0 25
— borique	» B.	exempts.	0 25
— oléique. V. *le Tarif Général.*			
— stéarique brut	la valeur.	5 %	5 %
— stéarique ouvré : bougies	»	10 %	10 %
— stéarique ouvré autrement. V. *le Tarif général.*			
— autres acides. V. *Produits chimiques* non dénommés (dernier §).			

(1) Des conventions des 12 octobre et 16 novembre 1860, et des décrets des 29 septembre, 26 et 28 octobre 1860, 27 et 29 mai 1861.

(2) Et des décrets des 27 et 29 mai 1861.

		Directement d'Angleterre par navires français ou anglais; de Belgique, par navires français ou belges, et par terre. (Décimes compris).	Par navires tiers. (Décimes compris).
		fr. c.	fr. c.
Acier en barres, en tôle, filé, etc. V. *Fer*.			
— (ouvrages en). V. *Ouvrages en métaux (acier)*.			
— (pièces d') polies, limées, etc. V. *Machines (pièces détachées)*.			
Agaric préparé (*amadou*). V. *le Tarif général*			
Agates et autres pierres de même espèce, ouvrées*	la valeur.	10 °/o	10 °/o
Aiguilles (*a*) à coudre, *ayant de longueur* moins de 5 centimètres*	100 k. N.	200 00	212 50
— à coudre, *ayant de longueur* 5 centimètres ou plus*	» N.	100 00	107 50
Albâtres *de toute sorte*. Mêmes droits que les *marbres*.			
Albumine*	100 k. B.	exempte.	0 25
Alcools* (*b*) : eaux-de-vie, en bouteilles	l'hect. de liquide.	15 00	15 00
— eaux-de-vie, autrement qu'en bouteilles, d'Angleterre	l'hect. d'alcool pur.	15 00	15 00
— eaux-de-vie, autrement qu'en bouteilles, de Belgique	l'hect. d'alcool pur.	20 00	20 00
— alcool autre, d'Angleterre	l'hect. d'alcool pur.	15 00	15 00
— alcool autre, de Belgique	l'hect. d'alcool pur.	20 00	20 00
Almanachs. V. *Livres*.			
Alpaga (fils d'). V. *Fils*.			
— (tissus d'). V. *Tissus*			
Aluminate de soude. V. *Soude*.			
Aluminium. V. *Produits chimiques*.			
Alun. V. *Produits chimiques non dénommés au Traité*.			
Amadou. V. *Agaric préparé*.			
Ambre gris. V. *le Tarif général*.			
Amidon*	100 k. B.	4 50	4 75
Ancres*	» B.	10 00	11 00
Anis vert. V. *Fruits à distiller*.			
Antimoine (minerai d'). V. *le Tarif général*.			
— sulfuré fondu*	100 k. B.	exempt.	0 25
— métallique ou régule*	» B.	8 00	8 80
Appareils. V. *Machines*.			
Arbres de transmission. V. *Ouvrages en métaux (fonte)*.			
Ardoises. V. *Matériaux*.			
— (pierres d'). V. *Pierres*.			
Argent battu, *en feuilles* (*c*)*. V. *le Tarif général*.			
— (bijouterie et orfévrerie d'). V. *Orfévrerie*.			
Argentan en lingots, battu, étiré, etc. V. *Nickel*.			
— (ouvrages en). V. *Ouvrages en métaux (Nickel)*.			
Armes de commerce (*d*) blanches*	100 k. N.	40 00	44 00
— de commerce à feu*	» N.	240 00	254 50

(*a*) V. la note page 135.—(*b*) V. la note page 135.—(*c*) V. la note page 143.

(*d*) V. la note page 135.—Les bureaux ouverts à l'importation, à l'exportation et au transit des armes *de toute nature* et des pièces d'armes, sont : Bayonne, Bordeaux, Boulogne, le Havre, Jeumont, Lille, Lyon, Marseille, Nantes, Paris, Perpignan, Rouen, Saint-Jean-de-Maurienne, Saint-Louis, Strasbourg, Thionville et Valenciennes.

Les entrepôts de douane qui peuvent recevoir les armes ou les pièces d'armes *de guerre* sont ceux de Bordeaux, Boulogne, du Havre, Lyon, Marseille, Nantes, Paris, Rouen et Strasbourg.

		Directement d'Angleterre par navires français ou anglais; de Belgique, par navires français ou belges, et par terre. (*Décimes compris*).	Par navires tiers. (*Décimes compris*).
		fr. c.	fr. c.
Arsenic (minerai d'). V. *le Tarif général.*			
— métallique. *Ibid.*			
— (sels d'). V. *Produits chimiques.*			
— (sulfure d'). V. *Produits chimiques.*			
Articles confectionnés. V. *Tissus,* selon l'espèce.			
— d'emballage, *ayant déjà servi* (*a*)	100 k. B.	exempts.	0 25
— de ménage en acier. V. *Ouvrages en métaux* (*acier*).			
— de ménage en cuivre. V. *Ouvrages en métaux* (*chaudronnerie*).			
— de ménage en étain. V. *Ouvrages en métaux* (*étain, poterie d'*).			
— de ménage en fer. V. *Ouvrages en métaux* (*fer*).			
— de ménage en fonte. V. *Ouvrages en métaux* (*fonte, poterie de*).			
— de ménage en terre et en porcelaine. V. *Poterie.*			
— de ménage en zinc. V. *Ouvrages en métaux* (*zinc*).			
Avirons. V *Ouvrages en bois.*			
Azur. V. *Cobalt vitrifié.*			

B

Balais communs. V. le *Tarif général.*				
Baleine (Blanc de) et de cachalot. V. *Blanc.*				
— (bougies de blanc de). V. *Bougies.*				
— (Fanons de) bruts. V. *Fanons.*				
— (Fanons de) coupés ou apprêtés. V. le *Tarif général.*				
— (Huile de). V. *Graisses de poisson.*				
Barbotine. V. *Herbes, etc., médicinales.*				
Barreaux en fonte. V. *Ouvrages en métaux* (*fonte*).				
Barres (Fer en —; Acier en —). V. *Fer.*				
Basins. V. *Tissus de coton.*				
Bastings. V. *Cordages.*				
Bateaux de rivière. V. *Bâtiments.*				
Bâtiments (*b*) de mer construits dans le Royaume-Uni, ou en Belgique, non immatriculés *ou* naviguant sous pavillon britannique ou belge	en bois	le tonneau de jauge française.	25 00	25 00
			70 00	70 00
	en fer	*Id.*	45 00	45 00
— Bateaux de rivière *et* Coques de bâtiments de mer	en bois	*Id.*	50 00	50 00
	en fer	*Id.*		
Bâtis de machines en fonte. V. *Ouvrages en métaux* (*fonte*).				
Batiste. V. *Tissus de lin.*				
Bestiaux. V. le *Tarif général.*				
Betteraves. V. le *Tarif général.*				
Beurre. V. le *Tarif général.*				
Bicarbonate de soude. V. *Soude.*				

(*a*) V. la note page 136. — (*b*) V. la note, page 136.

7

		Directement d'Angleterre par navires français ou anglais; de Belgique, par navires français ou belges, et par terre. (*Décimes compris*).	Par navires tiers. (*Décimes compris*).
		fr. c.	fr. c.
Bière*	l'hectol. de liquide.	4 40	4 40
Bijouterie. V. *Orfèvrerie*.			
Bimbeloterie*	la valeur.	40 %	40 %
Biscuit. V. *Poteries porcelaines*.			
— de mer. V. *Tarif général* (*pain*).			
Bismuth (*étain de glace*) (*a*)	100 k. B.	exempt.	0 25
Bitumes de toute sorte (solides). V. le *Tarif général*.			
— de toute sorte (autres). V. *Ibid*.			
Blanc de baleine et de cachalot brut*	100 k. B.	4 00	4 00
— (bougies de). V. *Bougies*.			
Blanc de zinc. V. *Oxydes*.			
Bleu de Prusse. V. le *Tarif général*.			
— (boules de) (*indigue*). V. *Ibid*.			
Blondes. V. *Tissus de coton* et *Tissus de soie*.			
Bois à brûler. V. le *Tarif général*.			
— à construire. V. *Ibid*.			
— de chêne et de noyer bruts, simplement équarris à la hache ou sciés. V. *Ibid*.			
— d'ébénisterie. V. *Ibid*.			
— feuillard. V. *Ibid*.			
— de noyer*, *y compris les bois de fusils achevés ou ébauchés* (*b*)	la valeur.	40 %	40 %
— (nattes et tresses de). V. le *Tarif général*.			
— odorants. V. le *Tarif général*.			
— (ouvrages en). V. *Ouvrages*.			
Bois de teinture en bûches: épine-vinette. V. le *Tarif général*.			
— de teinture en bûches: fustet. V. le *Tarif général*.			
— de teinture en bûches, autres. V. le *Tarif général*.			
— de teinture moulus**	100 k B.	exempts.	0 25
— de teinture (extraits de* noirs et violets	» N.	20 00	22 00
— de teinture (extraits de* rouges et jaunes	» N.	30 00	33 00
Boissellerie. V. *Ouvrages en bois, autres*.			
Boîtes de bois blanc. V. *Ouvrages en bois*.			
Bonbons. Mêmes droits que les sucres bruts.			
Bonneterie de bourre de soie. V. *Tissus de soie*.			
— de coton. V. *Tissus de coton*.			
— de laine. V. *Tissus de laine*.			
— de lin ou de chanvre. V. *Tissus de lin*.			
— de soie. V. *Tissus de soie*.			
Borax. V. *Produits chimiques*.			
Bouchons. V. *Liége ouvré*.			
Bougies d'acide stéarique, de blanc de baleine ou de cachalot, et autres bougies *de toute sorte**	la valeur.	40 %	40 %
Boulons. V. *Ouvrages en métaux*.			
Bourre de soie en masse, cardée et filée. V. *Soie*.			
— (Tissus de). V. *Tissus de soie*.			

(*a*) V. la note, page 137.—(*b*) V. la note, page 141.

		Directement d'Angleterre par navires français ou anglais ; de Belgique, par navires français ou belges, et par terre. (*Décimes compris*).	Par navires tiers. (*Décimes compris.*)
		fr. c.	fr. c.
Bouteilles de grès. V. *Poteries*.			
— de verre. V. *Verres*, etc.			
Boutons autres que de passementerie: communs* et fins*	la valeur.	10 %	10 %
Briques. V. *Matériaux*.			
Broches en acier. V. *Ouvrages en métaux (acier)*.			
Broderies. V. *Tissus de coton, de lin*, selon l'espèce.			
Brôme*	100 k. B.	exempts.	0 25
Brosserie *de toute espèce**	la valeur.	10 %	10 %
Byssus de pinnes-marines*	100 k. B.	exempts.	0 25

C

Câbles et chaînes en fer* (*a*)	100 k. B.	40 00	44 00
— en végétaux. V. *Cordages*.			
Cacao broyé. V. *Chocolat*.			
Cachalot (Blanc de). V. *Blanc de baleine*.			
Cachemires des Indes. V. *Tissus de poils*.			
Cadmium brut	100 k. B.	exempt.	0 25
Cadenas en fer. V. *Ouvrages en fer (serrurerie)*.			
Café**	100 k. N.	55 40	55 40
— faux. V. *Chicorée*.			
Calamine. V. *Zinc*.			
Calamite. V. *Storax*.			
Calorifères. V. *Machines*.			
Cantharides desséchées. V. le *Tarif général*.			
Caoutchouc (Ouvrages en). V. *Ouvrages en caoutchouc, etc.*			
— (Plaques et Rubans de) pour cardes. V. *Machines (pièces détachées)*.			
Capillaires. V. *Herbes, etc., médicinales*.			
Caractères d'imprimerie neufs*	100 k. B.	40 00	44 00
— d'imprimerie vieux* (*b*)	» B.	5 00	5 50
Carbonates de soude. V. *Soude*.			
— autres. V. *Produits chimiques*.			
Cardes non garnies. V. *Machines*.			
— (Plaques et rubans de). V. *Ibid*.			
Carmins *de toute sorte*. V. le *Tarif général*.			
Camphre brut et raffiné**	100 k. B.	2 00	Droits du *Tarif général*.
Carreaux de terre. V. *Matériaux*.			
Carrosserie (*c*).	la valeur.	10 %	10 %
Cartes géographiques (*d*)	100 k. B.	exemptes.	0 25
— à jouer	la valeur.	15 % plus 48 c. par jeu.	15 % plus 48 c. par jeu.

(*a*) V. la note, page 137. — (*b*) V. la note, page 137. — (*c*) V. la note, page 137.

(*d*) Même régime que la librairie. V. *Livres* au *Tarif général*.

		Directement d'Angleterre par navires français ou anglais; de Belgique, par navires français ou belges, et par terre. (*Décimes compris*).	Par navires tiers. (*Décimes compris*).
		fr. c.	fr. c.
Carton en feuilles, *de toute sorte**	100 k. B.	10 00	11 00
— moulé, dit papier mâché*	la valeur.	10 %	10 %
— coupé et assemblé*	»		
Casse confite (*canéfice*); mêmes droits que les sucres bruts.			
Castoreum. V. le *Tarif général*.			
Cendres bleues ou vertes V. le *Tarif général*.			
— végétales vives et lessivées. V. *Ibid*.			
Châles de cachemire des Indes. V. *Tissus de poils*.			
— de laine. V. *Tissus de laine*.			
Chandelles	la valeur.	10 %	10 %
Chanvre brut, teillé et étoupes. V. *Lin*.			
— (Cordages, câbles et cordes de). V. *Cordages, etc.* (*autres*).			
— (Fils de). V. *Fils de lin, etc.*			
— (Tissus de). V. *Tissus de lin, etc.*			
Chapeaux de paille et de Sparte*. V. le *Tarif général*.			
— autres. V. *Ibid*.			
Charnières en tôle. V. *Ouvrages en fer* (*serrurerie*).			
Charpente (Pièces de). V. *Ouvrages en bois*.			
Charronnage (Pièces de). V. *Ouvrages en bois*.			
Chaudières à vapeur. V. *Machines*.			
— découvertes. V. *Ibid*.			
Chaudronnerie. V. *Ouvrages en métaux*.			
Chaussons de lisière. V. *Tissus de laine*.			
Chaussures en caoutchouc. V. *Ouvrages en caoutchouc*.			
— en cuir. V. *Ouvrages en peau*.			
Chaux. V. *Matériaux*.			
Chêne (Bois de). V. *Bois*.			
Chevaux. V. le *Tarif général*.			
Cheveux ouvrés. V. le *Tarif général*.			
Chicorée (Racines de). V. *Racines*.			
— brûlée ou moulue*	100 k. B.	5 00	5 50
Chiffons. V. le *Tarif général*.			
— imprégnés de couleur bleue (maurelle). V. *Ibid*.			
Chien de mer (Peaux de). V. *Peaux*.			
Chlorate de potasse. V. *Produits chimiques*.			
Chlorures d'aluminium, de chaux, etc. V. *Ibid*.			
Chocolat et cacao *simplement broyé**	100 k. N.	35 00	38 50
Chromates. V. *Produits chimiques*.			
Cirage *de toute sorte**	100 k. B.	4 00	4 40
Cire à cacheter*	» N.	30 00	33 00
Cire brute, jaune, brune ou blanche	» B.	1 00	1 25
— ouvrée* (bougies)	la valeur.	10 %	10 %
— ouvrée* (autre) jaune ou blanche	100 k. B.	4 00	Droit du Tarif général.
Citrate de chaux*	100 k. B.	exempt.	0 25
Citron (Écorces de), etc. V. *Herbes, etc., médicinales*.			
Civette. V. le *Tarif général*.			

		Directement d'Angleterre par navires français ou anglais ; de Belgique, par navires français ou belges, et par terre. (Décimes compris).	Par navires tiers. (Décimes compris).
		fr. c.	fr. c.
Clichés (*a*) avec ou sans dessins*	100 k. B.	10 00	11 00
Clous. V. *Ouvrages en métaux*.			
Cobalt (Minerai de). V. le *Tarif général*.			
— vitrifié en masse.—Smalt*	100 k. B.	exempt.	0 25
— vitrifié en poudre.—Azur*	» B.		
— (Safre, et autres composés du)*	» B.		
Coco (Cordages de fibres de). V. *Cordages*.			
— (Huiles de noix de). V. *Huiles fixes pures*.			
— (Noix de). V. *Fruits oléagineux*.			
Cocons (Soie en). V. *Soie*.			
Colle forte*	la valeur.	5 °/o	5 °/o
— de poisson*	100 k. N.	40 00	44 00
Collection (Objets de). V. *Objets*.			
Colonnes en fonte. V. *Ouvrages en métaux* (*fonte*).			
Colza (Graines de)	100 k. B.	exemptes.	0 25
— (Huile de)* V. *Huiles fixes pures*.			
Coques de bâtiments de mer. V. *Bâtiments*.			
Confitures. Mêmes droits que les sucres bruts.			
Coquillages nacrés. V. le *Tarif général*.			
— pleins. V. *Moules*, etc.			
Corail brut. V. le *Tarif général*.			
— taillé non monté. V. *Ibid*.			
Cordages, câbles et cordes de fibres de coco (*bastings*). V. le *Tarif général*.			
— câbles et cordes de sparte, *de tous calibres*, en fils ou tresses battues ou non. V. *Ibid*.			
— câbles et cordes de tilleul et de joncs. V. *Ibid*.			
— câbles et cordes autres*	100 k. N.	15 00	16 50
Cordes métalliques *blanches pour instruments*. V. *Fer* (*acier filé*).			
— métalliques autres. V. *Cuivre* (*filé*).			
Cornes de bétail brutes	100 k. B.	exemptes.	0 25
— de bétail en feuillets *de toutes dimensions* et préparées*. V. le *Tarif général*.			
Cornues à gaz en terre. V. *Poteries*.			
— à gaz en fonte. V. *Ouvrages en métaux* (*fonte*).			
Coton en laine**, de l'Inde (*b*)	100 k. N.	exempt.	Droit du tarif gén.
— en laine**, autre	» N.	3 60	*Id.*
— non égrené**, de l'Inde (*b*)	» B.	exempt.	*Id.*
— non égrené**, autre	» B.	0 90	*Id.*

(*a*) Même régime que les livres.—Voy. l'art. *Livres* au *Tarif général*.

(*b*) Est admis en franchise le coton brut de l'Inde importé : 1° directement des lieux mêmes de production par navires anglais ou belges, et dont le transport direct est justifié par les papiers de bord ; 2° arrivant des entrepôts d'Angleterre sous pavillon anglais ou belge, ou par terre, lorsque la marchandise est accompagnée d'un certificat délivré par les douanes anglaises ou belges, et constatant son origine primitive.

		Directement d'Angleterre par navires français ou anglais; de Belgique, par navires français ou belges, et par terre. (Décimes compris.)	Par navires tiers. (Décimes compris.)
		fr. c.	fr. c.
Coton (*suite*) en feuilles cardées ou gommées (*ouate*)*	100 k. B.	10 00	11 00
— (Fils de). V. *Fils.*			
— (Tissus de). V. *Tissus.*			
Coulants en acier. V. *Ouvrages en métaux* (*acier*).			
Couleurs non dénommées (*a*) sèches, en pâtes ou liquides*	la valeur.	5 %	5 %
Courbes en fer *pour navires*. V. *Ouvrages en métaux* (*fer, — ferronnerie*).			
Coussinets. V. *Ouvrages en métaux* (*fonte*).			
Coutellerie* (*a*)	la valeur	20 %	20 %
Coutils. V. *Tissus de coton ou de lin*, selon l'espèce.			
Couvertures. V. *Tissus de coton, de laine, de soie*, selon l'espèce.			
Crayons simples, en pierre	100 k. B.	1 00	1 25
— composés à gaîne de bois*	la valeur.	10 %	10 %
Crème de tartre. V. *Produits chimiques* (*tartrates*).			
Crêpes. V. *Tissus de soie.*			
Creusets. V. *Poteries.*			
Crins bruts de toute nature, même préparés ou frisés, d'Angleterre et de Belgique	100 k. B.	exempts.	0 25
— bruts de toute nature, même préparés ou frisés, autres. V. le *Tarif général.*			
— (Tissus de). V. *Tissus de crin.*			
— (Ouvrages en). V. *Ouvrages.*			
Cristal de roche brut. V. le *Tarif général.*			
— de roche ouvré	100 k. B.	exempt.	0 25
— de roche monté*. Comme bijouterie et orfèvrerie.			
Cristaux. V. *Verres*, etc.			
— de soude. V. *Soude.*			
— de tartre. V. *Produits chimiques* (*tartrates*).			
Cudbéard. V. *Teintures préparées* (*orseille*).			
Cuivre (Minerai de) (*a*). V. le *Tarif général.*			
— pur ou allié de zinc ou d'étain* : de 1re fusion en masses, barres, saumons ou plaques (*a*)	100 k. B	exempt.	0 25
— pur ou allié de zinc ou d'étain* : laminé ou battu, en barres ou planches (*a*)	» N.	15 00	16 50
— pur ou allié de zinc ou d'étain* : en fils (*a*) : de toute dimension, polis ou non	» N.		
— pur ou allié de zinc ou d'étain* : en fils (*a*) : teints en jaune *imitant la dorure*	» N.	100 00	107 50
— doré ou argenté* (*b*), en masses ou lingots, — battu, tiré ou laminé, — filé sur fil ou sur soie	» N.		
— (Ouvrages en). V. *Ouvrages en métaux.*			
— (Pièces en). V. *Machines* (*pièces détachées*).			
— (Débris de vieux ouvrages en)*	100 k. B.	exempts.	0 25
— Limailles*	» B.		
Cuillers en bois. V. *Ouvrages en bois.*			
Curcuma en poudre. V. le *Tarif général.*			
Cylindres en cuivre rouge (*c*) ou en laiton pour impression, gravés ou non*	100 k. N.	15 00	16 50

(*a*) V. les notes page 138. — (*b*) V. la note, page 139.

(*c*) Ne peuvent être admis que par certains bureaux ouverts à l'importation des machines. — V. *Machines* (note).

Les cylindres en cuivre rouge de *toute origine* destinés pour la gravure, et

D

		Directement d'Angleterre par navires français ou anglais; de Belgique, par navires français ou belges, et par terre. (Décimes compris).	Par navires tiers. (Décimes compris).
		fr. c.	fr. c.
Débris de vieux ouvrages en métaux. V. *Chaque métal.*			
Dégras de peaux	100 k. B.	exempts.	0 25
Dentelles. V. *Tissus de coton, de lin, de laine, de soie,* selon l'espèce.			
— d'or ou d'argent. V. *Tissus de soie (dentelles).*			
Dents de loup	100 k. B.	exemptes.	0 25
— de rots. V. *Machines (pièces détachées).*			
Denrées coloniales. V. *Cacao, café, poivre, sucre, etc.*			
Dérivés de l'essence de houille*	la valeur.	5 %	5 %
Dés à coudre en acier*	100 k. N.	25 00	27 50
Dessins *de toute sorte* sur papier	» B.	exempts.	0 25

E

Eaux distillées. V. *le Tarif général (médicaments composés).*			
— minérales (*gazeuzes et autres*) *cruchons compris*	100 k. B.	exemptes.	exemptes.
— de senteur. V. *Parfumeries.*			
— de-vie. V. *Alcool.*			
Écaussines brutes, taillées ou sciées	100 k. B.	exemptes.	0 25
— sculptées ou polies* : statues modernes	» B.	exemptes.	0 25
— sculptées ou polies* : autres	» B.	0 50	0 75
Écharpes *de cachemire des Indes.* V. *Tissus de poils de chèvre.*			
Écorces de citron, d'orange, etc. V. *Herbes, etc., médicinales.*			
— médicinales. *Ibid.*			
— de quinquina. *Ibid.*			
— à tan. de toute sorte, moulues ou non. V. *le Tarif général.*			
— de tilleul (cordages d'). V. *Cordages.*			
— (tissus d'). V. *Tissus de phormium tenax, etc.*			
Écrous. V. *Ouvrages en métaux.*			
Écuelles en bois. V. *Ouvrages en bois.*			
Émaux. V. *Verres, etc.*			
Emballage (Articles d'). V. *Articles.*			
Encre à écrire, à dessiner ou à imprimer*	100 k. N.	20 00	22 00
Épices préparées : moutarde*	» B.	5 00	5 50
— préparées, sauces*	» N.	25 00	27 50
— préparées, autres. V. *le Tarif général.*			
Épine-vinette. V. *Bois de teinture.*			
Épingles, *de toute sorte**	100 k. N.	50 00	55 00
Éponges, *de toute sorte**	» N.	55 00	55 00
Epsom (sel d'). V. *Produits chimiques (sulfates).*			

n'ayant reçu d'autre main-d'œuvre que celle de masselotte, d'ébarbage et d'alésage, suivent le régime afférent au cuivre de première fusion. (*Circulaire des Douanes,* n° 755.)

		Directement d'Angleterre par navires français ou anglais; de Belgique, par navires français ou belges, et par terre. (*Décimes compris*).	Par navires tiers. (*Décimes compris*).
		fr. c.	fr. c.
Équerres en fer. V. *Ouvrages en métaux (ferronnerie)*.			
Essence de houille et ses dérivés (*a*)	la valeur.	5 °/₀	5 °/₀
Étain (minerai d'). V. *le Tarif général.*			
— en masses brutes, saumons, barres ou plaques	100 k. B.	exempt.	0 25
— allié d'antimoine (*métal britannique*), en lingots (*a*)	» B.	5 00	5 50
— pur ou allié, battu ou laminé*	» B.	6 00	6 60
— poterie et autres ouvrages en étain. V. *Ouvrages en métaux (étain)*.			
— débris de vieux ouvrages en étain	100 k. B.	exempts.	0 25
— (limailles d')	» B.	exempts.	0 25
— de glace. V. *Bismuth.*			
— (sel d'). V. *Produits chimiques.*			
Étiquettes imprimées, gravées ou coloriées*	100 k. B.	exemptes	0 25
Extraits de bois de teinture. V. *Teintures préparées.*			
— de garance. *Ibid.*			
— de quinquina. V. *Médicaments composés.*			
— de viandes. V. *le Tarif général.*			

F

Faïence. V. *Poteries.*			
Fanons de baleine, bruts	100 k. B.	2 00	2 00
— coupés ou apprêtés. V. le *Tarif général.*			
Fards. V. *Parfumeries.*			
Farines. V. le *Tarif général.*			
Faucilles, Faux. V. *Outils.*			
Fer (Minerai de). V. le *Tarif général.*			
Fonte* (*sans distinction de poids*). brute, en masse *et* fonte moulée pour lest de navires	100 k. B.	2 50	2 75
Fonte* (*sans distinction de poids*). épurée, *dite* mazée	» B.	3 25	3 50
— en barres carrées, rondes *ou* plates* (*a*)	» B.	7 00	7 70
— Rails *de toute forme* et *dimension**	» B.	7 00	7 70
— Fers d'angle *et* à T*	» B.	7 00	7 70
— brut en massiaux *ou* prismes, *retenant encore des scories** (*a*)	» B.	5 00	5 50
— feuillard en *bandes d'un millimètre d'épaisseur ou moins**	» B.	5 00	5 50
— Tôles* (*a*). laminées *ou* martelées de plus d'un mill. d'épaisseur, en feuilles *pesant* 200 kilogr. *ou* moins et dont la largeur n'excède pas 1 mètre 20 centim., ni la longueur 4 mètres 50 centim.	» B.	8 50	9 30
— Tôles* (*a*). laminées *ou* martelées de plus d'un mill. d'épaisseur, en feuilles *pesant* plus de 200 kilogr. *ou* bien dont la largeur excède 1 mètre 20 centim., *ou* la longueur 4 mètres 50 centim.	» B.	9 50	10 40

(*a*) V. les notes, page 139.

		Directement d'Angleterre par navires français ou anglais ; de Belgique, par navires français ou belges, et par terre. (*Décimes compris*)	Par navires tiers. (*Décimes compris*.)
		fr. c.	fr. c.
Fers (*suite*).			
— Tôles* (*suite*) minces *et* fers noirs en feuilles, d'un millimètre d'épaisseur ou moins. . .	100k. N.	13 00	14 30
— Tôles* (*suite*) laminées, martelées *ou* minces *et* fers noirs en feuilles, *planes, découpées d'une façon quelconque*. (Droits des tôles et fers noirs en feuilles rectangulaires, *selon l'espèce*, et le dixième en sus)	» N.		
— étamé (*fer-blanc*), cuivré, zingué *ou* plombé (*a*).	» N.	16 00	17 60
— Fils de fer, qu'ils soient *ou* non étamés, cuivrés ou zingués* (*a*) de 5 dixièmes de mill. de diamètre *ou* moins.	» N.	14 00	15 40
— Fils de fer, qu'ils soient *ou* non étamés, cuivrés ou zingués* (*a*) autres	» B.	7 00	7 70
— Acier* (*a*). en barres *de toute espèce*, et feuillard. . .	» N.	15 00	16 50
— Acier* (*a*). en tôle *ou* en bandes brunes, laminées à chaud, *ayant d'épaisseur* plus d'un demi-millim. .	» N.	22 00	24 20
— Acier* (*a*). en tôle *ou* en bandes brunes, laminées à chaud, *ayant d'épaisseur* un demi-mill. *ou* moins.			
— Acier* (*a*). en tôle *ou* en bandes blanches, laminées à froid, *quelle que soit l'épaisseur*.	» N.	30 00	33 00
— Acier* (*a*). filé, *même blanchi pour cordes d'instruments*.			
— Ouvrages en fer et en acier. V. *Ouvrages en métaux*.			
— Limailles *et* pailles. V. le *Tarif général*.			
— Ferrailles* Débris de vieux ouvrages en fer.	» B.	3 25	3 50
— Ferrailles* Débris de vieux ouvrages en fonte.	» B.	2 50	2 75
— Mâchefer et scories de forge.	» B.	exempts.	0 25
Fer-blanc. V. *Fer* (étamé).			
— (Ouvrages en). V. *Ouvrages en métaux* (*en fer, étamé*).			
Fer forgé (Pièces polies, limées, etc., en). V. *Machines* (*pièces détachées*).			
Ferrailles. V. *Fer*.			
Ferrements de portes ou de croisées, en fer. V. *Ouvrages en métaux* (*fer*).			
Ferronnerie. V. *Ouvrages en métaux* (*ferronnerie*).			
Ferrures de charrettes et de wagons. V. *Ouvrages en métaux* (*fer*).			
Feuilles médicinales. V. *Herbes, etc., médicinales*.			
— d'oranger. V. *ibid*.			
— tinctoriales. V. le *Tarif général*.			
Feutres *de toute sorte* *.	La valeur	15 %	15 %
Fiches en tôle. V. *Ouvrages en métaux* (*serrurerie*).			
Fibres de coco (cordages de). V. *Cordages*.			
— de palmier (tissus en). V. *Tissus de phormium tenax*.			
Fils d'acier. V. *Fer*.			
— de fer. V. *Ibid*.			
— de cuivre. V. *Cuivre*.			
Filets de pêche *.	100k. N.	20 00	22 00
Fils d'abaca V. *Fils de phormium tenax*.			

(*a*) V. les notes, page 140.

			Directement d'Angleterre par navires français ou anglais; de Belgique, par navires français ou belges, et par terre. (Décimes compris).	Par navires tiers. (Décimes compris).
			fr. c.	fr. c.

Fils d'alpaga, de **lama** et de **vigogne** purs. (Mêmes droits que les fils de laine.)

— mélangés { de laine, *quelle que soit la proportion du mélange*. (Mêmes droits que les fils de laine pure.)
d'autres filaments quelconques, la laine d'alpaga, de lama *et* de vigogne *dominant en poids*. (Mêmes droits que les fils de laine pure.) }

Fils de coton (*a*).

			Directement d'Angleterre… (fr. c.)	Par navires tiers (fr. c.)
— pur, simples, écrus, *mesurant au 1/2 kilogr.*	20,500 mètres *ou* moins.	100 k. N.	15 00	16 50
	plus de 20,500 mèt.; pas plus de 30,500. .	» N.	20 00	22 00
	plus de 30,500 mèt.; pas plus de 40,500. .	» N.	30 00	33 00
	plus de 40,500 mèt.; pas plus de 50,500. .	» N.	40 00	44 00
	plus de 50,500 mèt.; pas plus de 60,500. .	» N.	50 00	55 00
	plus de 60,500 mèt.; pas plus de 70,500. .	» N.	60 00	65 50
	plus de 70,500 mèt.; pas plus de 80,500. .	» N.	70 00	76 00
	plus de 80,500 mèt.; pas plus de 90,500. .	» N.	90 00	97 00
	plus de 90,500 mèt.; pas plus de 100,500 .	» N.	100 00	107 50
	plus de 100,500 mèt.; pas plus de 110,500.	» N.	120 00	128 50
	plus de 110,500 mèt.; pas plus de 120,500.	» N.	140 00	149 50
	plus de 120,500 mèt.; pas plus de 130,500.	» N.	160 00	170 50
	plus de 130,500 mèt.; pas plus de 140,500.	» N.	200 00	212 50
	plus de 140,500 mèt.; pas plus de 170,500.	» N.	250 00	265 00
	plus de 170,500 mètres	» N.	300 00	317 50
— pur, simples, blanchis (*a*), *mesurant au 1/2 kilogr.*	20,500 mètres *ou* moins.	» N.	17 25	18 90
	plus de 20,500 mèt.; pas plus de 30,500. .	» N.	23 00	25 30
	plus de 30,500 mèt.; pas plus de 40,500. .	» N.	34 50	37 90
	plus de 40,500 mèt.; pas plus de 50,500. .	» N.	46 00	50 60
	plus de 50,500 mèt.; pas plus de 60,500. .	» N.	57 50	62 80
	plus de 60,500 mèt.; pas plus de 70,500. .	» N.	69 00	74 90
	plus de 70,500 mèt.; pas plus de 80,500. .	» N.	80 50	87 00
	plus de 80,500 mèt.; pas plus de 90,500. .	» N.	103 50	111 10
	plus de 90,500 mèt.; pas plus de 100,500 .	» N.	115 00	123 20
	plus de 100,500 mèt.; pas plus de 110,500.	» N.	138 00	147 40
	plus de 110,500 mèt.; pas plus de 120,500.	» N.	161 00	171 50
	plus de 120,500 mèt.; pas plus de 130,500.	». N.	184 00	195 70
	plus de 130,500 mèt.; pas plus de 140,500.	» N.	230 00	244 00
	plus de 140,500 mèt.; pas plus de 170,500.	» N.	287 50	304 30
	plus de 170,500 mètres.	» N.	345 00	362 50
— pur, simples, teints (*a*), *mesurant au 1/2 kilogr.*	20,500 mètres *ou* moins.	» N.	40 00	44 00
	plus de 20,500 mèt.; pas plus de 30,500. .	» N.	45 00	49 50
	plus de 30,500 mèt.; pas plus de 40,500. .	» N.	55 00	60 20
	plus de 40,500 mèt.; pas plus de 50,500. .	» N.	65 00	70 70
	plus de 50,500 mèt.; pas plus de 60,500. .	» N.	75 00	81 20
	plus de 60,500 mèt.; pas plus de 70,500. .	» N.	85 00	91 70
	plus de 70,500 mèt.; pas plus de 80,500. .	» N.	95 00	102 20

(*a*) V. la note, pages 140, 141.

Fils de coton (*suite*) (*a*).

				Directement d'Angleterre par navires français ou anglais ; de Belgique, par navires français ou belges, et par terre. (*Décimes compris*).		Par navires tiers. (*Décimes compris*).	
				fr.	c.	fr.	c.
— pur, simples, teints (*a*) *mesurant au 1/2 kilogr.* (*suite*),	plus de 80,500 mèt.; pas plus de 90,500. .	100 k.	N.	115	00	123	20
	plus de 90,500 mèt.; pas plus de 100,500.	»	N.	125	00	133	70
	plus de 100,500 mèt.; pas plus de 110,500.	»	N.	145	00	154	70
	plus de 110,500 mèt.; pas plus de 120,500.	»	N.	165	00	175	70
	plus de 120,500 mèt.; pas plus de 130,500.	»	N.	185	00	196	70
	plus de 130,500 mèt.; pas plus de 140,500.	»	N.	225	00	238	70
	plus de 140,500 mèt.; pas plus de 170,500.	»	N.	275	00	291	20
	plus de 170,500 mètres.	»	N.	325	00	342	50
— retors (*b*), *en deux bouts* écrus, *mesurant en 1/2 kilogr.*	20,500 mètres *ou* moins	»	N.	19	50	21	40
	plus de 20,500 mèt.; pas plus de 30,500. .	»	N.	26	00	28	60
	plus de 30,500 mèt.; pas plus de 40,500. .	»	N.	39	00	42	90
	plus de 40,500 mèt.; pas plus de 50,500. .	»	N.	52	00	57	10
	plus de 50,500 mèt.; pas plus de 60,500. .	»	N.	65	00	70	70
	plus de 60,500 mèt.; pas plus de 70,500. .	»	N.	78	00	84	40
	plus de 70,500 mèt.; pas plus de 80,500. .	»	N.	91	00	98	00
	plus de 80,500 mèt.; pas plus de 90,500. .	»	N.	117	00	125	30
	plus de 90,500 mèt.; pas plus de 100,500 .	»	N.	130	00	139	00
	plus de 100,500 mèt.; pas plus de 110,500.	»	N.	156	00	166	30
	plus de 110,500 mèt.; pas plus de 120,500.	»	N.	182	00	193	60
	plus de 120,500 mèt.; pas plus de 130,500.	»	N.	208	00	220	90
	plus de 130,500 mèt.; pas plus de 140,500.	»	N.	260	00	275	50
	plus de 140,500 mèt.; pas plus de 170,500.	»	N.	325	00	342	50
	plus de 170,500 mètres	»	N.	390	00	407	50
— pur, retors *en deux bouts* (*suite*), blanchis, *mesurant au 1/2 kilogr.*	20,500 mètres *ou* moins.	»	N.	22	40	24	60
	plus de 20,500 mèt.; pas plus de 30,500. .	»	N.	29	90	32	80
	plus de 30,500 mèt.; pas plus de 40,500. .	»	N.	44	85	49	30
	plus de 40,500 mèt.; pas plus de 50,500. .	»	N.	59	80	65	20
	plus de 50,500 mèt.; pas plus de 60,500. .	»	N.	74	75	80	90
	plus de 60,500 mèt.; pas plus de 70,500. .	»	N.	89	70	96	60
	plus de 70,500 mèt.; pas plus de 80,500. .	»	N.	104	65	112	30
	plus de 80,500 mèt.; pas plus de 90,500. .	»	N.	134	55	143	70
	plus de 90,500 mèt.; pas plus de 100,500 .	»	N.	149	50	159	40
	plus de 100,500 mèt.; pas plus de 110,500.	»	N.	179	40	190	80
	plus de 110,500 mèt.; pas plus de 120,500.	»	N.	209	30	222	20
	plus de 120,500 mèt.; pas plus de 130,500.	»	N.	239	20	253	60
	plus de 130,500 mèt.; pas plus de 140,500.	»	N.	299	00	316	40
	plus de 140,500 mèt.; pas plus de 170,500.	»	N.	373	75	391	20
	plus de 170,500 mètres	»	N.	448	50	466	00
— teints, *mesurant au 1/2 kilogr.*	20,500 mètres *ou* moins	»	N.	44	50	48	90
	plus de 20,500 mèt.; pas plus de 30,500. .	»	N.	51	00	56	00
	plus de 30,500 mèt.; pas plus de 40,500. .	»	N.	64	00	69	70
	plus de 40,500 mèt.; pas plus de 50,500. .	»	N.	77	00	83	30
	plus de 50,500 mèt.; pas plus de 60,500. .	»	N.	90	00	97	00
	plus de 60,500 mèt.; pas plus de 70,500. .	»	N.	103	00	110	60
	plus de 70,500 mèt.; pas plus de 80,500. .	»	N.	116	00	124	30
	plus de 80,500 mèt.; pas plus de 90,500. .	»	N.	142	00	154	60
	plus de 90,500 mèt ; pas plus de 100,500 .	»	N.	155	00	165	20
	plus de 100,500 mèt.; pas plus de 110,500.	»	N.	181	00	192	50

(*a*) V. la note, page 110. — (*b*) V. la note, p. 111.

Désignation	Unités	Directement d'Angleterre par navires français ou anglais ; de Belgique, par navires français ou belges, et par terre. (Décimes compris).	Par navires tiers. (Décimes compris).
Fils de coton (*suite*).		fr. c.	fr. c.
— pur, teints (*suite*), *mesurant au 1/2 kilogr.* plus de 110,500 mèt., pas plus de 120,500.	100 k. N.	207 00	219 80
plus de 120,500 mèt.; pas plus de 130,500.	» N.	233 00	247 10
plus de 130,500 mèt.; pas plus de 140,500.	» N.	285 00	304 70
plus de 140,500 mèt.; pas plus de 170,500.	» N.	350 00	367 50
plus de 170,500 mètres.	» N.	415 00	432 50
— retors, *en trois bouts* ou *plus*, écrus, blanchis *ou* teints (*a*). à simple torsion	Les mille mètres de long.	0 06	0 06
à plusieurs torsions *ou* câblés	Les mille mètres de long.	0 12	0 12
— ourdis en chaîne, écrus, blanchis *ou* teints. (Mêmes droits que les fils de coton *retors en deux bouts*, selon l'espèce et le degré de finesse.)			
— mélangés, le coton *dominant en poids*. (Mêmes droits que les fils de coton pur.)			
Fils de jute* (*a*)			
— pur, écrus, *mesurant au kilogr.* moins de 1,400 mètres..	100 k. B.	7 00	7 70
de 1,400 à 3,700 mètres *exclusivement*. . . .	» B.	9 20	10 10
de 3,700 à 4,200 mètres *idem*.	» N.	10 20	11 20
de 4,200 à 6,000 mètres *inclusivement*.. . .	» N.	15 00	16 50
plus de 6,000 mètres. (Mêmes droits que les fils de lin, *selon la classe*).			
— pur, blanchis ou teints *mesurant au kilogr.* moins de 1,400 mètres.	» B.	10 00	11 00
de 1,400 à 3,700 mètres *exclusivement*. . . .	» N.	13 00	14 30
de 3,700 à 4,200 mètres *idem*.	» N.	15 00	16 50
de 4,200 à 6,000 mètres *inclusivement*.. . .	» N.	22 00	24 20
plus de 6,000 mètres. (Mêmes droits que les fils de lin, *selon la classe*)			
— mélangés, le jute *dominant en poids*. (Mêmes droits que les fils de jute pur, *selon l'espèce* et *la classe*).			
Fils de laine (*a*) **pure,**			
— simples, blanchis ou non, *mesurant au kilogr.* 30,500 mètres ou moins	100 k. N.	25 00	27 50
plus de 30,500 mètres ; pas plus de 40,500. .	» N.	35 00	38 50
plus de 40,500 mètres ; pas plus de 50,500.	» N.	45 00	49 50
plus de 50,500 mètres ; pas plus de 60,500.	» N.	55 00	60 20
plus de 60,500 mètres ; pas plus de 70,500.	» N.	65 00	70 70
plus de 70,500 mètres ; pas plus de 80,500.	» N.	75 00	81 20
plus de 80,500 mètres ; pas plus de 90,500.	» N.	85 00	91 70
plus de 90,500 mètres ; pas plus de 100,500.	» N.	95 00	102 20
plus de 100,500 mètres.	» N.	100 00	107 50
— simples, teints, *mesurant au kilogr.* 30,500 mètres ou moins..	» N.	50 00	55 00
plus de 30,500 mètres ; pas plus de 40,500.	» N.	60 00	65 50
plus de 40,500 mètres ; pas plus de 50,500.	» N.	70 00	76 00
plus de 50,500 mètres ; pas plus de 60,500.	» N.	80 00	86 50
plus de 60,500 mètres ; pas plus de 70,500.	» N.	90 00	97 00
plus de 70,500 mètres ; pas plus de 80,500.	» N.	100 00	107 50
plus de 80,500 mètres ; pas plus de 90,500.	» N.	110 00	118 00
plus de 90,500 mètres ; pas plus de 100,500.	» N.	120 00	128 50
plus de 100,500 mètres.	» N.	125 00	133 70

(*a*) V. les notes, page 141.

			Directement d'Angleterre par navires français ou anglais ; de Belgique, par navires français ou belges, et par terre. (*Décimes compris*).	Par navires tiers. (*Décimes compris*).
			fr. c.	fr. c.
Fils de laine (*a*) (*suite*).				
— Pure, retors, pour tissage, blanchis ou non, *mesurant au kilogr.*	30.500 mètres *ou* moins	100 k. N.	32 50	35 70
	plus de 30,500 mèt.; pas plus de 40,500	» N.	45 50	50 00
	plus de 40,500 mèt.. pas plus de 50,500	» N.	58 50	63 90
	plus de 50,500 mèt.; pas plus de 60,500	» N.	71 50	77 50
	plus de 60,500 mèt.; pas plus de 70,500	» N.	84 50	91 20
	plus de 70,500 mèt.: pas plus de 80,500	» N.	97 50	104 80
	plus de 80,500 mèt., pas plus de 90,500	» N.	110 50	118 50
	plus de 90,500 mèt.; pas plus de 100,500	» N.	123 50	132 10
	plus de 100,500 mètres	» N.	130 00	139 00
— Pure, retors pour tissage, teints. *mesurant au kilogr.*	30,500 mèt. *ou* moins	100 k. N.	57 50	62 80
	plus de 30,500 mèt.; pas plus de 40,500	» N.	70 50	76 50
	plus de 40,500 mèt.; pas plus de 50,500	» N.	83 50	90 10
	plus de 50,500 mèt.; pas plus de 60,500	» N.	96 50	103 80
	plus de 60,500 mèt.; pas plus de 70,500	» N.	109 50	117 40
	plus de 70,500 mèt.; pas plus de 80,500	» N.	122 50	131 10
	plus de 80,500 mèt.; pas plus de 90,500	» N.	135 50	144 70
	plus de 90,500 mèt.; pas plus de 100,500	» N.	148 50	158 40
	plus de 100,500 mèt.	» N.	155 00	165 20
— Pure, retors pour tapisserie, blanchis ou non, *mesurant au kilogr.*	30,500 mèt. *ou* moins	100 k. N.	50 00	55 00
	plus de 30,500 mèt.; pas plus de 40,500	» N.	70 00	76 00
	plus de 40,500 mèt.; pas plus de 50,500	» N.	90 00	97 00
	plus de 50,500 mèt.; pas plus de 60,500	» N.	110 00	118 00
	plus de 60,500 mèt.; pas plus de 70,500	» N.	130 00	139 00
	plus de 70,500 mèt.; pas plus de 80 500	» N.	150 00	160 00
	plus de 80,500 mèt.; pas plus de 90,500	» N.	170 00	181 00
	plus de 90,500 mèt.; pas plus de 100,500	» N.	190 00	202 00
	plus de 100,500 mèt.	» N.	200 00	212 50
— Pure, retors pour tapisserie, teints, *mesurant au kilogr.*	30,500 mèt. *ou* moins	100 k. N.	75 00	84 20
	plus de 30,500 mèt., pas plus de 40,500	» N.	95 00	102 20
	plus de 40,500 mèt.; pas plus de 50,500	» N.	115 00	123 20
	plus de 50,500 mèt.; pas plus de 60,500	» N.	135 00	144 20
	plus de 60,500 mèt.; pas plus de 70,500	» N.	155 00	165 20
	plus de 70,500 mèt.; pas plus de 80,500	» N.	175 00	186 20
	plus de 80,500 mèt.; pas plus de 90,500	» N.	195 00	207 20
	plus de 90,500 mèt.; pas plus de 100,500	» N.	215 00	228 20
	plus de 100,500 mèt.	» N.	225 00	238 70
— mélangée, la laine dominant en poids. Mêmes droits que les fils de laine pure				
Fils de lin ou **de chanvre**.				
— Purs, simples (*b*) écrus, *mesurant au kilogr.*	6,000 mèt. *ou* moins	100 k. N.	15 00	16 50
	plus de 6,000 mèt.; pas plus de 12,000	» N.	20 00	22 00
	plus de 12,000 mèt.; pas plus de 24,000	» N.	30 00	33 00
	plus de 24,000 mèt.; pas plus de 36,000	» N.	36 00	39 60
	plus de 36,000 mèt.; pas plus de 72,000	» N.	60 00	65 50
	plus de 72,000 mèt.	» N.	100 00	107 50

V. la note, page 141. — (*b*) V. la note, page 142.

			Directement d'Angleterre par navires français ou anglais; de Belgique, par navires français ou belges, et par terre. (*Décimes compris*).	Par navires étr. (*Décimes compris*).
Fils de lin ou **de chanvre** (*suite*).			fr. c.	fr. c.
— Purs,	6,000 mèt. *ou* moins.	100 k. N.	20 00	22 00
simples (*a*),	plus de 6,000 mèt.; pas plus de 12,000.	» N.	27 00	29 70
blanchis	plus de 12,000 mèt.; pas plus de 24,000.	» N.	40 00	44 00
ou teints;	plus de 24,000 mèt.; pas plus de 36,000.	» N.	48 00	52 80
mesurant	plus de 36,000 mèt.; pas plus de 72,000.	» N.	80 00	86 50
au kilogr.	plus de 72,000 mèt.	» N.	133 00	142 40
— Purs,	6,000 mètres *ou* moins	100 k. N.	19 50	21 40
retors (*a*)	plus de 6,000 mèt.; pas plus de 12,000.	» N.	26 00	28 60
écrus,	plus de 12,000 mèt.; pas plus de 24,000.	» N.	39 00	42 90
mesurant	plus de 24,000 mèt.; pas plus de 36,000.	» N.	46 80	51 40
au	plus de 36,000 mèt., pas plus de 72,000.	» N.	78 00	84 40
kilogr.	plus de 72,000 mèt.	» N.	130 00	139 00
— Purs,	6,000 mèt. ou moins.	100 k. N.	26 00	28 60
retors (*a*),	plus de 6,000 mèt.; pas plus de 12,000.	» N.	35 10	38 60
blanchis	plus de 12,000 mèt.; pas plus de 24,000.	» N.	52 00	57 40
ou teints;	plus de 24,000 mèt.; pas plus de 36,000.	» N.	62 40	68 00
mesurant	plus de 36,000 mèt.; pas plus de 72,000.	» N.	104 00	111 70
au kilogr.	plus de 72,000 mèt.	» N.	172 90	184 [illegible]
— mélangés, le lin ou le chanvre *dominant en poids*. Mêmes droits que les fils de lin ou de chanvre purs, *selon l'espèce* et *la classe*.		100 k. N.		
Fils de **phormium tenax**, d'**abaca** *et* **d'autres** végétaux filamenteux non dénommés *.		La valeur.	5 %	5 %
— de **poils** de chèvre. V. le *Tarif général*.				
— de poils de chameau, purs. (Mêmes droits que les fils de laine pure.)				
— de poils de chameau, mélangés	de laine, *quelle que soit la proportion du mélange*. (Mêmes droits que les fils de laine pure.)			
	d'autres filaments quelconques, le poil de chameau *dominant en poids*. (Mêmes droits que les fils de laine pure.)			
— autres		100 k. B.	exempts.	0 25
Fleuret (bourre de soie filée). V. *Soie*.				
— (tissus de). V. *Tissus de soie*.				
Fleur de soufre. V. *Soufre*.				
Fleurs artificielles *		» B.	exemptes	0 25
— de lavande. V. *Herbes, etc., médicinales*.				
— d'oranger. V. *ibid*.				
— médicinales. V. *ibid*.				
Fonte. V. *Fer*.				
— pièces en fonte, polies, limées et ajustées. V. *Machines* (*pièces détachées*).				
— (Ouvrages en). V. *Ouvrages en métaux* (*fer*).				
Fourches en bois. V. *Ouvrages en bois*.				
Fournitures d'horlogerie. V. *Horlogerie*.				
Fromages de pâte dure.		» B.	10 00	11 00
— de pâte molle		» B.	3 00	3 30
Fruits à distiller. Anis vert.		100 k. B.	2 00	2 25

(*a*) V. la note, page 112.

		Directement d'Angleterre par navires français ou anglais; de Belgique, par navires français ou belges, et par terre. (Décimes compris).	Par navires tiers. (Décimes compris).
		fr. c.	fr. c.
Fruits à distiller (*suite*) autres. V. le *Tarif général*.			
— oléagineux	100 k. B.	exempts.	0 25
— de table. V. le *Tarif général*.			
Fustet. V. *Bois de teinture*.			
Futailles vides. V. *Ouvrages en bois*.			
G			
Garanceine (extrait de garance)	» B.	exempte.	0 25
Gaze de coton. V. *Tissus de coton* (*pur*).			
— de soie. V. *Tissus de soie* (pure).			
Gazomètres. V. *Machines*.			
Gélatine *	La valeur.	5 %	5 %
Gingembre. V. *Racines médicinales* (*autres*).			
Glaces. V. *Verres, etc.*			
Glauber (sel de). V. *Produits chimiques* (*sulfates*).			
Gobeleterie. V. *Verres*, etc.			
Gonds en fer. V. *Ouvrages en métaux* (*ferronnerie*).			
Graines à ensemencer. V. le *Tarif général*.			
— oléagineuses	100 k. B.	exemptes	0 25
Graisses de poisson	» B.	8 00	8 00
— animales de toute sorte	» B.	exemptes.	0 25
Graphite ou plombagine. V. le *Tarif général*.			
Gravures, lithographies, photographies et dessins de toute sorte, sur papier (a)	» B.	exemptes.	0 25
Grès (Poteries de). V. *Poteries*.			
Grilles de foyer en fonte. V. *Ouvrages en métaux* (*fonte*).			
— en fer plein. V. *ibid.* (*ferronnerie*).			
Gris de zinc. V. *Oxydes*.			
Groisil. V. *Verres, etc.*			
Gui de chêne. V. *Herbes, etc., médicinales*.			
Gutta-percha (Ouvrages en). V. *Ouvrages en caoutchouc, etc.*			
H			
Hameçons de toute espèce *	100 k. N.	50 00	55 00
Herbes, fleurs, feuilles et écorces médicinales … { Absinthe, gui de chêne, feuilles d'oranger et de lierre (*tiges* et *branches comprises*), barbotine *ou* semencine, capillaires, fleurs de lavande *et* d'oranger, *mêmes salées*, *et* écorces de citron, d'orange *et* de leurs variétés. V. le *Tarif général*.			

(a) V. la note, à l'article *Livres* du *Tarif général*. Les gravures, lithographies, etc., sont soumises au même régime, ainsi que les clichés et les planches gravées pour réimpression sur papier.

		Directement d'Angleterre par navires français ou anglais ; de Belgique, par navires français ou belges, et par terre. (*Décimes compris*).	Par navires tiers. (*Décimes compris*).
		fr. c.	fr. c.
Herbes, fleurs, feuilles et écorces médicinales (suite) non dénommées (*écorces de quinquina comprises*)	100 k. B.	2 00	2 25
Homards. V. le *Tarif général.*			
Horlogerie (*a*). Ouvrages montés { horloges en bois * . . / autres. }	La valeur.	5 %	5 %
— (Fournitures d')	» N.	100 00	107 50
Houblon *	» N.	20 00	22 00
Houille. V. le *Tarif général.*			
— (Essence de). V. *Essence de houille.*			
— (Dérivés de l'essence de). V. *Produits chimiques.*			
Huiles fixes pures d'olive *	100 k B.	6 00	6 60
— fixes pures, autres	» B.	6 00	6 60
Huîtres fraîches	Le 1000	1 50	5 00
— marinées. V. le *Tarif général.*			
Hydrochlorate de potasse. V. *Produits chimiques* (*chlorure de potassium*).			

I

Indigo. V. le *Tarif général.*			
Instruments de chimie et de chirurgie * (*a*)	100 k. B.	exempts.	0 25
— de musique, et pièces détachées d'instruments *	la valeur.	10 %	0 %
— d'optique, de calcul, d'observation et de précision * (*a*)	100 k. B.	exempts.	0 25
Iode *	» B.	exempts.	0 25
Iodure de potassium. V. *Produits chimiques.*			
Iris de Florence ouvré *	La valeur.	10 %	10 %
Ivoire brut. V. le *Tarif général.*			
— (Ouvrages en). V. *Tabletterie.*			

J

Joncs et roseaux bruts exotiques. V. le *Tarif général.*			
— bruts d'Europe	100 k. B.	exempts.	0 25
— (Cordages de). V. *Cordages.*			
Jus de citron *	» B.	exempts.	0 25
— de réglisse *	» N.	12 00	13 20
Jute en brins ou teillé. V. le *Tarif général.*			
— peigné (*b*)	» B.	exempt.	Droits du Tarif général.
— (Fils de). V. *Fils.*			
— (Tissus de). V. *Tissus.*			

(*a*) V. les notes, page 142.

(*b*) Est admis en franchise le jute peigné importé : 1° directement des lieux mêmes de production par navires anglais ou belges et dont le transport direct est justifié ; 2° arrivant des entrepôts d'Angleterre sous pavillon français ou anglais, et des entrepôts de Belgique sous pavillon français ou belge, ou par terre, lorsque la marchandise est accompagnée d'un certificat délivré par les douanes anglaises ou belges, et constatant son origine primitive.

		Directement d'Angleterre par navires français ou anglais; de Belgique, par navires français ou belge. et par terre. (Décimes compris.)	Par navires tiers. (Décimes compris.)
		fr. c.	fr. c.

K

Kino. V. *Sarcocolle, etc.*
Kermès animal. V. *Teintures préparées.*

L

Laines en masse, d'Australie (a)	100k B.	exemptes.	3 60
— en masse, d'Angleterre ou de Belgique	» B.	exemptes.	0 25
— en masse, autres. V. le *Tarif général.*			
— peignées, d'Angleterre ou de Belgique.	» N.	25 00	27 50
— peignées, autres. V. le *Tarif général.*			
— teintes *de toutes sortes* d'Angleterre et de Belgique.	» N.	25 00	27 50
— teintes *de toute sorte*, autres. V. le *Tarif général.*			
— (Fils de). V. *Fils.*			
— (Tissus de). V. *Tissus.*			
— (Chiffons de). V. *Chiffons.*			
Lait. V. le *Tarif général.*			
Laiton. V. *Cuivre.*			
Lama (Fils de). V. *Fils d'alpaga*, etc.			
— (Tissus de). V. *Tissus d'alpaga*, etc.			
Laque en teinture ou en trochisques. V. *Teintures préparées.*			
Lavande. V. *Herbes*, etc.			
Légumes salés ou confits au vinaigre. V. le *Tarif général.*			
Lie de vin. V. le *Tarif général.*			
Liége brut et râpé, de toute sorte.	100k. B.	exempt.	0 25
— ouvré (bouchons, etc.). V. le *Tarif général.*			
Lierre, feuilles, tiges. V. *Herbes, etc., médicinales*			
Limailles. V. *chaque métal*, suivant l'espèce de limaille.			
Limes. V. *Outils.*			
Lin et chanvre en tiges, teillés et en étoupes. V. *Tarif général.*			
— peignés.	100kil. B.	exempts.	0 25
— (Fils de). V. *Fils.*			
— (Tissus de). V. *Tissus.*			
Linge de table et linge damassé. V. *Tissus de lin.*			
Linon. V. *Tissus de lin.*			
Liqueurs*	l'hectol. de liquide.	15 00	15 00
Lisières de drap. V. *Tissus de laine.*			
— (Chaussons de). V. *Ibid.*			
Lithographies. V. *Gravures*, etc.			
Lits en fer. V. *Ouvrages en métaux (ferronnerie).*			
Livres (b) en langue française.	100k. B.	exempts.	0 25
— en langues mortes ou étrangères.	» B.	exempts.	0 25
Locomobiles. V. *Machines.*			
Locomotives. V. *Ibid.*			
Loques ou chiffons imprégnés de couleur bleue. V. *Maurelle.*			

(a) Est admise en franchise la laine d'Australie importée : 1° directement des lieux mêmes de production, par navires français, anglais ou belges, et dont le transport direct est justifié par les papiers de bord ; 2° arrivant des entrepôts d'Angleterre sous pavillon anglais ou français, et des entrepôts de Belgique sous pavillon français ou belge, ou par terre, lorsque la marchandise est accompagnée d'un certificat d'origine délivré par les douanes anglaise ou belge, pour constater sa provenance primitive.

(b) V. la note à l'art. *Livres* du *Tarif général.*

Les produits de la librairie sont affranchis du certificat d'origine. (*Circulaire*, n° 787.)

M

		Directement d'Angleterre par navires français ou anglais; de Belgique, par navires français ou belges et par terre. (*Décimes compris.*)	Par navires tiers. (*Décimes compris.*)
		fr. c.	fr. c.
Mâchefer. V. *Fer.*			
Machines et **Mécaniques** (a), *appareils complets :*			
— à vapeur — fixes, avec ou sans chaudières, avec ou sans volants	100 k. N.	10 00	11 00
— à vapeur — pour la navigation, avec ou sans chaudières	» N.	20 00	22 00
— à vapeur — Locomotives ou locomobiles	» N.	15 00	16 50
Tenders de *machines locomotives*	» N.	10 00	11 00
— autres qu'à vapeur — pour la filature	» N.	15 00	16 50
— autres qu'à vapeur — à nettoyer et ouvrer la laine, le lin, le coton, et autres matières textiles	» N.	9 00	9 90
— autres qu'à vapeur — pour le tissage	» N.		
— autres qu'à vapeur — à fabriquer le papier	» N.		
— autres qu'à vapeur — à imprimer	» N.		
— autres qu'à vapeur — pour l'agriculture	» N.		
— autres qu'à vapeur — à bouter les plaques et rubans de cardes	» N.		
— autres qu'à vapeur — Métiers à tulle	» N.		
— autres qu'à vapeur — à sucre, à distiller, de chauffage en cuivre	» N.	15 00	16 50
— autres qu'à vapeur — Cardes non garnies	» N.		
— autres qu'à vapeur — Chaudières à vapeur — en tôle de fer, cylindriques ou sphériques, avec ou sans bouilleurs ou réchauffeurs	» N.	10 00	11 00
— autres qu'à vapeur — Chaudières à vapeur — tubulaires en tôle de fer, à tubes en fer, cuivre ou laiton étirés ou en tôle clouée, à foyers intérieurs, et toutes autres chaudières de forme non cylindrique ou sphérique simple	» N.	15 00	16 50
— autres qu'à vapeur — Chaudières à vapeur — en tôle d'acier, *de toute forme*	» N.	30 00	33 00
— autres qu'à vapeur — Gazomètres, chaudières découvertes, poêles et calorifères en tôle, ou en fonte et tôle	» N.	10 00	11 00

(*a*) Les machines et mécaniques, complètes ou en pièces détachées, ne peuvent être importées que par les bureaux de : Abbeville, Apach, Bellegarde, Bordeaux, Boulogne, Brest, Caen, Calais, Cette, Chambéry, Cherbourg, Dieppe, Dunkerque, Feignies, Forbach, le Havre, Honfleur, Jeumont, Lanslebourg, Lille, Lorient, Marseille, Morlaix, Nantes, Nice, Pont-de-la-Caille, Rochefort, Roubaix, Rouen, Saint-Jean-de-Maurienne, Saint-Louis, Saint-Malo, Saint-Nazaire, Thionville, Toulon, Turcoing, Valenciennes, les Verrières, Vireux et Wissembourg.

L'obligation de produire des plans et des notices à l'appui de la déclaration d'entrée des machines est supprimée, sauf en cas de contestation et lorsque les commissaires-experts du Gouvernement sont appelés à donner leur avis. (*Déc. minist.* 13 juill. 1861.)

		Directement d'Angleterre par navires français ou anglais; de Belgique, par navires français ou belges et par terre. (Décimes compris.)	Par navires tiers. (Décimes compris.)
		fr. c.	fr. c.
Machines et Mécaniques (a) (*appareils complets*) :			
— autres qu'à vapeur (*suite*). Machines-outils et machines non dénommées *contenant* en fonte : 75 pour 100 et plus	100 k. N.	9 00	9 90
— 50 à 75 p. 100 *exclusivement*	» N.	15 00	16 50
— moins de 50 p. 100	» N.	20 00	22 00
Machines et Mécaniques (a), *pièces détachées* :			
— Plaques et rubans de cardes sur cuir, sur caoutchouc ou sur tissus purs ou mélangés	» N.	60 00	65 50
— Dents de rots en fer ou en cuivre	» N.	30 00	33 00
— Rots, ferrures ou peignes à tisser, à dents de fer ou de cuivre	» N.	50 00	55 00
— Pièces en fonte, *polies, limées et ajustées*	» N.	9 00	9 90
— Pièces en fer forgé, *polies, limées* et *ajustées* ou *non, quel que soit leur poids* (y compris les essieux, ressorts et bandages de roues)	» N.	15 00	16 50
— Ressorts en acier pour carrosserie, wagons et locomotives	» N.	17 00	18 70
— Pièces en acier, *polies, limées, ajustées ou non*, pesant : plus d'un kilogramme	» N	30 00	33 00
— un kilogramme ou moins	» N.	40 00	44 00
— Pièces en cuivre pur ou allié de tous autres métaux	» N.	25 00	27 50
— Plaques et rubans de cuir, de caoutchouc et de tissus spécialement destinés pour cardes	» N.	20 00	22 00
Machines (Bâtis de) en fonte. V. *Ouvrages en métaux (fonte)*.			
Magnésie (Carbonate et sulfate de). V. *Produits chimiques*.			
Majolique. V. *Poteries*.			
Manches d'outils en bois. V. *Ouvrages en bois*.			
Manganèse (Minerai de)	100 k. B.	exempt.	0 25
Marbres de toute sorte*. : bruts ou équarris	100 k. B.	1 00	1 25
— sciés, *ayant d'épaisseur* 16 centim. et plus	» B.	1 00	1 25
— sciés, *ayant d'épaisseur* moins de 16 centim.	» B.	1 50	1 75
— sculptés, moulés ou polis : statues modernes	» B.	exemptes.	0 25
— sculptés, moulés ou polis : autres	» B.	1 50	1 75
Marchandises non originaires d'Angleterre. V. le dernier article du présent *Tarif*.			
— non originaires de Belgique. V. le dernier article du présent *Tarif*.			
Massiaux (Fer forgé en). V. *Fer*.			
Matériaux : Chaux. V. le *Tarif général*.			
— Plâtre. V. *Ibid.*			
— Ardoises : de construction, brutes	100 kil. B.	exemptes.	0 25
— pour toiture	le mille en nombre.	4 00	4 00
— en carreaux ou en tables	le cent en nombre.	10 00	10 00
— Pierres d'ardoises. V. *Pierres*.			
— Briques	100 k. B.	exemptes.	0 25
— Tuiles	» B.	exemptes.	0 25

(a) V. la note de la page précédente.

		Directement d'Angleterre par navires français ou anglais; de Belgique, par navires français ou Belges, et par terre (Décimes compris.)	Par navires tiers. (Décimes compris.)
		fr. c.	fr. c.
Matériaux (*suite*). Carreaux de terre (*poterie grossière*) . .	100 k. B.	exempts.	0 25
— Moellons ou pierres de construction, brutes.	» B.		
— Autres matériaux. V. le *Tarif général*.			
Maurelle. V. *Teintures préparées*.			
Médicaments *composés**. Extrait de quinquina	100 k. B.	2 00	Droit du tarif gén.
— Kermès minéral.	» B.		
— autres. V. le *Tarif général*.			
Mélasses* (*a*) pour la distillation.	100 k. B.	exemptes.	0 25
— pour toute autre destination ayant, de richesse saccharine moins de 50 p. 100. .	» N.	11 00	12 10
— pour toute autre destination ayant, de richesse saccharine plus de 50 p. 100. . .	» N.	Droit du sucre brut	Droit du sucre brut
Ménage (Articles de). V. *Articles*.			
Mercerie * *de toute espèce*.	la valeur.	10 %	10 %
Mercure natif.	100 k. B.	exempt.	0 25
Mesures. V. *Poids*, etc.			
Métal britannique. V. *Étain*.			
Métiers à tulle, etc. V. *Machines*.			
Meubles.	la valeur.	10 %	10 %
— en fer. V. *Ouvrages en métaux* (*ferronnerie*).			
Meules à aiguiser.	100 k. B.	exemptes	exemptes.
— à moudre.	» B.	*Id*.	*Id*.
Miel. V. le *Tarif général*.			
Minerais. V. *chaque métal* selon l'espèce.			
— non dénommés. V. le *Tarif général*.			
Miroirs. V. *Verres*, etc.			
Modes (Ouvrages de)*.	100 k. B.	exemptes	0 25
Moellons ou pierres de construction brutes. V. *Matériaux*.			
Mouchoirs. V. *Tissus de lin*, etc.			
Moules et autres coquillages pleins. V. le *Tarif général*.			
Mousselines de coton. V. *Tissus de coton*.			
— de laine. V. *Tissus de laine*.			
Moutarde (Farine *ou* confection de). V. *Epices préparées*.			
Muriate de potasse. V. *Produits chimiques* (*nitrates de potasse*).			
Musc. V. le *Tarif général*.			
Musique gravée.	100 k. B.	exempte.	0 25

N

Nattes. V. *Tresses*, *etc*.			
Nickel * (Minerai de). V. le *Tarif général*.			
— speiss.	» B.	exempts.	0 25
— pur *ou* allié d'autres métaux (*argentan*). . en lingots *ou* masses brutes. .	» B.		
— pur *ou* allié d'autres métaux (*argentan*). . battu, laminé *ou* étiré . . .	» N.	15 00	16 50
— (Ouvrages en). V. *Ouvrages en métaux*.			
Nitrates. V. *Produits chimiques*.			
Noir animal et autres noirs	» B.	exempts.	exempts.
Navires. V. *Bâtiments*.			
Noyer (Bois de). V. *Bois*.			

(*a*) V. la note, page 112.

O

		Directement d'Angleterre par navires français ou anglais : de Belgique, par navires français ou Belges, et par terre. (*Décimes compris.*)	Par navires tiers. (*Décimes compris.*)
		fr. c.	fr. c.
Objets en bois, en métaux, en peau, etc. V. *Ouvrages.*			
— de **collection**, *hors de commerce* * (*a*). V. le *Tarif général.*			
— de ménage en grès, en faïence, en porcelaine. V. *Poteries.*			
Or (Bijouterie et orfèvrerie d'). V. *Orfèvrerie.*			
— battu, *en feuilles* * (*a*)	1 k. N.	50 00	55 00
Orange (Écorce d'). V. *Herbes, etc., médicinales.*			
Oranger (Feuilles ou fleurs d'). V. *ibid.*			
Oreillons	100 k. B.	exempts.	exempts.
Orfèvrerie et bijouterie d'or, d'argent, de platine ou d'autres métaux * (*a*)	» N.	500 00	517 50
Orseille. V. *Teintures préparées.*			
Os et sabots de bétail, bruts ou calcinés à blanc	» B.	exempts.	0 25
Ouate. V. *Coton.*			
Outils en fer pur, *emmanchés* ou *non* *	» N.	12 00	13 20
— en fer rechargé d'acier, *emmanchés* ou *non* *	» N.	18 00	19 80
— en acier pur (*a*) (*faux, faucilles, limes, scies circulaires* ou *droites*, et *autres non dénommés*) *	» N.	40 00	44 00
Outremer *	» N.	21 75	23 90
Ouvrages en **acier**. V. *Outils et ouvrages en métaux.*			
— en **bois**. Futailles vides (*b*) montées *ou* démontées, cerclées en bois	» B.	exemptes.	0 25
— en **bois**. Futailles vides (*b*) montées *ou* démontées, cerclées en fer	La valeur.	10 %	10 %
— Balais communs. V. le *Tarif général.*			
— Avirons (*b*)	100 k. B.	exempts.	0 25
— Pelles, fourches *et* râteaux en bois	» B.	exempts.	0 25
— Plats, cuillers, écuelles *et* autres articles de ménage en bois	» B.	exempts.	0 25
— Manches d'outils en bois, *avec* ou *sans virole*	» B.	exempts.	0 25
— Pièces de bois, *brutes* ou *façonnées*, de charpente (*b*)	» B.	exempts.	0 25
— Pièces de bois, *brutes* ou *façonnées*, de charronnage	» B.	exempts.	0 25
— Boîtes de bois blanc *	La valeur.	10 %	10 %
— Autres (*b*)	La valeur	10 %	10 %
— en **caoutchouc** ou en gutta-percha (*b*) purs *ou* mélangés *	100 k N.	20 00	22 00
— en caoutchouc ou en gutta-percha appliqués sur tissus *en pièces ou* sur d'autres matières *	» N.	100 00	107 50
— en caoutchouc ou en gutta-percha en tissus élastiques (*pièces de toutes dimensions*) *	» N.	200 00	212 50
— en caoutchouc ou en gutta-percha. Chaussures *	» N.	60 00	65 50
— en caoutchouc ou en gutta-percha. Vêtements confectionnés *	» N.	120 00	128 50
— en caoutchouc ou en gutta-percha (plaques et rubans de) pour cardes. V. *Machines* (*pièces détachées*).			
— en **crin** ou en poils de vache, purs ou mélangés *	La valeur.	10 %	10 %
— d'**horlogerie**. V. *Horlogerie.*			
— en **ivoire**. V. *Tabletterie.*			

(*a*) V. les notes, page 143. — (*b*) V. les notes, page 144.

Désignation	Unité	Directement d'Angleterre par navires français ou anglais ; de Belgique, par navires français ou Belges, et par terre. (Décimes compris.)	Par navires tiers. (Décimes compris.)
		fr. c.	fr. c.
Ouvrages en métaux* :			
— *En fonte* moulée, *non tournés ni polis* : Coussinets de chemins de fer, plaques *ou* autres pièces *coulées à découvert*	100 k. B.	3 50	3 80
— *En fonte* moulée, *non tournés ni polis* : Tuyaux cylindriques droits, poutrelles *et* colonnes pleines *ou* creuses, cornues pour la fabrication du gaz, barreaux pleins *et* leurs assemblages, grilles *et* plaques de foyers, arbres de transmission, bâtis de machines *et* autres *objets sans ornements ni ajustages*	» B.	4 25	4 60
— *En fonte* moulée, *non tournés ni polis* : Poteries (*a*) *et* tous *autres ouvrages non désignés dans les deux classes précédentes*	» B.	5 00	5 50
— *En fonte*, polis *ou* tournés	» B.	9 00	9 90
— *En fonte*, étamés, émaillés *ou* vernissés. (V. en outre ci-après : *Objets en fonte et fer*).	» N.	12 00	13 20
— *En fer*. Ferronnerie (*a*). (*Pièces de charpente; courbes* et *solives pour navires; ferrures de charrettes* et *wagons; gonds, pentures, gros verroux, équerres* et *autres gros ferrements de portes* ou *croisées, non tournés ni polis; grilles en fer plein, lits, siéges* et *meubles de jardin* ou *autres*, *avec* ou *sans ornements accessoires en fonte, cuivre* ou *acier*).	» B.	9 00	9 90
— *En fer*. Serrurerie (*a*) (*Serrures* et *cadenas en fer de toute sorte, fiches* et *charnières en tôle; loquets, targettes* et *tous autres objets en fer* ou *tôle, tournés, polis* ou *limés pour ferrures de meubles, portes* et *croisées*).	» N.	15 00	16 50
— *En fer*. Clous forgés à la mécanique	» B.	10 00	11 00
— *En fer*. Clous forgés à la main	» N.	15 00	16 50
— *En fer*. Vis à bois, boulons *et* écrous	» B.	10 00	11 00
— *En fer*. Tubes en fer (*a*), étirés, soudés, par simple rapprochement et *ayant intérieurement un diamètre de* 9 millim. *ou* plus	» N.	13 00	14 30
— *En fer*. Tubes en fer (*a*), étirés, soudés, par simple rapprochement et *ayant intérieurement un diamètre de* moins de 9 millim.	» N.	23 00	27 50
— *En fer*. Tubes en fer (*a*), étirés, soudés, sur mandrin *et* à recouvrement	» N.	23 00	27 50
— *En fer*. Raccords *de toute espèce*	» N.	23 00	27 50
— *En fer*. Articles de ménage *et* autres ouvrages non dénommés, en fer *ou* en tôle (*b*), polis *ou* peints	» N.	17 00	18 70
— *En fer*. Articles de ménage *et* autres ouvrages non dénommés, en fer *ou* en tôle (*b*), étamés, émaillés *ou* vernissés	» N.	20 00	22 00
— *En acier*. Petits objets en acier (*tels que perles, coulants, broches* et *dés à coudre*) (*b*)	» N.	25 00	27 50

(*a*) V. les notes, page 145. — (*b*) V. les notes, page 147.

	Unités	Directement d'Angleterre par navires français ou anglais; de Belgique, par navires français ou Belges, et par terre. (Décimes compris)	Par navires tiers. (Décimes compris.)
		fr. c.	fr. c.
Ouvrages en métaux* (*suite*):			
— *En acier*. Articles de ménage *et* autres ouvrages en acier pur, non dénommés (*a*)	100 k. N.	40 00	44 00
— *En divers autres métaux*. Objets en fonte et fer (*a*). non polis, le poids du fer *étant* inférieur à la moitié du poids total	» B.	5 00	5 50
— *En divers autres métaux*. Objets en fonte et fer (*a*). non polis, le poids du fer *étant* égal, *ou* supérieur à la moitié du poids total	» B.	10 00	11 00
— *En divers autres métaux*. Objets en fonte et fer (*a*). polis, émaillés *ou* vernissés, *même avec ornements accessoires en fer, cuivre, laiton* ou *acier*	» N.	15 00	16 50
— Chaudronnerie	» N.	25 00	27 50
— Objets d'art *et* d'ornement, *et* tous autres ouvrages en *cuivre* pur *ou* allié de zinc ou d'étain (*a*)	» N.	25 00	27 50
— Ouvrages en *zinc de toute espèce* (*b*)	» B.	10 00	11 00
— Tuyaux *et* autres ouvrages en *plomb, de toute sorte* (*b*)	» B.	5 00	5 50
— Poterie *et* autres ouvrages en *étain* pur *ou* allié d'antimoine (*b*)	» N.	30 00	33 00
— Ouvrages en *nickel* allié au cuivre *ou* au zinc (*argentan*) (*b*)	» N.	100 00	107 50
— Ouvrages dorés *ou* argentés, *soit au mercure, soit par les procédés électro-chimiques* (*b*)	» N.	100 00	107 50
— Statues en métal *de grandeur naturelle au moins*	» B.	exemptes.	0 25
— de **modes**. V. *Modes*.			
— en **peau** ou en cuir, *de toute espèce** (*c*)	La valeur.	10 °/o	10 °/o
— en **poils** de vache. V. *Ouvrages en crin, etc.*			
Oxalates. V. *Produits chimiques*.			
Oxydes de fer *	100 k. B.	exempts.	0 25
— d'étain *. V. le *Tarif général*.			
— de plomb *	» B.	5 00	5 50
— de zinc * : Blanc de zinc	» B.	5 00	5 50
— de zinc * : gris de zinc. V. le *Tarif général*.			
— d'urane *. V. le *Tarif général*.			
— de cuivre *. V. *Ibid*.			
— Autres oxydes. V. le dernier paragraphe de : *Produits chimiques non dénommés*.			

P

Pagnes. V. *Tissus de phormium tenax*, etc.			
Paille (Chapeaux de). V. *Chapeaux*.			
— (Tresses de) pour paillassons. V. *Tresses*.			
Palmier (Tissus en fibres de). V. *Tissus de phormium tenax*, etc.			
Papier de toute sorte*	100 k. B.	10 00	11 00
— mâché. V. *Carton*.			
— (Pâte de). V. *Pâte*.			

(*a*) V. les notes, page 148. — (*b*) V. les notes, page 146. — (*c*) V. la note, page 150.

		Directement d'Angleterre par navires français ou anglais; de Belgique, par navires français ou belges et par terre. (Décimes compris.)	Par navires tiers. (Décimes compris.)
		fr. c.	fr. c.
Paraffine brute, comme *Essence de houille.*			
— raffinée, (Bougies de) comme *Acide stéarique ouvré.*			
Parapluies et **Parasols***.	la valeur.	10 %	10 %
Parchemins. V. *Peaux préparées.*			
Parfumeries alcooliques*.	l'hectol. d'alcool pur.	20 00	20 00
— autres : eaux de senteur sans alcool*.	100 k. B.		
— — vinaigres parfumés*.	» B.	10 00	11 00
— — pâtes liquides ou en pains*	» B.		
— — savons*.	» B.	6 00	6 60
— — poudres* à poudrer.	» B.		
— — poudres* de senteur de Chypre.	» B.		
— — poudres* de senteur non dénommées.	» B.	10 00	11 00
— — pommades *de toute sorte**.	» B.		
— — fards blanc ou rouge*.	» B.		
— — pastilles odorantes à brûler.	» B.	9 60	11 00
Parian. V *Poteries (porcelaine).*			
Passementerie de bourre de soie. V. *Tissus de soie*, etc.			
— de coton	la valeur.	15 %	15 %
— de crin*.	la valeur.	10 %	10 %
— de laine.	la valeur.	15 %	15 %
— de lin ou de chanvre.	la valeur.	15 %	15 %
— de soie. V. *Tissus de soie.*			
Pastilles odorantes à brûler. V. *Parfumeries.*			
Pâtes de parfumerie. V. *Parfumeries.*			
Peaux brutes fraîches ou sèches, grandes et petites, d'Angleterre et de Belgique.	100 k. B.	exemptes.	0 25
— fraîches ou sèches, grandes et petites, d'ailleurs.	» B.	3 00	Droit du Tarif général.
— de chien de mer, brutes, fraîches ou sèches	» B.	2 00	2 00
— de phoque, brutes, fraîches ou sèches. V. le *Tarif général.*			
Peaux préparées (*a*) d'agneau et de chevreau en poils*. V. le *Tarif général.*			
— Parchemin et vélin bruts. V. *le Tarif général.*			
— Parchemin et vélin achevés*.	100 k. N.	15 00	16 50
— vernies, teintes ou maroquinées*.	» N.	100 00	107 50
— autres, *de toute espèce**.	» N.	15 00	16 50
— Ouvrages en peau ou en cuir de toute espèce*.	la valeur.	10 %	[illegible] %
Peignes à tisser, à dents métalliques. V. *Machines (outils).*			
Pelles en bois. V. *Ouvrages en bois.*			
Pentures en fer. V. *Ouvrages en métaux (ferronnerie).*			
Perles en acier. V. *Ouvrages en métaux (acier).*			
Phormium tenax, abaca et autres végétaux filamenteux non dénommés, bruts ou teillés. V. le *Tarif général.*			
— abaca et autres végétaux filamenteux non dénommés, peignés ou tordus.	100 k. B.	exempts.	0 25
— (Cordages de). V. *Cordages (autres).*			
— (Fils de). V. *Fils.*			
— (Tissus de). V. *Tissus de Phormium,* etc.			

(*a*) V. la note, page 150.

		Directement d'Angleterre par navires français ou anglais : de Belgique, par navires français ou belges, et par terre. (Décimes compris.)	Par navires tiers. (Décimes compris.)
		fr. c.	fr. c.
Phosphates V. *Produits chimiques.*			
Phosphore. V. *Produits chimiques.*			
Photographies (*a*). V. *Gravures*, etc.			
Pièces détachées d'instruments de musique. V. *Instruments de musique.*			
— détachées de machines. V. *Machines.*			
— de fonte coulées. V. *Ouvrages en métaux* (*fonte*).			
— de charpente en fer. V. *Ibid* (*fer*).			
— de charpente et de charronnage en bois. V. *Ouvrages en bois.*			
Pierre calaminaire. V. *Zinc.*			
Pierres à aiguiser *de toute sorte* (brutes ou taillées)	100 k. B.	exemptes.	0 25
— de construction, brutes. V. *Matériaux.*			
— gemmes, *de toute sorte*, brutes. V. le *Tarif général.*			
— gemmes, *de toute sorte*, taillées. V. *Ibid.*			
— ouvrées, (y compris les pierres d'ardoise), taillées ou sciées	100 k. B.	exemptes.	0 25
— ouvrées (y compris les pierres d'ardoise), sculptées ou polies, statues modernes	» B.	exemptes.	0 25
— ouvrées (y compris les pierres d'ardoise), sculptées ou polies, autres	» B.	0 50	0 75
Pinnes-marines (Byssus de)*	» B.	exempts.	0 25
Pipes de terre. V. *Poteries.*			
Piqués. V. *Tissus de coton.*			
Planches (*b*) gravées pour impression sur papier*	100 k. B.	10 00	11 00
Plantes alcalines	» B.	exemptes.	Droit du Tarif général.
Plaques en fonte pour chemins de fer. V. *Ouvrages en métaux* (*fonte*).			
— pour foyers. V. *Ibid.*			
Plaques et rubans de cardes. V. *Machines* (*pièces détachées*).			
Plaqués, sans distinction de titre	100 k. N.	100 00	107 50
Plâtre. V. *Matériaux.*			
Plats, etc., en bois. V. *Ouvrages en bois.*			
Plomb (Minerai de). V. le *Tarif général.*			
— Scories, *de toute sorte*	100 k. B.	exemptes.	0 25
— en masses brutes, saumons, barres ou plaques	» B.	3 00	3 30
— laminé*	» B.	5 00	5 50
— allié d'antimoine, en masses* (*c*)	» B.	5 00	5 50
— (Ouvrages en). V. *Ouvrages en métaux* (*plomb*).			
— Débris de vieux ouvrages en plomb	100 k. B.	exempts.	0 25
— Limailles	» B.	exempts.	0 25
Plombagine. V. *Graphite.*			
Plumes en métal *autre que l'or et l'argent** (*c*)	100 k. N.	100 00	107 50
— d'oiseaux à écrire brutes ou apprêtées. V. le *Tarif général.*			
— d'oiseaux à lit, de toute sorte. V. le *Tarif général.*			
Poêles. V. *Machines.*			

(*a*) Sont soumises au même régime que la librairie. V. *Livres* (note).
(*b*) Même régime que les livres. V. l'article *Livres* au *Tarif général.*
(*c*) V. les notes, page 150.

		Directement d'Angleterre par navires français ou anglais; de Belgique, par navires français ou belges, et par terre (Décimes compris.)	Par navires tiers. (Décimes compris.)
		fr. c.	fr c.
Poids et mesures du système métrique (*a*). Régime de la matière dont ils sont formés.			
Poils de chèvre bruts. V. le *Tarif général.*			
— de chèvre peignés, de Belgique ou d'Angleterre....	100k. B.	10 00	11 00
— de chèvre peignés, d'ailleurs..............	» B.	12 00	Droit du Tarif général.
— tous autres poils bruts de Belgique ou d'Angleterre. V. le *Tarif général.*			
— tous autres poils, peignés ou en bottes de longueurs assorties............................	» B.	12 00	
— Fils de poils de chèvre, de chameau, etc. V. *Fils.*			
— Ouvrages en poils. V. *Ouvrages en crin*, etc.			
— Tissus de poils de chèvre, de chameau, etc. V. *Tissus de poils.*			
Poissons d'eau douce frais. V. le *Tarif général.*			
— d'eau douce préparés.................	100k. B.	10 00	11
— de mer frais, secs, salés ou fumés, *à l'exclusion de la morue*........................	» B.		
Pommades. V. *Parfumeries.*			
Pommes de terre. V. le *Tarif général.*			
Pompholix. V. *Oxydes.*			
Porcelaines. V. *Poteries.*			
Potasses brutes (*b*). V. *Tarif général.*			
— (Nitrate de). V. *Produits chimiques.*			
— (Hydrochlorate de). V. *Ibid.*			
Poteries d'étain. V. *Ouvrages en métaux* (*en divers métaux*).			
— de fonte. V. *Ibid.* (*fonte*).			
— grossière (de terre)*, cornues à gaz..........	100k. B.		
— grossière (de terre)*, creusets *de toute sorte* (*y compris les creusets en graphite* ou *plombagine*)......	» B.	exempts.	0 25
— grossière (de terre)*, tuyaux de drainage et autres...	» B.		
— grossière (de terre)*, pipes de terre..........	» B.		
— grossière (de terre)*, vernissée avec décorations à reliefs unicolores et multicolores (*platerie* et *creux*).....	» B.	5 00	5 50
— grossière (de terre)*, vernissée ou non, *de toutes formes.*	» B.	exempts.	0 25
— de grès* (*c*), ustensiles et appareils pour la fabrication des produits chimiques..............	» B.		
— de grès* (*c*) commune, *de toute sorte* (platerie et creux, comprenant la forme bouteille, les carafes, objets de ménage, ustensiles de cuisine, etc.)..........	» B.	4 00	4 40
— de grès* (*c*) fine....................	la valeur.	20 %	20 %
— Faïence* stannifère, pâte colorée, glaçure blanche...	100k. B.	exempte.	0 25
— Faïence* stannifère, glaçure colorée, majolique, vernissée, multicolore.................	la valeur.	20 %	20 %
— Faïence* fine....................	la valeur		
— Porcelaines* *de toute sorte* (blanches ou décorées, parian et biscuit blanc)...............	la valeur.	10 %	10 %

(*a*) S'il s'agit de poids en cuivre ou en fonte, V. *Ouvrages en métaux*; s'il s'agit de mesures en bois, V. *Ouvrages en bois, etc.* Les poids et mesures devront être soumis à l'accomplissement des formalités applicables aux mêmes instruments fabriqués en France.

(*b*) V. la note : *Produits chimiques non dénommés*, page 151.

(*c*) V. la note, page 151.

		Directement d'Angleterre par navires français ou anglais; de Belgique, par navires français ou belges, et par terre. (Décimes compris.)	Par navires tiers. (Décimes compris.)
		fr. c.	fr. c.
Praiss (sauce de tabac). V. le *Tarif général.*			
Produits chimiques. Acides. V. *ce mot.*			
— Alcalis. V. *Potasse* et *Soude* à leur ordre alphabétique.			
— Sels ammoniacaux bruts ou raffinés*. Sel ammoniac (chlorhydrate d'ammoniaque)	la valeur.	5 % plus 10 fr. p. 100 k. B.	5 % plus 11 fr. p. 100 k. B.
— Sels ammoniacaux bruts ou raffinés*. Autres	la valeur.	5 %	5 %
— Safre et autres composés du cobalt*	100 k. B.		
— Nitrate de potasse*	» B.		
— Nitrate de soude*	» B.		
— Chlorure de potassium (*hydrochlorate* ou *muriate de potasse*)		exempts.	0 25
— Sulfate* de potasse	» B.		
— Sulfate* de magnésie	» B.		
— Sulfate* de soude pur anhydre	» B.	7 20	7 90
— Sulfate* de soude pur cristallisé ou hydraté (*sel de Glauber*)	» B.	3 40	3 70
— Sulfate* de soude impur anhydre	» B.	6 60	7 20
— Sulfate* de soude impur cristallisé ou hydraté (*sel de Glauber*)	» B.	3 40	3 40
— Autres sulfates. Voir le dernier § de cet article, *Produits chimiques non dénommés.*			
— Sulfite de soude*	100 k. B.	7 20	7 90
— Autres sels de soude que nitrate, sulfate, sulfite et tartrate. V. *Soude.*			
— Oxalate de potasse*	» N.	15 00	16 50
— Chromate* de plomb	la valeur.	10 %	10 %
— Chromate* de potasse	la valeur.		
— Borax brut*	100 k. B.	exempt.	0 25
— Tartrate de potasse très-impur.—Lie de vin. V. le *Tarif général.*			
— Tartrate de potasse impur.—Tartre brut*	100 k. B.		
— Tartrate de potasse impur.—Cristaux de tartre*	» B.		
— Tartrate de potasse pur.—Crème de tartre*	» B.		
— Tartrate de potasse autre (*sel végétal*)*	» B.		
— Tartrates de soude et de potasse (*sel de Seignette*)*	» B.	exempts.	0 25
— Acétate de fer liquide*. V. le *Tarif général* (*sels*).			
— Carbonate de magnésie*	» B.		
— Carbonate de potasse*	» B.		
— Carbonate de plomb*	» B.	5 00	5 50
— Prussiates de potasse. V. *Teintures préparées.*			
— Phosphates naturels*	» B.		
— Sulfure d'arsenic*	» B.	exempts.	0 25
— Iodure de potassium*	» B.		
— Chlorate de potasse*	» N.	104 60	112 30
— Chlorure* de chaux	» N.	11 75	12 90
— Chlorure* de magnésium	» N.	4 00	4 40
— Chlorure* d'aluminium	la valeur.	10 %	10 %
— Dérivés de l'essence de houille*	la valeur.	5 %	5 %
— Phosphore* blanc	» N.	40 00	44 00
— Phosphore* rouge	la valeur.	10 %	10 %
— Aluminium*	la valeur.		

		Directement d'Angleterre par navires français ou anglais ; de Belgique, par navires français ou belges, et par terre. (Décimes compris.)	Par navires tiers. (Décimes compris.)
		fr. c.	fr. c.
Produits chimiques (*Suite*) :			
— Sel d'étain*	la valeur.	5 % plus 3 fr. p. 100 k. B.	5 % plus 3 f. 30 p. 100 k. B.
— Oxydes. V. *ce mot.*			
— Produits chimiques non dénommés au TRAITÉ* (*a*).	la valeur.	5 %	5 %
Poudre à poudrer. V. *Parfumeries.*			
— de senteur. V. *Ibid.*			
— à tirer. V. le *Tarif général.*			
Poutrelles en fonte. V. *Ouvrages en métaux* (*fonte*).			
Q			
Quinquina (Extrait de). V. *Médicaments composés.*			
R			
Rabanes. V. *Tissus de phormium tenax, etc.*			
Racines de chicorée vertes. V. *le Tarif général.*			
— de chicorée sèches. V. *le Tarif général.*			
— médicinales : réglisse. V. *le Tarif général.*			
— médicinales : salsepareille.	100 k. B.	2 00	2 25
— médicinales autres (*gingembre compris*).	» B.	2 00	2 25
Rails. V. *Fer.*			
Rateaux en bois. V. *Ouvrages en bois.*			
Réglisse (jus de). V. *Jus.*			
— (racines de). V. *Racines médicinales.*			
Régule d'antimoine. V. *Antimoine.*			
Résines *de toute sorte*, même distillées	100 k. B.	exemptes.	0 25
Ressorts en acier pour carrosserie, wagons et locomotives. V. *Machines* (*pièces détachées*).			
Rots et dents de rots. V. *Machines* (*pièces détachées*).			
Rubanerie de coton. V. *Tissus de coton* (*articles non dénommés*).			
— de fil. V. *Tissus de lin, etc.*			
— de laine. V. *Tissus de laine.*			
Rubans de carde. V. *Machines* (*pièces détachées*).			
— de soie et de bourre de soie. V. *Tissus de soie.*			
Roseaux. V. *Joncs.*			

(*a*) V. la note page 131.

S		Directement d'Angleterre par navires français ou anglais ; de Belgique, par navires français ou belges, et par terre (Décimes compris.)	Par navires tiers. (Décimes compris.)
		fr. c.	fr. c.
Sabots de bétail. V. *Os*.			
Safre. V. *Produits chimiques*.			
Salin de betterave *	100 k. B.	1 25	1 50
Salsepareille. V *Racines médicinales*.			
Sarcocolle, kino et autres sucs végétaux desséchés** (a) V. *le Tarif général*.			
Sauces. V. *Épices préparées*.			
— de tabac. V. *Praiss*.			
Savons ordinaires *	100 k. B.	6 00	6 60
— parfumés. V. *Parfumeries*.			
Scies. V. *Outils*.			
Scories de fer. V. *Fer*.			
— de forges (mâchefer). V. *Fer*.			
— de plomb. V. *Plomb*.			
Semencine. V. *Herbes, fleurs, etc*.			
Sels. V. *Produits chimiques (passim)*.			
— d'étain. V. *Produits chimiques*.			
— de Glauber. V. *Produits chimiques (sulfates)*.			
— de Seignette. V. *Produits chimiques (tartrates)*.			
— de soude. V. *Soude*..			
Sel végétal. V. *Produits chimiques (tartrates)*.			
Serrurerie. V. *Ouvrages en métaux (fer)*.			
Siéges, etc., en fer. V. *Ouvrages en métaux (ferronnerie)*.			
Sirops. Mêmes droits que ceux fixés au tarif conventionnel pour les sucres bruts (a).			
Smalt. V. *Cobalt vitrifié*.			
Soies* en cocons, V le *Tarif général*.			
— grèges, moulinées	100 k. N.	exemptes.	0 25
— teintes : à coudre, à broder et à dentelles	» N.	300 00	317 50
— teintes autres	» N.	exemptes.	0 25
— (Bourre de) en masse	» N.	exemptes.	0 25
— (Bourre de) peignée	» B.	40 00	44 00
— (Bourre de) filée simple ou retorse, écrue, blanchie, azurée ou teinte, mesurant au kilogramme : 80,500[m] simples ou moins	» N.	75 00	81 20
— (Bourre de) filée, simple ou retorse, écrue, blanchie, azurée ou teinte, mesurant au kilogramme plus de 80,500[m] simples	» N.	120 00	128 50
— (Tissus de). V. *Tissus de soie, etc*.			
Solives en fer pour navires. V. *Ouvrages en fer (ferronnerie)*.			
Soude* de varech	100 k. B.	1 50	1 75
— caustique	» B.	8 00	8 80
— artificielle brute	» B.	6 65	7 30
— (Carbonate de)* cristallisé (*cristaux de soude*)	» B.	6 65	7 30
— (Carbonate de)* à tous degrés (*sel de soude*)	» N.	15 50	17 00
— (Aluminate de) *	la valeur.	10 %	10 %
— (Bicarbonate de) et autres sels de soude non dénommés*	100 k. B.	5 25	5 70
— (Nitrate de) V. *Produits chimiques (nitrates)*			
— (Sulfates de). V. *Produits chimiques (sulfate)*.			

(a) Ils ne peuvent entrer, par mer, que par les ports d'entrepôt.

		Directement d'Angleterre par navires français ou anglais ; de Belgique, par navires français ou belges, et par terre. (Décimes compris.)	Par navires tiers. (Décimes compris.)
		fr. c.	fr. c.
Soude (*suite*) (Sulfite de). V. *Produits chimiques* (*sulfite*).			
— (Tartrate de). V. *Produits chimiques* (*tartrates*).			
Soufre brut (*non épuré, minerai compris*). V. *le Tarif général*.			
— épuré. V. *le Tarif général*.			
— sublimé (*fleur de soufre*). V. *le Tarif général*.			
Sparte (Chapeaux de). V. *Chapeaux*.			
— (Cordages de). V. *Cordages*.			
Speiss. V. *Nickel*.			
Statues modernes en pierre, etc. V. *Écaussines* et *Marbres*.			
— en métal. V. *Ouvrages en métaux* (*dernier art*).			
Stéarine. V. *Acide stéarique*.			
Stil de grain. V. *le Tarif général*.			
Storax *naturel, sec, rouge*, (calamite) ou *en pains*** (*a*). V. *le Tarif général*.			
Styrax* (*a*). V. *le Tarif général*.			
Sucres* (*a*) bruts de betteraves.	100 k. N.	32 00	32 00
— bruts, autres, sauf le sucre de lait.	» N.	32 00	32 00
— raffinés, candis (*b*)	» N.	44 60	48 40
— raffinés, autres.	» N.	41 00	45 40
— de lait.	» N.	exempt.	0 25
Sucs végétaux desséchés. V. *Sarcocolle, etc.*			
Sulfates. V. *Produits chimiques*.			
Sulfite de soude. V. *Produits chimiques*.			
Sulfures d'arsenic. V. *Produits chimiques*.			
— autres sulfures. V. *Produits chimiques* (*dernier* § : *produits non dénommés au Traité*).			

T

Tabacs. V. *le Tarif général*.			
— (sauce de). V. *Praiss*.			
Tabletterie et ouvrages en ivoire* (*c*).	la valeur.	10 %	10 %
Tapis de jute. V. *Tissus de jute*.			
— de laine. V. *Tissus de laine*.			
Targettes en fer. V. *Ouvrages en métaux* (*fer, serrurerie*).			
Tartre. V. *Produits chimiques*.			
Tartrate. V. *Produits chimiques*.			
Teintures préparées : kermès animal en grains (*graines d'écarlate*) et en poudre ou en pastel. V. *le Tarif général*.			
— Laque en teinture ou en trochisques.	100 k. B.	exempte.	0 25

(*a*) L'importation ne peut s'en effectuer, *par mer*, que par les ports d'entrepôt.

(*b*) De Belgique seulement ; les sucres candis venant d'Angleterre paient comme les raffinés autres (41 fr. et 45 fr. 10).

(*c*) V. la note, page 151.

		Directement d'Angleterre par navires français ou anglais ; de Belgique, par navires français ou belges, et par terre. (Décimes compris.)	Par navires tiers. (Décimes compris.)
		fr. c.	fr. c.
Teintures (*suite*). Orseille**, violette ou cudbéard (*a*) . . .	la valeur.	5 %	5 %
— Orseilles* autres, *de toute sorte*.	»	5 %	5 %
— Extraits de bois de teinture* noirs et violets.	100 k. N.	20 00	22 00
— Extraits de bois de teinture* rouges et jaunes.	» N.	30 00	33 00
— Garancine (*extrait de garance*)	» B.	exempte.	0 25
— Maurelle (*loques et chiffons imprégnés de couleur bleue*).	» B.	exempte.	exempte.
— Bleu de Prusse. V. *le Tarif général*.			
— Prussiate de potasse* jaune.	100 k. N.	20 00	22 00
— Prussiate de potasse* rouge	» N.	30 00	33 00
Tenders. V. *Machines*.			
Tilleul (cordages de). V. *Cordages*.			
Tissus d'alpaga, de lama et de vigogne purs*. (Mêmes droits que les tissus de laine).			
— de lama et de vigogne mélangés* de laine. *Quelle que soit la proportion du mélange*. (Mêmes droits que les tissus de laine).			
— de lama et de vigogne mélangés* d'autres filaments quelconques, la laine d'alpaga, de lama et de vigogne *dominant en poids*. (Mêmes droits que les tissus de laine).			
Tissus de coton (*c*) par :			
— unis, croisés, et coutils, écrus, *présentant en chaîne et en trame, dans l'espace de 5 millim. carrés, ceux pesant**.. 11 kil. et plus, les 100 mètres carrés. . — 35 fils *ou* moins. . .	100 k. N.	50 00	55 00
— 36 fils *et* au-dessus..	» N.	80 00	86 50
— de 7 à 11 kil. exclusiv. les 100 mètres carrés. . . . — 35 fils *ou* moins. . .	» N.	60 00	65 50
— 36 à 43 fils *inclus*. .	» N.	100 00	107 50
— 44 fils *et* au-dessus..	» N.	200 00	212 50
— de 3 à 7 kil. exclusiv. les 100 mètres carrés. . . . — 27 fils *ou* moins. . .	» N.	80 00	86 50
— 28 à 35 fils *inclus*. .	» N.	120 00	128 50
— 36 à 43 fils *idem*. .	» N.	190 00	202 00
— 44 fils *et* au-dessus..	» N.	300 00	317 50
— *pesant* moins de 3 kilogr. les 100 mètres carrés..	la valeur.	15 %	15 %
— unis, croisés, et coutils, blanchis, *présentant en chaîne et en trame, dans l'espace de 5 millim. carrés, ceux pesant**.. 11 kil. *et* plus les 100 mètres carrés. . — 35 fils *ou* moins. . .	100 k. N.	57 50	62 80
— 36 fils *et* au-dessus..	» N.	92 00	99 40
— de 7 à 11 kil. exclusiv. les 100 mètres carrés. . . . — 35 fils *ou* moins. . .	» N.	69 00	74 90
— 36 à 43 fils *inclus*. .	» N.	115 00	123 20
— 44 fils *et* au-dessus.	» N.	230 00	244 00
— de 3 à 7 kil. exclusiv. les 100 mètres carrés. . . . — 27 fils *ou* moins. . .	» N.	92 00	99 40
— 28 à 35 fils *inclus*. .	» N.	138 00	147 40
— 36 à 43 fils *idem*.. .	» N.	218 50	234 90
— 44 fils *et* au-dessus..	» N.	345 00	362 50
— *pesant* moins de 3 kilogr. les 100 mètres carrés.	la valeur.	15 %	15 %

(*a*) L'orseille violette *ou* cudbéard ne peut entrer, *par mer*, que par les ports d'entrepôt.

(*b*) V. les notes, page 152.

(*c*) V. les notes, page 152.

		Directement d'Angleterre par navires français et anglais ; de Belgique, par navires français ou belges, et par terre (*Décimes compris*).	Par navires tiers. (*Décimes compris*).
		fr. c.	fr. c.
Tissus de coton (*a*) pur (*suite*) :			
unis, croisés, et coutils teints, *présentant en chaîne et en trame, dans l'espace de 5 millim. carrés, ceux pesant**.. 44 kil. *et* plus les 100 mètres carrés. . 35 fils *ou* moins. . .	100 k. N.	75 00	81 20
— — 36 fils et au-dessus..	» N.	105 00	112 70
de 7 à 11 kil. *exclusiv.* les 100 mètres carrés. . . . 35 fils *ou* moins. . .	» N.	85 00	91 70
— — 36 à 43 fils *inclus*. .	» N.	125 00	133 70
— — 44 fils *et* au-dessus..	» N.	225 00	238 70
de 3 à 7 kil. *exclusiv.* les 100 mètres carrés. . . . 27 fils *ou* moins. . .	» N.	105 00	112 70
— — 28 à 35 fils *inclus*. .	» N.	145 00	154 70
— — 36 à 43 fils *idem*.. .	» N.	245 00	228 20
— — 44 fils *et* au-dessus..	» N.	325 00	342 50
pesant moins de 3 kilogr. les 100 mètres carrés..	la valeur.	15 %	15 %
— unis, croisés, et coutils imprimés (*a*)	la valeur.	15 %	15 %
— Velours* façon soie (*dits velvets*) écrus..	100 k. N.	85 00	91 70
— — teints *ou* imprimés..	» N.	110 00	118 00
— autres (*cords, moleskins, etc.*) écrus.	» N.	60 00	65 50
— — teints *ou* imprimés. .	» N.	85 00	94 70
— Broderies à la main (*a*).	la valeur.	10 %	10 %
— Dentelles et blondes.	»	5 %	5 %
— Piqués, basins, façonnés, damassés *et* brillantés.	»	15 %	15 %
— Couvertures..	»		
— Tulles unis *ou* brodés (*a*).	»		
— Gazes *et* mousselines, brodées *ou* brochées, pour ameublement *ou* tentures..	»		
— Vêtements *et* articles confectionnés en tout *ou* en partie. .	»		
— Articles non dénommés (*c*).	»		
— mélangé, le coton *dominant en poids*.	»		
Tissus de crin pur *ou* mélangé..	»	10 %	10 %
Tissus élastiques. V. *Ouvrages en caoutchouc.*			
Tissus en fibres de palmier. V. *Tissus de phormium, etc.*			
Tissus de jute (*c*) pur, *présentant en chaîne dans l'espace de 5 millimètres :*			
— écrus*.. . . unis, 3 fils *ou* moins.	100 k. N.	13 00	14 30
— — croisés, 3 fils *ou* moins..	» N.	15 00	16 50
— — 4 *et* 5 fils..	» N.	21 00	23 40
— — 6, 7 *et* 8 fils...	» N.	30 00	33 00
— — plus de 8 fils. (Mêmes droits que les tissus de lin, *selon le degré de finesse.*)			
— blanchis *ou* teints* unis, 3 fils *ou* moins..	» N.	19 00	20 90
— — croisés, 3 fils *ou* moins..	» N.	22 00	24 20
— — 4 *et* 5 fils.	» N.	30 00	33 00
— — 6, 7 *et* 8 fils.	» N.	44 00	48 40
— — plus de 8 fils. (Mêmes droits que les tissus de lin, *selon le degré de finesse.*)			
— Tapis ras *ou* à poil..	» N.	32 00	35 20
— mélangé, le jute *dominant en poids*.	la valeur.	20 %	20 %

(*a*) V. les notes, page 152 et 153.
(*b*) V. la note, page 153.
(*c*) V. les notes, page 155.

		Directement d'Angleterre par navires français et anglais : de Belgique, par navires français ou belges, et par terre. (Décimes compris).	Par navires tiers (Décimes compris).
		fr. c.	fr. c.
Tissus de laine pure : tapis *de toute espèce*.	la valeur.	15 °/°	15 °/°
— Chaussons de lisière.	»	10 °/°	10 °/°
— Lisières de drap, *de toute espèce*, entières *ou* coupées.	100 k. B.	exemptes.	0 25
— Couvertures.	la valeur.	15 °/°	15 °/°
— Bonneterie.	»	15 °/°	15 °/°
— Rubannerie.	»	15 °/°	15 °/°
— Dentelles.	»	15 °/°	15 °/°
— Autres tissus.	»	15 °/°	15 °/°
— Articles non dénommés.	»	15 °/°	15 °/°
— Vêtements *et* articles confectionnés : neufs.	»	15 °/°	15 °/°
— Vêtements *et* articles confectionnés : vieux*.	100 k. N.	20 00	22 00
— mélangée, la laine *dominant en poids*. (Mêmes droits que les tissus de laine pure.)			
Tissus de **lin** ou de **chanvre** (a) purs :			
— unis *ou* ouvrés *présentant en chaîne, dans l'espace de 5 millim.** : écrus (a) : 8 fils *ou* moins.	100 k. N.	28 00	30 80
— 9, 10 *et* 11 fils	» N.	55 00	60 20
— 12 fils	» N.	65 00	70 70
— 13 *et* 14 fils.	» N.	90 00	97 00
— 15, 16 *et* 17 fils.	» N.	115 00	123 20
— 18, 19 *et* 20 fils.	» N.	170 00	181 00
— 21, 22 *et* 23 fils.	» N.	260 00	275 50
— 24 fils *et* au-dessus	» N.	400 00	417 50
— blanchis, teints *ou* imprimés (b) : 8 fils *ou* moins	» N.	38 00	41 80
— 9, 10 *et* 11 fils	» N.	70 00	76 00
— 12 fils.	» N.	95 00	102 20
— 13 *et* 14 fils.	» N.	120 00	128 50
— 15, 16 *et* 17 fils	» N.	155 00	165 20
— 18, 19 *et* 20 fils.	» N.	230 00	244 00
— 21, 22 *et* 23 fils.	» N.	350 00	367 50
— 24 fils *et* au-dessus.	» N.	535 00	552 50
— Coutils (c) unis *ou* façonnés, écrus, blanchis, teints ou imprimés.	La valeur.	16 °/°	16 °/°

(a) V. les notes, page 153.

(b) V. la note page 154

(c) Les importateurs de coutils *d'origine anglaise* ont la faculté d'opter entre le tarif commun à l'Angleterre et à la Belgique (16 °/° de la valeur) et le tarif suivant qui est spécial aux provenances de la Grande-Bretagne (*Convention du 16 nov. 1860*) :

			Par navires français ou anglais.	Par navires tiers.
			fr. c.	fr. c.
COUTILS unis ou façonnés *présentant en chaîne, dans l'espace de 5 millim* *	écrus. . .	8 fils *ou* moins. . 100 k. N	35 00	38 50
		9, 10 *et* 11 fils. . » N.	55 00	60 20
		12, 13, *et* 14 fils. » N.	90 00	97 00
		plus de 14 fils. . . » N.	115 00	123 20
	blanchis, teints *ou* imprimés	8 fils *ou* moins. . . » N.	47 00	51 70
		9, 10 *et* 11 fils. . » N.	70 00	76 00
		12, 13 *et* 14 fils . » N.	120 00	128 50
		plus de 14 fils. . . » N.	155 00	165 20

		Directement d'Angleterre par navires français et anglais; de Belgique, par navires français ou belges, et par terre (*Décimes compris*).	Par navires tiers. (*Décimes compris*).
		fr. c.	fr. c.
Tissus de lin ou de **Chanvre** (*a*) purs (*suite*) :			
— Linge damassé (*b*)	La valeur.	16 %	16 %
— Batiste * (*b*)	100 k. N.	Mêmes droits que les toiles unies, *selon l'espèce* et *le degré de finesse*.	
— Linon * (*b*)	» N.		
— Mouchoirs encadrés (*b*) non brodés *	» N.		
— Mouchoirs encadrés (*b*) brodés	La valeur.	10 %	10 %
— Dentelles	»	5 %	5 %
— Tulles	»		
— Bonneterie	»		
— Passementerie	»	15 %	15 %
— Rubannerie de fil, écrue, blanchie *ou* teinte	»		
— Vêtements *et* articles confectionnés *en tout* ou *en partie* (*c*) : en coutils *ou* en linge damassé	»	16 %	16 %
— Vêtements *et* articles confectionnés *en tout* ou *en partie* (*c*) : en autres tissus	»		
— Articles non dénommés (*c*)	»	15 %	15 %
Mélangés, le lin *ou* le chanvre *dominant en poids*	»		
Tissus de **phormium tenax**, d'**abaca** *et* d'autres végétaux filamenteux non dénommés (*y compris les tissus d'écorce en fibres de palmier*, et *autres de toute sorte*, purs ou mélangés, le phormium tenax, l'abaca *et* les autres végétaux *dominant en poids* (*c*)	»	10 %	10 %
Tissus de **poils** de chèvre. Châles *et* écharpes de cachemire des Indes	»	5 %	5 %
Tissus de **poils** de chèvre. autres (Mêmes droits que les tissus de laine).			
— de chameau purs (Mêmes droits que les tissus de laine).			
— de chameau mélangés de laine, *quelle que soit la proportion du mélange* (Mêmes droits que les tissus de laine).			
— de chameau mélangés d'autres filaments quelconques, le poil de chameau *dominant en poids* (Mêmes droits que les tissus de laine).			
— de vache purs *ou* mélangés	»	10 %	10 %
— Autres	»	10 %	10 %
Tissus de **soie** ou de Bourre de soie.			
— Tissus, bonneterie *et* dentelles, de soie pure*	100 k. N.	exempts.	0 25
— Crêpes, *façon d'Angleterre*, écrus, noirs *ou* de couleur *	» N.	1,000 00	1,017 50
— Tulles unis écrus *	» N.	2,000 00	2,017 50
— Tulles unis apprêtés	La valeur.	15 %	15 %
— Tulles façonnés, écrus *ou* apprêtés	»	10 %	10 %
— Tissus de bourre de soie pure *ou* de soie et bourre de soie, écrus, blancs, teints *ou* imprimés * (*c*)	100 k. N.	200 00	212 50
— Tissus de soie *ou* de bourre de soie, avec or *ou* argent *. fin	» N.	1,200 00	1,217 50
— Tissus de soie *ou* de bourre de soie, avec or *ou* argent *. mi-fin *ou* faux	» N.	350 00	367 50
— Passementerie *et* dentelles de soie *ou* bourre de soie, avec or *ou* argent *. fin	» N.	1,20 00	1,217 50
— Passementerie *et* dentelles de soie *ou* bourre de soie, avec or *ou* argent *. mi-fin *où* faux	» N.	350 00	367 50

(*a*) V. les notes, page 153. — (*b*) V. les notes, page 154. — (*c*) V. les notes, page 155.

		Directement d'Angleterre par navires français et anglais; de Belgique, par navires français ou belges, et par terre (Décimes compris).	Par navires tiers. (Décimes compris).
Tissus de soie ou de **bourre de soie** (*suite*):		fr. c.	fr. c.
— Rubans de soie *ou* de bourre de soie*. de velours	100 k. N.	500 00	547 50
— Rubans de soie *ou* de bourre de soie*. autres	» N.	800 00	847 50
— Mélangés, la soie ou la bourre de soie *dominant en poids*. Rubans	La valeur.	10 %	10 %
— Mélangés, la soie ou la bourre de soie *dominant en poids*. autres *	100 k. N.	300 00	317 50
— Vêtements et articles confectionnés * (*a*) (Régime des tissus dominant en poids).			
Tissus spécialement destinés pour cardes. V. *Machines* (*pièces détachées*).			
Toiles. V. *Tissus de lin, etc.*			
— cirées* (*a*) *et* (*b*) pour emballage.	» B.	5 00	5 50
— cirées* (*a*) *et* (*b*) pour ameublement, tentures *ou* autres usages.	» N.	15 00	16 50
— **métalliques** en fer *ou* en acier * (*a*).	» N.	15 00	16 50
— en cuivre *ou* en laiton * (*a*).	» N.	25 00	27 50
Tôle. V. *Fer*.			
— (Ouvrages en). V. *Ouvrages en métaux* (*fer*).			
Tresses de paille grossières pour paillassons*. V. le *Tarif général*.			
— Autres, *de toute sorte* *.	» B.	5 00	5 50
Tubes en fer. V. *Ouvrages en métaux* (*fer*).			
— en cuivre. V. *ibid.* (*cuivre*).			
— en plomb. V. *ibid.* (*plomb*).			
Tuiles. V. *Matériaux*.			
Tulles. V. *Tissus de coton, de lin, de soie*, selon l'espèce.			
Tuyaux ou tubes en fer. V. *Ouvrages en Métaux* (*fer*).			
— en fonte. V. *ibid.* (*fonte*).			
— en cuivre. V. *ibid.* (*cuivre*).			
— en plomb. V. *ibid.* (*plomb*).			
— en terre, pour le drainage, etc. V. *Poteries*.			
U			
Ustensiles de grès. V. *Poteries*.			
— de ménage. V. *Articles de ménage*.			
V			
Vaisselle de table ou de cuisine. V. *Poteries*.			
— plate. V. *Orfèvrerie*.			
Vannerie *.	la valeur.	10 %	10 %

(*a*) V. la note, page 155.
(*b*) V. la note *Toile de coton cirée*, p. 153.

		Directement d'Angleterre par navires français et anglais : de Belgique, par navires français ou belges, et par terre. (Décimes compris.)	Par navires tiers. (Décimes compris).
		fr. c.	fr. c.
Varech (Soude de). V. *Soude*.			
Végétaux filamenteux. V. *Jute, lin, phormium tenax*.			
— (Fils de). V. *Tissus de phormium tenax, etc.*			
— (Tissus de). V. *Tissus de phormium tenax*.			
Vélin. V. *Peaux préparées*.			
Vernis à l'huile, à l'essence ou à l'esprit de vin*	la valeur.	10 %	10 %
Verres et cristaux (*a*). Miroirs *ayant moins d'un mètre carré**	»	10 % plus 1 fr. par mèt. carr.	10 % plus 1 fr. par mèt. carr.
— Glaces* brutes	le mèt. car.	2 50	2 50
— Glaces* polies	»	5 00	5 00
— Glaces* étamées	»	5 00	5 00
— Bouteilles pleines ou vides, *de toutes formes* (*b*)	100 k. B.	2 40	2 35
— Verres à vitres* (*b*)	» B.	5 50	6 00
— Verres de couleur, polis ou gravés* (*c*)	la valeur.	10 % plus 2 fr. par 100 k. B.	10 % plus 2 fr. 25 par 100 k. B.
— Verres de montre et d'optique*	»		
— Gobeleterie et cristaux blancs et colorés* (*c*)	»		
Groisil ou verre cassé	100 k. B.	exempt.	0 25
— Vitrifications (*en masses, en tubes, en grains percés et taillés en pierres à bijoux** (*c*)	» B.	10 % plus 2 fr. par 100 k. B.	10 % plus 2 fr. 25 par 100 k. B.
— Émaux* (*c*)	» B.		
— Autres objets en verres non dénommés* (*d*)	» B.		
Verrous en fer. V. *Ouvrages en métaux* (*ferronnerie*).			
Vert de montagne. V. *le Tarif général*.			
Vêtements confectionnés. V. *Tissus de coton, tissus de lin, tissus de laine, tissus de soie*, selon l'espèce.			
— confectionnés en caoutchouc. V. *Ouvrages en caoutchouc*.			
Viandes (Extraits de). V. *le Tarif général*.			
Vigogne (Fils de). V. *Fils d'alpaga, etc.*			
— (Tissus de). V. *Tissus d'alpaga, etc.*			
Vinaigres parfumés. V. *Parfumeries*.			
Vis à bois. V. *Ouvrages en métaux*.			
Vitrifications. V. *Verres, etc.*			
Voitures. V. *Carrosserie*.			

W

Wagons (Ferrures de). V. *Ouvrages en métaux* (*Fer, Ferronnerie*).

(*a*) Pour la taxe supplémentaire, V. p. 156. — (*b*) V. les notes page 156. — (*c*) V. page 157. — (*d*) V. page 158.

Z

		Directement d'Angleterre par navires français et anglais ; de Belgique, par navires français ou belges, et par terre. (*Décimes compris*).	Par navires tiers. (*Décimes compris*).
		fr. c.	fr. c.
Zinc (Minerai cru de) (*pierre calaminaire*), grillé (*calamine grillée*), pulvérisé *ou* non. V. le *Tarif général*.			
— en masses brutes, saumons, barres *ou* plaques.	100 k. B.	exempt.	0 25
— laminé*.	» B.	6 00	6 60
— (ouvrages en). V. *Ouvrages en métaux (zinc)*.			
— Débris de vieux ouvrages en zinc.	» B.	exempts.	0 25
— Limailles.	» B.	exempts.	0 25
— (blanc et gris de). V. *Oxydes*.			

	D'Angleterre par navires français et anglais ; de Belgique, par navires français ou belges, et par terre.	Par navires tiers.
Marchandises *non originaires* d'Angleterre ou de Belgique. . . dénommées aux Traités.	Régime *ou* droits inscrits *au présent Tableau;* plus *la surtaxe de provenance*, applicable, d'après le *Tarif général*, aux importations *par navires français d'ailleurs que des pays de production* ou *des entrepôts*.	Droits du *Tarif général*.
Marchandises *non originaires* d'Angleterre ou de Belgique. . . autres.	Droits applicables aux importations, *sous pavillon français, d'ailleurs que des pays de production* ou *des entrepôts*.	Droits du *Tarif général*.

DROITS DE SORTIE[1]

Applicables à divers produits français expédiés à destination de la Grande-Bretagne et de la Belgique.

			Droits (Décimes compris).
			fr. c.
Bois de noyer, y compris les bois de fusil, achevés ou ébauchés	100 k.	B.	exempts.
Chardons cardères	»	B.	id.
Chiffons de laine, *sans mélange*	»	B.	id.
— Autres et drilles *de toute espèce*	»	B.	12 00
Cornes de bétail	»	B.	exemptes.
Engrais	»	B.	exempts.
Meules	»	B.	exemptes.
Noir animal	»	B.	exempt.
Oreillons	»	B.	exempts.
Os et sabots de bétail, *de toute espèce*	»	B.	id.
Pâte à papier	»	B.	12 00
Peaux brutes, grandes ou petites, fraîches ou sèches	»	B.	exemptes.
Soies en cocons, teintes, et bourre filée	»	B.	id.
Tourteaux de graines oléagineuses	»	B.	exempts.
Vieux cordages goudronnés ou non	»	B.	4 00
Toutes autres marchandises : Conditions de sortie du *Tarif général* (V. page 72).			

(1) Pour les justifications à produire, V. la note, page 158.

NOTES

POUR LE TARIF FRANCO-ANGLAIS ET FRANCO-BELGE,

Extraites des Circulaires de l'Administration des douanes.

Aiguilles. — Il n'existe pour les aiguilles importées dans les conditions du Traité, que deux classes au lieu de trois ; et le droit de 100 fr. ou de 200 fr. pour 100 kilog. auquel elles sont taxées, selon l'espèce, s'applique exclusivement aux aiguilles *à coudre* ordinaires.

Les aiguilles *autres que celles à coudre*, les grosses aiguilles de matelassier, voilier, et les aiguilles sans tête ou à têtes cassées, et les broches à tricoter sont toutes taxées comme outils en acier. (Voir, pour les aiguilles et broches à tricoter en fer, l'article *ouvrages en fer* non dénommés) (*Circ.* 704).

Alcools. — Il a été réservé, dans les négociations, que l'on emploierait de part et d'autre exclusivement l'alcoomètre de Guay-Lussac pour déterminer le degré de force de l'alcool (*Circ.* 764).

(V. pour alcools chimiques la note des *Produits chimiques.*)

Armes de commerce.—Le droit sur les armes blanches d'origine britannique ou belge est abaissé à 40 fr., sans distinction, entre les lames damassées ou autres, fourbies ou non, montées ou non montées. Les poignées ou fourreaux, *présentés séparément,* suivent le régime qui leur est propre, selon la matière dont ils sont composés. Les fleurets et lames de fleurets, classés d'après le Tarif général dans la mercerie, rentrent pour l'application du traité dans la classe des armes blanches.

Pour les armes à feu, le droit de 240 fr. représente la taxe actuelle de 200 fr. augmentée des deux décimes.

Les armes enrichies d'or ou d'argent sont passibles à l'entrée du droit de garantie. Mais, on s'abstiendra d'appliquer cette disposition, s'il ne s'agit que de simples médaillons ou autres ornements évidemment de peu de prix.

Les boîtes ou nécessaires dans lesquels sont ordinairement renfermées les armes de luxe continueront à payer le droit afférent aux armes elles-mêmes.

Les fusils et sabres d'enfant demeurent assimilés à la bimbeloterie sous la réserve exprimée dans la note (665) du Tarif général (édition de 1844).

Le traité laisse subsister dans leur entier les prescriptions d'ordre public relatives aux armes secrètes et défendues et aux armes de guerre (*Circ.* 704).

Articles d'emballage ayant déjà servi. — Aux termes des observations préliminaires du Tarif général de 1844 (n° 91), les emballages ayant servi, et quand d'ailleurs ils ne peuvent être employés à un autre usage, ne sont passibles d'aucune taxe supplémentaire, lorsqu'ils accompagnent la marchandise.

La nouvelle disposition du tarif conventionnel n'est que l'extension de la mesure aux emballages ayant servi et importés isolément, c'est-à-dire sans la marchandise.

Ainsi, on ne doit pas induire de ces dispositions que des récipients de valeur en cuivre, en verre, en grès, etc., qui ne se détériorent pas, des sacs vides en tissus neufs ou autres que des tissus grossiers, puissent être remis en franchise. Sous ce rapport, l'administration doit compter sur le discernement comme sur l'esprit libéral des chefs locaux, soit pour empêcher l'abus, soit pour assurer la pleine exécution des intentions des traités (*Circ.* 764).

Bâtiments. — Dans les bâtiments à vapeur de mer ou de rivière, les machines ou moteurs sont imposés séparément. La dimension du cylindre est habituellement un étalon exact du poids des machines. La pesanteur spécifique des métaux est aussi un moyen de vérification qui peut être employé avec assez d'exactitude.

La pesanteur spécifique des métaux se calcule ainsi :

Fonte de. . . . . 6,800 à 7,890 kilog. par mètre cube.
Fer de . . . . . . 7,700 à 7,890 kilog. par mètre cube.
Acier de . . . . . 7,830 à 7,920 kilog. par mètre cube.
Cuivre de. . . . . 8,850 à 8,950 kilog. par mètre cube.

Il ne sera fait aucune distinction pour l'application du droit d'entrée entre les bateaux neufs et ceux qui ont servi.

La base du droit adoptée par les négociateurs est le tonneau de jauge. Le nombre de tonneaux à soumettre au droit sera constaté d'après la jauge française et il ne sera fait aucune déduction pour les bateaux à vapeur, de l'espace occupé par les machines. On procèdera suivant les règles tracées par les ordonnances des 18 novembre 1837 et 18 août 1839, en appliquant la taxe, dans tous les cas, sur le produit total des trois dimensions divisé par 3,20.

L'extrême variété des quantités proportionnelles de fer employées dans les bâtiments de construction mixte n'a pas permis de les assujettir à une tarification particulière. Ils acquitteront le même droit que les navires en bois (*Circ.* 798).

Le droit de 25 fr. pour les navires en bois ou mixtes, et le droit de 70 fr., pour les navires en fer gréés, comprendra, outre les canots de bord, les agrès et apparaux et le mobilier nécessaire pour la navigation ; mais les articles de remplacement d'une part, et, de l'autre, les meubles meublants, la literie, le linge, la vaisselle, etc., devront, s'il en était importé, subir les taxes qui leur sont propres.

Le tarif de 15 fr. et de 50 fr. par tonneau pour les coques en bois ou en fer ne profitera qu'aux coques nues ou pourvues seulement de leurs bas mâts, des porte-haubans et des chaînes ou lattes de porte-haubans.

La nationalité des bâtiments anglais ou belges devra être justifiée, suivant le cas, par un certificat de construction soumis au visa des agents consulaires de France, ou par la production de titres délivrés par l'amirauté britannique ou par le gouvernement de Belgique.

Conformément à ce qui a été réglé, relativement aux bâtiments de mer de construction étrangère qui, par application du décret du 17 oct. 1855, étaient admissibles à la francisation moyennant le paiement d'un droit de 10 p. 100 de la valeur, les bâtiments anglais ou belges achetés par des Français pourront être autorisés par nos consuls à porter provisoirement le pavillon national, quand ces agents se seront assurés de la réalité de l'acquisition. A cet effet, ils délivreront aux capitaines des congés provisoires uniquement destinés à faciliter l'arrivée des bâtiments en France, et qui devront contenir la réserve expresse de l'interdiction de tout voyage intermédiaire et de toute escale volontaire ou opération de commerce pendant le trajet.

Dans ces conditions, le navire et son chargement seront admis à jouir du bénéfice du traitement national, ainsi que des avantages stipulés par les traités franco-belge et franco-anglais (*Circ.* 798).

Bismuth. — Le tarif conventionnel désigne exclusivement le bismuth brut comme exempt de toute taxe à l'entrée. S'il était introduit dans tout autre état, par exemple, battu ou laminé, il serait soumis aux conditions ordinaires du tarif général (*Circ.* 704).

Chaînes et câbles. — Les câbles en fil de fer acquitteront, comme ouvrages en fer non dénommés, le droit de 17 fr. (*Circ.* 704).

Vieux caractères d'imprimerie.—Le droit de 5 fr., déterminé par la convention pour les vieux caractères d'imprimerie, ne s'applique qu'à ceux qui seront reconnus être ***hors d'usage*** : ainsi doivent être entendus les mots ***vieux caractères.*** Le service aura, dès lors, à se prémunir contre la fraude qui consisterait à introduire des caractères d'imprimerie ayant déjà servi, mais qui étant encore en état de servir devraient être assujettis au droit de 10 fr. applicable aux caractères d'imprimerie ***neufs*** (*Circ.* 704).

Carrosserie.—Les voitures de toute sorte, suspendues ou non, y compris les voitures de chemin de fer, d'agriculture et de roulage, les wagons de terrassement, les chariots, les tombereaux, les vélocipèdes, sont taxés à 10 p. 100 de la valeur sous la dénomination générale de carrosserie. A l'exception des articles en métaux, tels qu'essieux, ressorts et bandages de roues, et des pièces de charronnage spécialement dénommés aux tarifs conventionnels, les parties de voitures, de wagons ou de charrettes importées séparément, y compris les roues et les centres de roues en fonte ou fer, suivront le régime de la carrosserie.

Les voitures d'enfant, de nature à ne pouvoir être traînées qu'à bras, rentrent dans la classe de la bimbeloterie.

Il est supposable que les voyageurs venant d'Angleterre ou de Belgique ne réclameront plus le bénéfice de l'art. 18 de la loi du 27 juillet 1822, puisque l'application du droit conventionnel leur deviendra plus favorable. Mais les autres dispositions rappelées note, (683) du Tarif général de 1844, notamment en ce qui concerne les voitures des ambassadeurs ou des ministres étrangers, sont maintenues. On ne perdra pas de vue non plus les dispositions de la circulaire du 16 sept. 1837, n° 492, aux termes de laquelle les voitures importées par les voyageurs qui ne doivent pas séjourner en France plus d'un mois, sont affranchies de la consignation et peuvent être remises temporairement sous acquit-à-caution descriptif (*Circ.* 798).

Couleurs non dénommées.—On doit ajouter à la liste des couleurs non dénommées, qui est donnée dans la note 475 du Tarif officiel de 1844, diverses couleurs qui dérivent de la houille, et qui sont connues dans le commerce sous les noms de fuchsine, azaléine, roséine, azuline, bleuine, indisine, etc. (*Circ.* 704).

Coutellerie. — Sont rangés dans la coutellerie, et, à ce titre, passibles du droit de 20 pour 100 de la valeur, les couteaux sans exception des couteaux de chasse et de boucher, les ciseaux, rasoirs, canifs, grattoirs, poinçons à papier, limes à ongles, etc., les fourchettes en fer ou en acier, emmanchées ou non, même les fourchettes d'un travail grossier que la note (664) du Tarif officiel place dans la mercerie. Mais les couperets ou hachoirs de boucher, les tranchets ou couteaux de cordonnier, de mégissier, de corroyeur et de tonnelier, ainsi que les couteaux à pied pour sellier et tous les gros instruments tranchants fabriqués dans les ateliers de taillanderie et qui sont emmanchés sans luxe aucun, doivent être rangés parmi les outils en acier ou en fer rechargé d'acier, suivant leur nature.

Les couteaux à lames ou à manches d'or, d'argent ou de vermeil sont classés dans l'orfévrerie. Toutefois, la douane pourra, sur la demande des importateurs, évaluer séparément les lames et les manches, pour appliquer aux uns et aux autres le régime particulier qui leur serait propre si on les introduisait isolément. Les médaillons d'or, d'argent ou de vermeil, les viroles et plaques en mêmes métaux, dont on orne souvent les manches en os, en ébène, en ivoire ou en nacre, ne suffisent pas pour faire ranger ces manches dans l'orfévrerie (*Circ.* 704).

Minerai de cuivre. — Les scories cuivreuses et les minerais enrichis par le grillage ou la fusion sont assimilés au minerai cru (*Circ.* 704).

Cuivre brut. — L'immunité des droits, stipulée à l'égard du cuivre pur ou allié de zinc ou d'étain, s'étend, suivant les dispositions de la note (356) du Tarif officiel de 1844, aux barres ou plaques régulières propres au laminage, lorsqu'elles proviennent de première fusion. Les prescriptions de la même note continueront d'être appliquées à la mitraille ou débris de vieux ouvrages en cuivre, aux monnaies hors d'usage, aux vieilles feuilles de cuivre ayant servi au doublage des navires, enfin aux flans à monnaies et à médailles (*Circ.* 704).

Cuivre battu, laminé ou filé.—La plupart des dispositions rappelées dans les notes (357 et 358) du Tarif de 1844 avaient eu pour conséquence de constituer en faveur de produits nécessaires à nos industries un régime exceptionnel, nonobstant la prohibition générale établie par la loi à l'égard des ouvrages en cuivre. Ces exceptions n'ont plus de raison d'exister pour les marchandises d'origine anglaise à l'égard desquelles la prohibition est levée. Les objets qui avaient été ainsi spécialement dénommés doivent aujourd'hui être rangés dans la classe des produits compris dans le tarif conventionnel qui leur est propre d'après leur nature. Par exemple, les fonds de chaudières, poêlons, casseroles, bassines, etc., travaillés ou non au marteau, les plaques à verdet, les plaques pour cadrans d'horloge ou de pendule, les clous et les chevilles de cuivre pur ou allié, sont des ouvrages en cuivre devenus passibles du droit de 25 fr. Somme toute, de l'ensemble des marchandises énumérées dans les deux notes susmentionnées, les feuilles ou planches pour doublage de navires, les barres forgées, les barres à chevilles, les rouleaux pour tréfileries, les feuilles à clinquant en cuivre pur resteront seuls rangés parmi les cuivres laminés ou battus. Les planches non dorées pour impression acquitteront aussi, comme les cylindres, le droit de 15 fr.

La taxe sur les cuivres filés étant la même que sur les cuivres laminés ou battus, il n'y a pas de limite de diamètre à établir.

Les cordes à instruments, polies ou non, enroulées ou non sur bobines, ainsi que les fils propres à la broderie, autres que dorés ou argentés, seront également soumis, sans distinction, au droit de 15 fr. (*Circ.* 704).

Cuivre doré ou argenté. — Tous les cuivres dorés ou argentés, sous quelque forme qu'ils soient présentés, en lingots, battus, tirés, laminés, filés sur fil ou sur soie, sont uniformément taxés à 100 fr. On a compris dans cette catégorie les cordes d'instruments enroulées ou non, les feuilles, traits, lames, paillettes, clinquants et cannetille fabriqués avec du cuivre doré ou argenté, ainsi que les objets de nature analogue en composition, métalliques, non spécialement taxés (*Circ.* 704).

Essence de houille.—Le droit conventionnel de 5 p. 100 s'applique à l'essence de houille, à la benzine qui n'est que de l'essence de houille purifiée. La nitrobenzine et l'aniline acquittent la même taxe comme dérivées de l'essence de houille (V. *Couleurs non dénommées*, page 138).

Étain.—Pour que l'étain brut allié d'antimoine soit passible du droit de 5 fr., il faut, comme pour le plomb, que l'antimoine entre dans le mélange pour une proportion de 10 p. 100 au moins.

Les compositions métalliques d'étain où domine le cuivre, suivent le régime de ce dernier produit ; en d'autres termes, elles sont reçues en franchise ou assujetties au droit de 15 fr., selon qu'on les importe brutes ou laminées (*Circ.* 704).

Fers en barres. — Les *bandes de roues* en fer qui, suivant ce qui est rappelé à la note (342), du Tarif général (édition de 1844), sont assimilées aux fers en barres carrées de moins de 15 millimètres d'épaisseur, doivent, pour l'application de la convention, être traitées comme pièces détachées de machines passibles du droit de 15 fr. les 100 kilog. Toutefois, il doit demeurer entendu que si l'on présentait des barres droites de fer ou d'acier profilées au laminoir ou sous le marteau et même coupées de longueur pour former des bandages de roues de locomotives, de wagons ou de charrettes ordinaires, ces produits seraient taxés comme les barres de fer ou d'acier, suivant leur nature (*Circ.* 704).

Fers bruts en massiaux ou prismes retenant encore des scories. — Ils sont assujétis à un droit de 5 fr. par 100 kilog. ; ceux de ces massiaux qui seraient *purgés de scories* doivent suivre le régime des fers en barres. Si donc l'on présentait comme massiaux des fers purgés de scories et n'ayant pas l'aspect inégal, rugueux et criqué des massiaux proprement dits, le droit général de 7 fr. établi sur les fers serait applicable (*Circ.* 696).

Fers. — Tôles. — Le droit supplémentaire de 10 p. 100 est exigible pour toutes les tôles, fortes ou minces, qui, disposées pour un emploi industriel quelconque ne conservent plus leur forme rectangulaire (*Circ.* 696).

Fer-blanc. — On rappelle qu'aux termes de la note (346) du tarif de 1844, les caisses de fer-blanc, dans lesquelles ce métal est parfois importé en feuilles, paient, comme ces feuilles elles-mêmes, le droit de 16 fr. (*Circ.* 696).

Fils de fer. — Le tarif conventionnel qui soumet au droit de 14 fr. les fils de fer ayant cinq dixièmes de millimètre de diamètre ou moins, et range ceux de plus forte dimension dans la classe des fers en barres, ne fait aucune distinction suivant que les uns ou les autres sont ou non étamés, cuivrés ou zingués. Par une conséquence de cette disposition, les cordes métalliques en fer, blanches, pour instruments, suivront le régime des fils de fer ordinaires, selon leurs dimensions. Elles devront ainsi acquitter le droit de 7 fr. ou celui de 14 fr. suivant qu'elles auront plus de cinq dixièmes de millimètre de diamètre ou bien cinq dixièmes de millimètre et au-dessous. Mais il est recommandé au service de s'attacher à distinguer avec soin les cordes d'instruments en *fil d'acier* des cordes de même sorte en *fil de fer*, afin de n'appliquer aux unes et aux autres que les droits qui leur sont propres et dont la quotité est très-différente (*Circ.* 704).

Acier en barres. — La note (337) du Tarif officiel et la circulaire des Douanes, n° 558, assimilent à l'acier les barres de fer rechargé d'acier et les massiaux d'acier. S'il en était présenté, on les assujettirait au droit de 15 fr. Ce droit porte d'ailleurs, sans distinction, sur les aciers en barre de toute sorte, quels qu'en soient la valeur et le mode de fabrication (aciers naturels, puddlés, cémentés ou fondus) (*Circ.* 696).

Acier en tôle. — Ainsi que l'a expliqué la circulaire n° 696, le droit de 30 fr. est applicable aux bandes d'acier ayant deux millimètres d'épaisseur ou moins, quelle que soit leur largeur. Ce régime doit s'étendre : 1° à toutes les bandes d'acier, droites ou enroulées, blanches ou brunies, bleuies ou polies, destinées, par exemple, soit à la confection de ressorts d'horlogerie, soit à tout autre usage, sans qu'il y ait lieu à établir aucune distinction de taxe eu égard à leur emploi ; 2° aux feuilles de tôle d'acier taillées ou non en bandes, importées pour servir à la fabrication des plumes métalliques ; 3° aux bandes blanches laminées à froid, quelle qu'en soit l'épaisseur. Mais si ces bandes d'acier revêtent des formes particulières, sont amincies ou découpées d'une façon ou d'une autre, et même trempées, elles restent dans la classe des ouvrages en acier pur non dénommés, passibles du droit de 40 fr. (*Circ.* 704). (Voir d'ailleurs l'article *Fournitures d'horlogerie.*)

Tout ce qui n'est pas tôle d'acier, dans l'acception des termes du Tarif conventionnel, doit être considéré comme acier en barres ou feuillard. Ainsi la tôle noire est dans ce cas pourvu qu'elle soit à l'état brut (*Circ.* 764).

Fils de coton. — Le tarif des fils de coton a pour base ce principe que le prix de *l'entretien* annuel d'une broche de filature, c'est-à-dire les frais d'établissement, les dépenses de force motrice et de main-d'œuvre, etc., sont en moyenne les mêmes, quel que soit le numéro du fil produit : d'où il suit que la différence dans le prix de revient des divers numéros de fils résulte de la différence dans la quantité obtenue en poids dans un même espace de temps. Ainsi, l'on comprend, par exemple, que si une broche filant du n° 20 produit par an 23 kilog. et la broche filant du n° 100 ne produit que 2 kilog. 25 gr., le prix de façon de ces deux sortes de fil présente un écart considérable. C'est en tenant compte et de la différence de ces prix de façon par chaque numéro, et de la différence existant entre les frais de l'entretien annuel d'une broche à l'étranger et en France, qu'a été réglée l'échelle de droits pour les fils de coton d'origine anglaise ou belge.

Fils simples blanchis. — Le fil simple blanchi, qui, outre le supplément de main-d'œuvre qu'il reçoit, subit par le lavage et le dégraissage une réduction de poids, est assujetti à une augmentation de 15 p. 100 du droit afférent au fil simple écru.

Fils simples teints. — Pour les fils simples teints en toute couleur, un droit fixe de 20 cent. par kilog. est ajouté au droit applicable aux fils à l'état d'écru suivant le numéro.

Ce supplément de taxe demeure invariable, quelle que soit la finesse du fil, parce qu'il n'en coûte pas plus généralement pour teindre un kilogramme de fil développé en 100,000 mètres qu'un kilogramme mesurant 20,000 mètres seulement (*Circ.* 798).

Fils retors à deux bouts. — Pour le fil de coton retors à *deux bouts* à l'état d'écru, le droit se compose du droit afférent au fil simple écru avant le retordage augmenté de 30 p. 100 représentant le supplément de protection qui peut être accordé à la façon du retordage. On sait que dans le commerce, le fil retors est désigné d'après le numéro du fil simple entrant dans sa composition.

Les mêmes fils, blanchis, supportent une addition de taxe de 15 p. 100. Teints, le droit applicable est celui du fil écru retors, augmenté, quelles que soient la couleur et la finesse des fils, de 25 cent. par kilog.

Fils retors à trois bouts et plus. — Le plus souvent, le fil est vendu en pelotes, bobines ou écheveaux dont le poids et la valeur sont modifiés par des conditions accessoires ; aussi il eût été difficile d'adopter un tarif réglé exactement sur les éléments du prix de revient. C'est ce qui a conduit à tarifer les fils retors à trois bouts et plus d'après une base fixe (les 1,000 mètres), en établissant seulement deux classes qui correspondent à deux catégories de prix très-différentes l'une de l'autre, celle des fils à simple torsion, spécialement les fils à trois bouts, et celle des fils à plusieurs torsions ou câbles de six bouts, neuf bouts, etc.

La première classe est soumise au droit de 6 cent. et la seconde au droit de 12 cent. par mille mètres, sans qu'il y ait à faire de distinction entre les fils écrus blanchis ou teints (*Circ.* 798).

Fils de jute. — Il n'est pas établi de types pour déterminer le degré de finesse des fils de jute. Mais les classes n'en sont pas nombreuses, et, de plus, la tarification spéciale dont ils sont l'objet s'arrête aux fils mesurant plus de 6,000 mètres au kilogramme. Il ne s'agit donc que de gros fils dont le classement n'offrira pas de difficultés dans la pratique.

Le Tarif conventionnel ne distinguant pas entre les fils simples et les fils retors de jute, il y a lieu de traiter les fils de jute retors, même à plusieurs bouts, comme fils simples (*Circ.* 764).

Fils de laine. — Comme pour les fils de lin ou de chanvre, le tarif des fils de laine de toute sorte repose sur la finesse des fils déterminée par le rapprochement comparé du poids et du métrage. Ce tarif comprend neuf classes de droits suivant les divers degrés de finesse.

Il établit deux catégories pour les fils retors : l'une embrasse les fils retors pour le tissage et l'autre les fils retors pour tapisserie. Les premiers acquittent le droit afférent aux fils de laine simples employés au retordage, augmenté de 30 p. 100 : pour les seconds, qui sont formés de laine de prix et constituent un produit de luxe, le droit est celui du fil simple élevé au double. La longueur du fil retors se détermine en multipliant cette longueur par le nombre de bouts dont le fil est formé.

Le blanchiment, comme l'indiquent les tarifs conventionnels, n'entraîne aucune augmentation dans la quotité du droit, soit pour les fils simples, soit pour les fils retors. Mais, s'ils sont teints, ils doivent acquitter, outre le droit du fil non teint selon l'espèce et la classe, un surcroit de taxe de 25 cent. par kilogramme (*Circ.* 798).

Fils de lin et de chanvre. — Tout fil ayant reçu *un degré quelconque* de blanchiment sera considéré et traité comme fil blanchi. Les fils crêmés et ceux auxquels on a donné la couleur jaunâtre par des moyens artificiels, par exemple, à l'aide d'un oxyde de fer, suivront le régime des fils blanchis ou teints. Il en sera de même des *lunements*, c'est-à-dire des fils grossiers fabriqués avec des étoupes blanchies et dont on fait des mèches pour lampions, cierges, chandelles, etc., etc. Les fils non tissés qui forment le bout des pièces de toiles de lin ou de chanvre sont passibles du droit qui leur est propre d'après leur degré de finesse ou leur état, lorsqu'ils sont importés séparément (*Circ.* 764).

Horlogerie.—Tous les articles désignés sous cette appellation dans les notes 638 à 642 du Tarif officiel de 1844, acquitteront le droit uniforme de 5 p. 100 de la valeur. Il n'y aura pas de distinction à faire pour les cages de pendules. On s'abstiendra également d'en établir à l'égard des boîtes à carillons, à moins que, par leur matière et par le fini de leur travail, le carillon ne doive être considéré comme l'accessoire. Dans ce cas, le tout devra être traité, suivant qu'il y aura lieu, comme orfévrerie ou bijouterie, ou comme tabletterie. Les grands chronomètres, désignés sous le nom de montres marines, restent classés parmi les instruments de précision. Aucune modification n'est apportée aux règlements en vigueur pour l'application du droit de garantie.

Fournitures d'horlogerie.—Il s'agit principalement des diverses pièces énumérées dans la note 643 du Tarif général (édition de 1844) et des ressorts d'acier trempés, recuits, polis ou bleuis, en un mot, entièrement finis et prêts à être mis en place dans une pendule, une montre ou une autre pièce d'horlogerie (*Circ.* 704).

Instruments de chirurgie. — La taxe de 10 p. 100 établie pour les instruments de chirurgie s'applique aussi, suivant ce qui est réglé par le Tarif officiel, aux instruments de chimie en métal. Toutefois, ceux qui seraient en or, en argent ou en vermeil, devraient être traités comme l'orfévrerie (*Circ.* 704).

Instruments d'optique et de précision. — Les petites boussoles, les lorgnettes ou lorgnons, les lanternes magiques de toutes sortes, les lunettes à branches et les compas communs de bureau, classés dans la mercerie d'après le Tarif officiel, acquitteront aussi le droit de 10 p. 100 (*Circ.* 704).

Mélasses. — La richesse des mélasses anglaises ou belges déclarées pour la consommation s'établira au moyen du prélèvement d'échantillons qui seront adressés à l'administration pour être soumis à l'expertise (*Circ.* 798).

Objets de collection hors de commerce. — Les plénipotentiaires des hautes parties contractantes sont convenus que la liste des objets de collection hors de commerce embrasserait, savoir :

1° Les échantillons d'objets d'histoire naturelle, les coquillages, les plantes desséchées ou herbiers, les minéraux choisis (sauf les pierres gemmes), les pétrifications, les coquilles fossiles, etc.

2° Les objets de curiosité, les antiquités égyptiennes, grecques ou romaines, etc., les vieilles armures, les armes autres que de guerre et de fabrication antérieure au XVIIIe siècle en usage en Europe, les manuscrits de toute sorte, les meubles de Boule anciens, à l'exclusion des imitations des meubles de l'espèce de fabrication moderne, les meubles en vieux laque, les meubles chinois, etc.

3° Les objets d'art en bronze, marbre, pierre, bois, etc., comme statues, statuettes, bas-reliefs et autres sculptures, lorsque ces objets seront antérieurs au XVIIIe siècle : les vases et autres poteries étrusques, à l'exclusion des imitations des poteries de l'espèce, les tableaux de toute sorte, les cadres, les miniatures et autres peintures sur toile, bois, cuivre, marbre, etc. ; les émaux, les verres avec peintures fines; les verres anciens dits de *Venise* et les vieux vitraux ; les épreuves de daguerréotype, à l'exception de celles sur papier qui suivent le régime des gravures et des lithographies, les pièces de mécanique curieuses, etc.

4° Tout ce qui appartient à la numismatique, comme médailles, camées et pierres gravées, antérieures au XVIIIe siècle, vieilles monnaies hors de cours, de modèles et types différents, quand elles ne sont qu'en échantillons, médailles, jetons ou pièces de plaisir, même modernes, pourvu, dans ce dernier cas, qu'il n'y en ait qu'un petit nombre de chaque espèce, et qu'ils soient notoirement destinés à former collection.

5° Les statues modernes en marbre ou en pierre.

Les tableaux, comme on l'indique ci-dessus, seront admis en franchise, cadre compris, pourvu toutefois que le cadre ne forme que l'accessoire (*Circ.* 764).

Or et argent battus en feuilles. — Il a été convenu entre les plénipotentiaires que l'on ne fera pas entrer dans le calcul du poids celui du papier qui forme les livrets.

Orfévrerie et bijouterie. — L'abaissement de la quotité du droit a permis, dans le règlement du nouveau Tarif conventionnel, de supprimer toute distinction entre la bijouterie et l'orfévrerie d'or, d'argent, de vermeil, de platine, d'aluminium et d'autres métaux précieux ou communs. Le régime d'une partie des objets repris d'ordinaire sous l'appellation générale d'*orfévrerie fausse* a été indiqué par les articles : *Ouvrages en plaqué, argentés ou dorés*, etc. Quant aux autres objets compris en outre dans la même dénomination d'orfévrerie fausse, et aux ouvrages de *bijouterie fausse*, ils acquitteront le même droit que la *bijouterie fine*.

Indépendamment des taxes de douane, les articles d'orfévrerie et de bijouterie d'origine britannique ou belge, importés en France, seront soumis au régime de contrôle établi pour les articles similaires de fabrication nationale, et paieront, sur la même base que ceux-ci, les droits de marque et de garantie.

Pour ce qui concerne la marque de fabrication dont l'orfévrerie et la bijouterie fausse doivent être revêtues, voir les explications mentionnées à l'article des *Ouvrages dorés ou argentés*, page 149 (*Circ.* 704).

Ouvrages en acier, outils. — La première catégorie embrasse sous une même taxe de 40 fr. les outils en pur acier de toute sorte, emmanchés ou non, énumérés ou non au Tarif général et dans les notes (656, 657 et 659) du Tarif officiel (édition de 1844), sans aucune des distinctions actuelles. Les archets de tourneur, placés aujourd'hui dans la mercerie, seront traités comme outils ; les serans ou peignes à peigner le chanvre, le lin, etc., acquitteront, comme pièces détachées de machines, le droit de 30 fr. (*Circ.* 704).

Ouvrages en bois. — Futailles vides. — Pièces de charpente. — Avirons. — Ouvrages non dénommés.— Les ouvrages en fer n'étant plus prohibés, les dispositions restrictives mentionnées dans la note (608) du Tarif général édition de 1844, ne devront pas être appliquées aux futailles cerclées en fer importées dans les conditions du traité. On ne taxerait séparément les cercles qu'autant qu'ils seraient, ou apposés sur des futailles hors d'usage, ou appliqués évidemment en trop grand nombre pour que l'on ne fût pas fondé à supposer qu'en les important ainsi on ait en vue d'éluder une partie des droits dont les fers feuillards sont frappés. Si, au contraire, les futailles étaient entourées de vieux cercles qu'on offrirait de briser en douane, les futailles deviendraient admissibles en franchise et les débris de cercles seraient traités comme ferraille. Le droit de 10 p. 100 ne s'appliquera, dans aucun cas, aux futailles démontées : en bois, elles jouiraient de l'exemption ; avec cercles en fer, le démontage ferait rentrer ceux-ci dans la classe des fers feuillards.

Les facilités accordées pour l'admission temporaire des futailles étrangères et pour le retour des futailles vides exportées pleines sont confirmées.

La franchise concédée pour les pièces de charpente et de charonnage même entièrement façonnées ne s'étend pas à celles qui se trouvent armées de fonte et de fer. La partie en métal doit être spécialement taxée, selon sa nature, comme ferronnerie et comme serrurerie.

Façonnés ou bruts, les avirons seront reçus en exemption de droits.

Les ouvrages en bois, repris au Tarif général et non spécialement dénommés dans le Tarif conventionnel seront taxés à 10 p. 100 de la valeur. Le service se reportera aux notes 711, 712 et 714 du Tarif officiel, et ne perdra pas de vue la restriction applicable aux bois de fusil et de pistolet achevés ; mais les viroles en métal et autres accessoires dont quelques ouvrages sont pourvus, justifieraient d'autant moins un déclassement que la tarification à la valeur permet d'atteindre l'ensemble de la fabrication (*Circ.* 764).

Ouvrages en caoutchouc ou en gutta-percha. — Les ouvrages en caoutchouc simplement refondus, purs ou mélangés, se composent principalement de fils, feuilles, soupapes, tuyaux, bandes pour transmission, plaques fournitures de bureau, ballons, etc.

Les traités franco-anglais et franco-belge n'ont conservé qu'un petit nombre de catégories bien définies pour les ouvrages en caoutchouc combiné. Elles se composent : 1° de tissus de toute sorte ou autres matières recouverts d'une couche de caoutchouc; le droit de 100 fr. leur est applicable; 2° puis viennent les vêtements confectionnés qui peuvent être rattachés, comme les produits de la première catégorie, à la classe des tissus *imperméables ;* ils sont assujettis au droit de 120 fr. ; le supplément de taxe de 20 fr. représente la main-d'œuvre de confection. 3° Enfin, dans une troisième catégorie sont rangés les ouvrages en tissus ***élastiques*** (pièces de toutes dimensions) : ce sont des tissus résultant de la combinaison de fils de caoutchouc entourés de coton ou de soie, ou de soie et coton, employés comme chaine, avec des fils de coton, de soie, d'alpaga, employés comme trame ; en général, ces tissus ne se fabriquent qu'en bandes mesurant au plus 18 centimètres de largeur : on en fait des bretelles, des jarretières, des ceintures, des bracelets, des bandes pour cordonnerie, etc. La présence de boucles, d'accessoires en cuir, etc., ne saurait avoir pour résultat de modifier le régime de ces ouvrages, qui demeurent soumis au droit de 200 fr. les 100 kilog.

Les plaques et rubans de cardes sur caoutchouc et les plaques et rubans de caoutchouc sont soumis, d'après les traités, savoir : les uns aux droits de 60 fr., les autres au droit de 20 fr. par 100 kilog. (Voir *Machines* et *Mécaniques*, pièces détachées.) (*Circ.* 798.)

Ouvrages en fonte.—*Poterie.*—Il a été entendu, en outre, dans les négociations, que les pots de sucrerie, les chaudières à sucre et les poêles en fonte suivraient le régime de la poterie en fonte. (*Circ.* 764.)

Ouvrages en fer : Ferronnerie et serrurerie.—Pour que les grilles, lits, siéges et autres meubles en fer appartiennent à la catégorie des articles taxés à 9 fr. quand ils sont ornés en fonte, en cuivre ou en acier, il faut que ces ornements ne soient réellement qu'un accessoire de l'objet principal ; s'ils ont assez d'importance pour constituer une partie notable du produit en poids ou en volume, l'objet entier devient passible du droit de 17 fr. ou de 20 fr., suivant la distinction indiquée à l'article des ouvrages en fer ou en tôle non dénommés.

Les grilles en fer creux sont traitées comme tubes.

Les essieux, ressorts et bandages de roues ne sont pas compris dans la nomenclature de la ferronnerie. Ils figurent parmi les pièces détachées de machines.

Les articles désignés sous l'appellation générale de serrurerie demeurent tarifés à 15 fr. alors même qu'ils sont vernis ou peints. Ceux de ces objets, tels que les cadenas, qui sont rangés par le Tarif général dans la classe de la mercerie, cessent d'y figurer pour l'application du traité (*Circ.* 704).

Tubes en fer. — La note ci-jointe due à M. Combes, inspecteur général des Mines, indique un moyen pratique de reconnaître les principaux caractères qui séparent les deux classes de tubes en fer soudés par simple rapprochement et sur mandrin et à recouvrement.

La douane, dans ses vérifications, se guide sur les indications de cette note (*Circ.* du 3 mai 1861) :

« Indépendamment des notions essentielles sur le mode de soudure que l'on « peut obtenir en ouvrant le tube par l'enfoncement d'un cône en fer, on peut « signaler les différences ci-après :

« 1° La régularité du calibrage intérieur et extérieur des tubes étirés sur man- « drin et soudés à recouvrement est beaucoup plus grande que pour les tuyaux « étirés et soudés par simple rapprochement. Les surfaces sont aussi beaucoup « plus unies dans les premiers que dans les seconds.

« 2° Les tuyaux en fer étirés et soudés par simple rapprochement, pour con- « duites de gaz, d'eau ou de vapeur, portent, en général, à leurs extrémités et « extérieurement, un filet de vis qui sert à l'assemblage des tuyaux entre eux au « moyen de manchons taraudés intérieurement. Les tubes en fer étirés et soudés « sur mandrin et à recouvrement pour chaudières à vapeur ne sont pas pourvus « de filets de vis aux extrémités, du moins en général.

« 3° On ne fabrique point en Angleterre ni ailleurs de tubes pour chaudières « à vapeur soudés sur mandrin et à recouvrement qui aient moins de 30 milli- « mètres de diamètre extérieur ; il est même rare que l'on en fabrique d'aussi

« petites dimensions. Tous les tubes en fer étirés de diamètre moindre que 30 milli-
« mètres peuvent donc être considérés comme soudés par simple rapprochement,
« à moins d'indices positifs d'un autre mode de fabrication.

« 4° Le rapport de l'épaisseur du métal au diamètre du tube est toujours
« beaucoup moindre dans les tubes étirés et soudés sur mandrin et à recouvre-
« ment que pour les tuyaux de conduites de gaz, d'eau, etc., soudés par simple
« rapprochement. Ce caractère est le plus général de tous, parce qu'il a sa raison
« d'être non-seulement dans la différence des modes de fabrication, mais aussi
« dans la destination différente des deux classes de tubes en fer. On peut poser
« les règles suivantes : dans un tuyau étiré et soudé par simple rapprochement,
« l'épaisseur du métal n'est presque jamais inférieure aux $\frac{14}{100}$ du diamètre inté-
« rieur. Dans un tube étiré et soudé sur mandrin et à recouvrement, l'épaisseur
« du métal ne dépasse jamais ou presque jamais les $\frac{7}{100}$ du diamètre extérieur.
« C'est ce qui résulte du tableau suivant des dimensions usuelles (diamètre et
« épaisseur) des tuyaux de conduites d'eau, de gaz ou de vapeur et des tubes en
« fer pour chaudières à vapeur, tels qu'ils sont fabriqués aujourd'hui en Angle-
« terre. Toutefois, il faut se garder de considérer les nombres qui y figurent
« comme absolus. Ils peuvent varier et varient, en effet, d'une usine à l'autre
« et quelquefois dans la même usine ; mais le rapport de l'épaisseur au diamètre
« étant presque de moitié moindre dans les tubes soudés sur mandrin que dans
« les tubes soudés par simple rapprochement, il n'y aura jamais ou presque
« jamais de confusion possible ; l'indice de l'épaisseur pouvant d'ailleurs être con-
« trôlé par les caractères qui ont été précédemment signalés. » ***(Note de M. Combes, inspecteur général des Mines).***

***TABLEAU** des dimensions des tuyaux en fer pour conduites de gaz, d'eau ou de vapeur, étirés et soudés par simple rapprochement.* (*Droit de* 13 *fr. par* 100 *kilog. lorsque le diamètre égale ou dépasse* 9 *millimètres, et de* 25 *fr. par* 100 *kilog. pour les diamètres inférieurs*).

DIAMÈTRE intérieur.	ÉPAISSEUR du métal.	RAPPORT de l'épaisseur au diamètre intérieur. (1)	DIAMÈTRE intérieur.	ÉPAISSEUR du métal.	RAPPORT de l'épaisseur au diamètre intérieur
Millimètres.	Millimètres.		Millimètres.	Millimètres.	
5	2,5	$\frac{50}{100}$	21	3	$\frac{14}{100}$
8	2,5	$\frac{31}{100}$	25	4,5	$\frac{18}{100}$
12	1,5	$\frac{21}{100}$	33	4,5	$\frac{14}{100}$
15	3	$\frac{20}{100}$			

(1) Il peut y avoir des dimensions intermédiaires entre celles qui sont indiquées au tableau.

***TABLEAU** des dimensions des tubes en fer pour chaudières à vapeur, étirés et soudés sur mandrin et à recouvrement. (Droit de 25 fr. par 100 kilog.)*

DIAMÈTRE extérieur.	ÉPAISSEUR du métal.	RAPPORT de l'épaisseur au diamètre intérieur.	DIAMÈTRE extérieur.	ÉPAISSEUR du métal.	RAPPORT de l'épaisseur au diamètre intérieur.
Millimètres.	Millimètres.		Millimètres.	Millimètres.	
34,75	2,4	$\frac{7}{100}$	57	2,8	$\frac{5}{100}$
35	2,4	$\frac{7}{100}$	63,5	3	$\frac{5}{100}$
38	2,4	$\frac{6}{100}$	69,8	3	$\frac{4}{100}$
41,3	2,4	$\frac{6}{100}$	76,2	3	$\frac{4}{100}$
44,4	2,4	$\frac{5}{100}$	82,5	3,4	$\frac{4}{100}$
47,7	2,8	$\frac{6}{100}$	88,9	3,4	$\frac{4}{100}$
50,8	2,8	$\frac{5.5}{100}$ ou $\frac{55}{1000}$	95,2	3,4	$\frac{3.6}{100}$ ou $\frac{36}{1000}$
55	2,8	$\frac{5}{100}$	101,6	3,8	$\frac{3.7}{100}$ ou $\frac{37}{1000}$

Articles de ménage en fer et autres ouvrages en fer non dénommés. — Sous le titre d'articles de ménage et autres ouvrages non dénommés on a entendu comprendre indistinctement tous les objets en fer, en tôle ou en fer-blanc, quelles que soient leur forme, leur affectation ou leur valeur, qui ne trouvent pas place dans les divisions précédentes, à l'exception des machines et mécaniques et des toiles métalliques nommément tarifées.

Les produits en fer, tôle ou fer-blanc, classés aujourd'hui dans la mercerie par le tarif officiel, rentrent pour l'application du traité dans cette dénomination d'***articles de ménage et autres ouvrages non dénommés*** : ce sont notamment les anneaux, boucles, briquets, broches à tricoter, cages d'oiseaux, chandeliers, couvercles de pipe, cribles, cuillers, dés à coudre et à jouer, et dés de voilier, éperons limés, noircis, étamés ou polis, étriers limés, noircis, étamés ou polis, flambeaux, grelots, guimbardes, lanternes à la douzaine, mouchettes, moules à balle, autres que de calibre de guerre, moules ou formes de boutons vernis ou non, moulins à café et à poivre montés, navettes à filocher, passe-lacets, pinces à casser le sucre, pinces à ongles, roulettes à déchiqueter la pâte, tire-bottes, tire-bouchons, mèches de tire-bouchons, tire-bourres, tire-boutons, tire-lignes, briquets polis ou damasquinés, patins et tous articles en fer que le répertoire du Tarif officiel désigne comme rentrant dans la classe de *la mercerie* (*Circ.* 704).

Petits objets en acier. — Il s'agit surtout ici des objets de fantaisie et d'ornement que la mode invente et transforme chaque jour. Ce sont, outre les perles d'acier, les coulants, broches pour toilette de femme, les dés à coudre, *les épingles à grosse tête en acier*, les garnitures ou accessoires pour ceintures, bourses, portefeuilles, coffrets, etc. Importés séparément, tous ces objets seront passibles du droit de 25 fr., mais appliqués à d'autres produits fabriqués, par exemple, à des ouvrages en cuir, en bois, en os, en nacre ou en ivoire, et s'ils n'en sont que l'accessoire, ils suivront le régime de ces ouvrages (*Circ.* 704).

Articles de ménage et autres ouvrages en acier pur non dénommés. — Cette classe comprend les pelles et pinces à feu en acier, les garde-cendres fabriqués avec ce métal, les cylindres et coins ou planches en acier ou rechargés d'acier gravés ou non, les produits suivants appartenant, d'après le Tarif général, à la mercerie : guimbardes, briquets, clous de cordonnier en acier, éperons, étriers, passe-lacets, tire-bouchons, patins et, en un mot, tous les ouvrages en pur acier qui n'ont pas été désignés, soit dans les classes précédentes, soit dans celles (*Circ.* 704).

Objets en fonte et fer.—Le Tarif annexé à la convention distingue les ouvrages non polis des ouvrages polis, émaillés et vernissés; et subdivise les premiers en deux classes d'après la proportion de fer comprise dans la composition de la pièce. Les ouvrages en fonte et fer polis, émaillés ou vernissés seront tous soumis au droit de 15 fr. Ceux dont le métal n'aura été ni poli, ni émaillé, ni vernissé paieront seuls 5 ou 10 fr., selon que le poids de l'un des métaux dont ils seront composés sera inférieur ou égal et supérieur à la moitié du poids total (*Circ.* 704).

Autres ouvrages en cuivre. — Tous les ouvrages en cuivre pur ou simplement allié de zinc ou d'étain excepté les cylindres, les plaques et les coins, les toiles métalliques et ceux qui se trouvent classés parmi les machines et mécaniques, sont taxés à 25 fr.

Cette disposition s'applique notamment aux chalumeaux, fléaux de balance, lardoires, truelles et autres outils en cuivre ou en laiton, désignés dans le dernier paragraphe de la note (659) du Tarif général de 1844. Les ouvrages brunis, vernis ou bronzés ne sont l'objet d'aucune différence de régime à raison de ce complément de main-d'œuvre. Les articles en cuivre désignés ci-après qui, aujourd'hui et d'après le Tarif général, appartiennent à la mercerie, seront pareillement soumis uniformément au droit de 25 fr., savoir : boucles, briquets polis ou damasquinés, broches à tricoter, cages d'oiseaux, couvercles de pipes, cuillers, fourchettes, grelots, montres solaires pour bergers, mouchettes, moulins à café et à poivre montés, navettes à filocher, passe-lacets, porte-crayons à la grosse, roulettes à déchiqueter la pâte, cadenas, tire-bourres, poires à poudre en cuivre bronzé, tabatières en laiton, peintes, à deux couvercles et à miroir, clous de sellier, porte-cigares (petits objets pour fumer les cigares) en cuivre blanchi ou non, avec ou sans griffes, ornements en cuivre estampé appliqué sur carton destinés, soit à l'encadrement, soit à la confection des porte-monnaie, et tous les objets que le répertoire général du Tarif officiel désigne comme rentrant dans la classe des ouvrages en cuivre non dénommés.

Les broches en cuivre autres qu'à tricoter rentrent dans la classe des pièces détachées de machines, et acquitteront également à ce titre, le droit de 25 fr.

Les lampes à éclairage de tout système seront traitées suivant la nature de la matière (métal, porcelaine, etc.) dont leur cage est formée ; celles qui sont montées en cuivre ou en cuivre allié de zinc ou d'étain seront, dès lors, imposées à 25 fr.

L'industrie offre à la consommation, notamment dans les fournitures de chasse, un assez grand nombre d'objets en os, en bois, en cuir, complétés ou ornés par des accessoires en cuivre. Tant qu'il ne s'agira réellement que d'accessoires, chacun de ces objets demeurera dans la classe à laquelle le rattache sa composition principale.

Les objets d'art en bronze de fabrication antérieure au XVIIIe siècle, les médailles anciennes, les médailles modernes, les vieilles monnaies hors de cours, les jetons de présence ou de plaisir présentés en petit nombre, restent classés dans les objets de collection et affranchis de droits (note 725 du Tarif de 1844). Si les médailles modernes, les vieilles monnaies ou les jetons sont déclarés en assez grande quantité pour être considérés comme étant l'objet d'une spéculation commerciale, ils deviennent passibles de la taxe de 25 fr. (*Circ.* 704).

Ouvrages en zinc de toute espèce.—Tous les ouvrages en zinc, quelle qu'en soit la nature, pourvu que le zinc dont ils sont formés ne soit allié d'aucun autre métal, sont soumis uniformément à une seule et même taxe.

Les clous de zinc pour doublage, rangés par la note (372) du Tarif officiel de 1844 dans la classe des zinc laminés, prendront place parmi les ouvrages en zinc passibles du droit de 10 fr. (*Circ.* 704).

Ouvrages en plomb de toute nature.—Le droit déterminé pour les ouvrages en plomb de fabrication britannique et belge, de toute sorte, s'étend au plomb de chasse et aux balles qui ne sont pas du calibre de guerre.

Les alliages de plomb et d'antimoine ne servent guère dans l'industrie qu'à la fabrication des caractères d'imprimerie. Sous cette forme ils sont taxés spécialement. S'il en était importé en objets de toute autre espèce, on les assujettirait seulement au droit des ouvrages en plomb.

Sont retirés du Tarif général de la mercerie pour passer dans la classe du tarif conventionnel comprenant les ouvrages en plomb : les bagues, cuillers, peignes, pompes de pipe, même celles vernies et dorées, tabatières même peintes et vernies et tous les autres ouvrages en plomb ainsi dénommés par le répertoire général du Tarif officiel (*Circ.* 704).

Ouvrages en étain. — Il n'est établi, par le nouveau Tarif conventionnel, aucune distinction entre les ouvrages en étain fins ou communs, les objets de poterie ou autres.

Les alliages dont l'étain forme la base principale sont soumis au même droit que les ouvrages d'étain. Le plus répandu dans le commerce est généralement désigné sous le nom de *métal anglais.*

Les petits objets en étain désignés ci-après : cassolettes, fourchettes, dés à coudre, avec ou sans ornements en émail, et tous les articles que le répertoire général du Tarif officiel désigne comme rentrant dans la classe des ouvrages en étain non dénommés, et qui, d'après le Tarif général, appartiennent à la mercerie, suivront à l'importation, dans les conditions du traité, le régime des ouvrages en étain (*Circ.* 704).

Ouvrages en nickel ou argentan.—Il contribue dans des proportions qui varient beaucoup à former, avec le cuivre et le zinc, des alliages par les noms d'argentan, melchior, maillechort, argent blanc, argent d'Allemagne, etc. L'argentan de belle qualité contient de 35 à 40 parties de nickel. Tous les ouvrages à base de nickel, quelles que soient les proportions du mélange, acquittent le même droit (*Circ.* 704).

Ouvrages dorés ou argentés. — Aux termes de la loi du 19 brumaire an VI, les ouvrages d'orfèvrerie ou de bijouterie fausse, les objets dorés ou argentés, plaqués ou doublés d'or ou d'argent, doivent être revêtus de l'empreinte du poinçon du fabricant. Ce poinçon, dont la forme a été prescrite par un arrêté de la Commission des monnaies, en date du 17 nivôse an VI, rendu en exécution de l'art. 14 de la loi précitée, est un *carré parfait*, renfermant soit les initiales du fabricant, soit le signe ou symbole adopté par lui pour marque particulière. Il est apposé sans intervention du service de la garantie. Seulement, les employés des contributions indirectes veillent, dans leurs exercices, à ce que les prescriptions des lois et règlements soient observées, et particulièrement à ce que les marques empreintes soient de *forme carrée* exclusivement, et non d'une autre forme, en losange, etc. Les produits similaires anglais destinés à la consommation doivent, conformément aux dispositions de l'art. 9 de la convention, être revêtus du même poinçon de maître, afin d'éviter, d'une part, qu'ils ne soient confondus avec la bijouterie, ou l'orfèvrerie en métaux précieux ; d'autre part, qu'ils ne soient saisis à l'intérieur (*Circ.* 704).

Ouvrages en peau ou en cuir.—Indépendamment de la sellerie fine ou grossière, de la ganterie, des outres vides, des chaussures pour hommes ou pour femmes, fourrées ou non, recouvertes ou non en étoffe, les ouvrages en peau ou en cuir embrassent les nombreux produits énumérés à la note (620) du Tarif officiel de 1844 ; ainsi que les articles de gaînerie, les chapeaux et tabatières en cuir bouilli, shakos garnis en cuir, etc., etc., en général, tous les objets en cuir ou en peau qui, d'après le Tarif général, appartiennent à la mercerie, savoir : les bougettes, bourses, bouteilles, étuis pour instruments de musique, étuis à cigares ou porte-cigares, cornets à jouer, étuis de gaînerie, fouets en cuir ou en peau, gourdes, poires à poudre ou à plomb, portefeuilles de toute sorte avec ou sans serrures, porte-monnaie avec ou sans garnitures, sacoches, soufflets de main, tuyaux de pipes en cuir et tous les objets que le répertoire général du Tarif officiel de 1844 place dans la classe des ouvrages en peau ou en cuir non dénommés.

Comme l'indique la note (618), on range dans la sellerie tous les objets qui se rattachent directement à l'industrie du sellier ; cependant, les étriers, éperons, boucles et autres objets formés exclusivement de métal suivront le régime des autres ouvrages en fer, en acier ou en cuivre. Il doit être entendu, néanmoins, que les ornements en métal dont se trouvent souvent revêtus les harnais, les fontes de pistolets, les fouets, cravaches, etc., sont de simples accessoires dont il ne doit pas être tenu compte pour déterminer le classement (*Circ.* 798).

Peaux préparées. — Les peaux dont on a fait simplement tomber le poil en les passant dans un bain de chaux demeurent dans la classe des peaux brutes, conformément à ce qui est expliqué au paragraphe 2 de la note (609) du Tarif général, édition de 1844 (*Circ.* 798).

Plomb. — La proportion d'antimoine déterminée par une décision du 15 janvier 1855, pour donner ouverture au recouvrement de la taxe la plus élevée, est fixée à 10 p. 100.

Le plomb battu acquittera, comme le plomb laminé et les ouvrages en plomb, le droit de 5 fr. (*Circ.* 704).

Plumes métalliques.—Les plumes métalliques en or ou en argent rentrent dans la bijouterie. Le droit de 100 fr. s'étend aux plumes en métal de toute autre sorte, avec ou sans porte-plumes (*Circ.* 704).

Poterie de grès. — Les termes de poterie de grès, malgré leur généralité, ne s'appliquent qu'à la poterie de grès *commun;* c'est ce qu'indique, au surplus, le texte du Tarif conventionnel où la poterie de grès fin est reprise à part. Le nouveau Tarif établit, comme le Tarif général, deux catégories d'objets en grès commun; mais la première, au lieu de comprendre tous les ustensiles d'arts et métiers, ne comprend plus que les ustensiles et appareils pour *la fabrication des produits chimiques.* Les ustensiles et objets destinés à tous autres usages rentrent dans la seconde catégorie avec la vaisselle de table et de cuisine (*Circ.* 764).

Produits chimiques non dénommés au Tarif conventionnel.—La potasse et l'acide oléique n'étant pas repris aux traités rentrent ainsi, au point de vue de leur application, dans la classe des produits chimiques non dénommés, passibles de la taxe de 5 p. 100 de la valeur; mais la législation générale étant plus favorable que la taxe conventionnelle, tant à l'égard de la potasse qu'en ce qui touche l'acide oléique, c'est par ce motif que, pour ces deux articles, on doit recourir au Tarif général.

Dans la nomenclature des produits chimiques, non dénommés au traité, on remarque les *alcools chimiques,* sur lesquels il est d'autant plus nécessaire d'appeler l'attention qu'ils pourraient être confondus avec les alcools autres qu'eaux-de-vie qui sont taxés à 15 fr., venant d'Angleterre, et à 20 fr. venant de Belgique, tandis qu'ils doivent en réalité acquitter simplement le droit de 5 p. 100 de la valeur.

Alcools chimiques. — Primitivement le nom de l'alcool a été donné au produit de la distillation du jus de raisin fermenté ; il a ensuite été étendu aux produits de la distillation des diverses boissons, et l'expérience a prouvé que ces produits, dont la saveur peut être différente, sont *une matière unique* quelle que soit la substance dont on l'ait retirée; seulement cette matière se trouve plus ou moins mélangée de principes étrangers. Plus tard, on a étendu la dénomination du mot *alcool;* il ne désigne plus seulement des produits différents par le goût, constituant toutefois un liquide unique, que l'on range sous ce nom, mais encore des matières diverses que leur aspect, leur nature, leurs propriétés, leurs applications rendent très-distinctes et que rapprochent seulement certaines qualités chimiques fondamentales. C'est ainsi que chimiquement, on arrive à ranger le glucose ou sucre de fécule dans la classe des alcools. Par cette raison, le service exige que la déclaration indique spécialement le nom chimique particulier de l'alcool importé. Si ce nom d'alcool n'est pas suivi de sa dénomination scientifique, le produit est considéré et traité comme alcool pur de vin.

Il y a donc à distinguer les alcools proprement dits des alcools chimiques, lesquels portent, outre leur nom générique, une désignation spéciale qui permet de les distinguer pour l'application des droits; tels sont l'*alcool méthylique,* ou esprit de bois, et l'*alcool amylique* (*Circ.* 798). *Dérivés de l'essence de houille* (V. *Essence de houille*).

Tabletterie et ouvrages en ivoire. — La note (694) désigne les principaux articles qui devront acquitter, comme tabletterie, le droit de 10 p. 100 de la valeur. La même classification comprend les peignes d'écaille et d'ivoire, les billes de billard et autres ouvrages en ivoire, en écaille ou en nacre, notamment les jouets d'enfants. Il y aura lieu de distraire également de la classe de la mercerie, pour les ranger dans la tabletterie, à laquelle ils appartiennent en réalité, savoir; les brosses à dents à manches d'os, cornets à jouer en corne, cuillers en os ou en corne, dés à coudre ou à jouer en os, écritoires en corne ou en os, étoiles à dévider en os, étuis en os, éventails avec montures en bois, corne, ivoire ou os; fiches à jouer en os, fourchettes en corne, jetons en os, manches d'outils en os, moules ou formes de boutons en os, ouvrages en bois (petits meubles de main et objets analogues); ouvrages de Spa, boîtes ou autres objets en bois blanc avec ou sans ornements ni peintures, recouverts ou non de paille de couleur; ouvrage de bois blanc verni ou en laque de Chine, tels que boîtes à thé, à jeu, à tabac, avec peintures en or, etc; ouvrages en figuier vernissés, passe-lacets en corne ou en os, peignes en bois ou en corne, poires à poudre en bois ou en corne, porte-cigares (petits objets pour fumer les cigares) en bois, corne ou os avec ou sans griffes, porte-mines ou porte-crayons et porte-plumes en bois fin ou os, en écaille ou en nacre, sifflets en bois ou en os, tabatières en bois, tabatières dites d'Écosse vernissées et revêtues de dessins, tranche-papier en bois ou en os, et tous les ouvrages que le répertoire du Tarif général (édition de 1844) range dans la classe de la tabletterie (*Circ.* 798).

Teintures préparées. —*Maurelle.* — Le Tarif entend parler seulement du *tournesol en drapeau,* c'est-à-dire des chiffons de coton peints en rouge par le suc du *croton tinctorium* dans lequel on fait développer une couleur bleue par l'action de l'ammoniaque et de l'air. — Ces chiffons servent à donner le bleu dont on teint principalement certains fromages. On assimile au tournesol en drapeau les chiffons imprégnés de rouge pour fard.

Tissus de coton. — Le Tarif des tissus de coton a été conçu, en général, de manière à tenir compte, aussi approximativement que possible, et de la taxe d'entrée afférente aux fils employés dans leur fabrication, et de la protection nécessaire au travail du tissage. Dans cet ordre de vues, il s'agissait, tout en évitant de multiplier outre mesure les divisions, de retrouver dans le tissu présenté à l'importation le numéro et la valeur du fil.

C'est ce qui a été fait spécialement dans le système de tarification applicable à la catégorie la plus nombreuse des tissus de coton, c'est-à-dire celle qui embrasse les tissus unis, les croisés et les coutils écrus, blanchis ou teints. Les trois classes principales de ces tissus, les subdivisions qu'elles comprennent ont été formées en tenant compte et du nombre de fils renfermés dans un espace de 5 millimètres carrés, et du poids du tissu ramené aux 100 mètres carrés. Ainsi l'application de ce tarif nécessite la triple recherche: 1° du compte des fils cumulés, *en chaîne* et *en trame* dans les 5 millimètres carrés; 2° du poids; 3° du métrage. Les deux premières opérations sont fort simples; le mesurage seul pourrait être plus délicat, surtout quand la pièce est apprêtée, et exiger beaucoup de temps s'il devait être opéré strictement et s'étendre à toutes les pièces; on aura rarement à appliquer cette vérification dans toute sa rigueur.

Sous la dénomination de tissus de coton unis, croisés, doivent entrer toutes les toiles unies ou croisées, depuis les cretonnes les plus lourdes, jusqu'aux organdis et aux mousselines de l'espèce la plus légère, le linge de lit, de table, les mouchoirs, etc.

Sont applicables aux tissus de coton les dispositions mentionnées à l'égard des tissus de lin ou de chanvre, en ce qui concerne: 1° les fractions de fil; 2° les toiles écrues ayant dans la chaîne un ou plusieurs fils de couleur; 3° la toile à liteaux pour linge de table, de toilette (*Circ.* 798).

Toile de coton, peinte, cirée. — Les toiles de coton peintes par tout autre procédé que l'impression, suivront le régime des toiles imprimées. Quant à la toile cirée pour emballage ou pour ameublement, tentures, etc., elle est reprise spécialement dans les tarifs conventionnels résultant des traités conclus avec la Belgique et l'Angleterre. On assimilera à la toile cirée la toile peinte sur enduit pour tapisserie, ainsi que les toiles avec marbrures pour tapis de pied, de table ou de carrosserie (*Circ.* 798).

Broderies à la main. — Cette désignation embrasse les broderies en coton faites à la main sur tissu de coton comme sur tissu de lin ou de chanvre, quel que soit l'instrument dont se soit servi l'ouvrier, aiguilles, crochet, etc. Les broderies à la mécanique autres que les gazes et mousselines pour ameublement rentrent dans la classe des articles non dénommés (*Ibid.*).

Tulles de coton.—Les tulles avec application de dentelles suivront le régime des dentelles et non celui des tulles brodés (*Ibid.*).

Articles en coton non dénommés. — *Bonneterie.* La bonneterie de coton qui n'est pas reprise spécialement aux Tarifs conventionnels franco-belge et franco-anglais fait parti des articles non dénommés,comme tous les autres objets qui n'ont pas été désignés nommément (*Ibid.*).

Tissus de jute. — Les régles appliquées pour les tissus de chanvre, sous le rapport des restrictions d'emballage, de fractions de fils, des fils doubles ou même triples, des fils à liteaux de couleur et des toiles peintes sur enduit pour tapisserie, sont entièrement applicables aux tissus de jute.

Les dispositions relatives aux sacs en toile de lin ou de chanvre sont applicables aux sacs fabriqués avec des fils de jute (*Circ.* 764). V. p. 155, *Sacs.*

Tissus de lin ou de chanvre. — *Dispositions générales.* — Les droits d'entrée suivent une échelle croissante en raison du nombre de fils que présente le tissu en chaîne, c'est- à-dire en longueur, dans l'espace de 5 millimètres.

Pour l'exécution du Tarif conventionnel, les fractions de fil doivent être négligées dans tous les cas.

Conformément à ce qui est réglé à titre général, d'après un avis du Comité des Arts et Manufactures, en date du 14 janvier 1837, les fils doubles de la chaîne des toiles à voiles et les fils doubles ou même triples des toiles qui servent à la confection des seaux à incendie ne doivent être comptés que comme une unité (*Circ.* 764).

Toiles écrues ayant un ou plusieurs fils de couleur. — N'est pas applicable la disposition de la loi du 6 mai 1841 qui assujettit aux droits des toiles peintes les toiles écrues ayant, dans la chaîne ou la trame, un ou plusieurs fils de couleur. D'après le principe sur lequel est basé l'ensemble du Tarif conventionnel, c'est la partie dominante qui doit déterminer le droit à percevoir. Or, dans les toiles dont il s'agit, l'écru dominant, il y a lieu de les considérer comme toiles écrues.

La même règle sera observée à l'égard de la toile à liteaux pour linge de table ou de toilette; cette toile, lorsqu'elle est écrue, doit suivre le régime de l'écru, alors même que les liteaux sont en fil de couleur.

Types. — D'après le Tarif conventionnel, comme d'après le Tarif général, les toiles écrues forment une catégorie spéciale. Suivant le procès-verbal dressé en en exécution de l'art. 28 du nouveau traité de commerce conclu entre la France et la Belgique, trois types ont été arrêtés pour servir à l'application des droits sur les toiles écrues et blanchies. Le type n° 1 est applicable aux toiles de 8 fils et moins; le type n° 2 est applicable aux toiles de 9 à 12 fils inclusivement; le type n° 3 est applicable aux toiles de 13 fils et au-dessus.

Ces types sont déposés dans les bureaux ouverts aux importations de tissus de chanvre et de lin. Ils sont également employés pour les toiles écrues et blanchies d'origine britannique (*Circ.* 764).

Tissus de lin ou de chanvre.—*Toiles blanchies.*—Toute toile qui a reçu, avant ou après le tissage, un degré de blanchîment qui en a rendu la nuance supérieure aux types, doit être rangée dans la classe de la toile blanche. Sont particulièrement de ce nombre les toiles dites amidonnées et les toiles de Flandre connues sous le nom de *petite aunette.* Quant aux toiles dites *blondines,* dont la nuance est sur la limite séparatrice des deux espèces, c'est la comparaison avec les types qui décidera de leur classement parmi les toiles écrues ou parmi les toiles blanches.

Le linge ouvragé, dont le travail présente une chaîne en fil écru et une trame en fil blanc ou teint, doit être rangé dans la classe des tissus blanchis, etc.

Toiles teintes.— On ne doit traiter comme teintes que les toiles qui ont reçu une teinture proprement dite. Celles auxquelles il a été donné une teinte plus foncée que la couleur naturelle, au moyen d'une simple immersion dans de l'eau qui contient en suspension, soit de l'oxyde de fer, soit du noir de fumée ou de l'ardoise pilée, doivent être admises comme écrues. Tel est le cas, notamment, pour les toiles grisâtres et pour les toiles dites jaunâtres dont la plupart se fabriquent en Écosse (*Circ.* 764).

Toiles de lin ou de chanvre peintes.— Les toiles peintes par tout autre procédé que l'impression doivent suivre le régime des toiles imprimées. Quant à la toile peinte sur enduit pour tapisserie, que le Tarif général taxe spécialement, elle rentre, pour l'application du Tarif conventionnel, dans la classe des toiles cirées (*Circ.* 764).

Linge damassé.—Est supprimée la classe de linge de table existant au Tarif général, et qui se divise en linge de table ouvragé et en linge de table damassé. Pour l'application des conventions, le linge de table ou tout autre, ouvragé, rentre dans la classe des tissus de lin ou de chanvre unis ou ouvrés. Le linge damassé seul continue d'être taxé séparément, d'après un droit à la valeur, de sorte que l'on n'a pas à s'occuper d'examiner s'il est écru, blanchi ou teint. Il n'y a pas non plus à rechercher si le linge damassé est linge de table ou non ; ainsi, dans cette catégorie peuvent se trouver compris des articles servant pour tout autre usage, tels que la toile à matelas, les tapis d'escalier ou de corridor, les dessus de table, etc. (Voir pour le linge damassé ouvré page suivante : *Vêtements et Articles confectionnés.*)

On ne doit considérer comme toiles damassées que celles qui sont fabriquées à l'aide des métiers dits à *la Jacquart* (*Circ.* 764).

Batiste et linon.—Il y aura lieu de distinguer pour ces deux tissus suivant qu'ils seront écrus ou blanchis.

Les nouveaux types arrêtés pour les tissus unis serviront pour le classement de ces deux espèces de produits (*Circ.* 764).

Mouchoirs encadrés. — Les mouchoirs suivent le régime des toiles unies, que l'encadrement soit en fil ou en coton et quelle que soit la largeur de cet encadrement, toutes les fois qu'il est uni. Si l'encadrement est brodé, soit en fil soit en coton, il y a lieu d'appliquer aux mouchoirs le régime afférent, d'après le Tarif conventionnel, aux broderies à la main.

Pour les mouchoirs formés de toiles écrues à fils de couleur existants, soit dans le corps du tissu ou seulement dans l'encadrement, ils doivent, par application du principe rappelé ci-dessus en ce qui concerne les toiles unies, être considérés comme écrus (*Circ.* 764).

Vêtements et articles de lin ou de chanvre confectionnés en tout ou en partie.— Sacs. — Ces deux articles sont passibles d'un droit de 15 p. 100 de la valeur. Ils comprennent tous les ouvrages en tissus de lin ou de chanvre complétement ou incomplétement façonnés pour tout usage quelconque. Néanmoins, le coutil et le linge damassé confectionnés doivent, comme ces tissus eux-mêmes, acquitter le droit de 16 p. 100 de la valeur.

Les sacs en toile importés vides suivront, d'après la règle générale, lorsqu'ils seront neufs, le régime de la toile dont ils sont formés. Quant aux sacs usagés, ils rentrent dans la classe des articles d'emballage ayant servi, et sont, à ce titre, admissibles en franchise de droits (V. page 136).

Tissus de lin et de chanvre.—Articles non dénommés. — Les tissus épais pour tapis de pied ne sont pas repris par le Tarif conventionnel. Ce sont des tissus ayant moins de huit fils aux cinq millimètres, et qui doivent suivre, par conséquent, le régime des toiles unies de la première classe, écrues ou teintes, suivant l'état dans lequel ils seront présentés.

Le Tarif général assimile à ces tapis les tapis en tissus d'abaca, de jute, d'aloès, qu'ils soient ou non teints, et les petits tapis d'appartement, en filaments de coco, avec ou sans bordure en laine, montés sur canevas en fils de chanvre. Le Tarif conventionnel taxe spécialement les tapis de jute, ras ou à poils, à raison de 32 fr. les 100 kilog. Pour les tapis en tissu d'abaca, de jute, d'aloès, et les petits tapis en filaments de coco, ils doivent suivre le régime des tissus en phormium tenax, abaca, et autres végétaux filamenteux non dénommés, lesquels sont imposés à raison de 10 p. 100 de la valeur (*Circ.* 764).

Toile d'ortie.—La toile d'ortie cesse de suivre le régime des toiles de lin et de chanvre ; elle rentre, pour l'application du Tarif conventionnel, dans la classe des tissus fabriqués avec des fils de phormium tenax, abaca et autres végétaux filamenteux non dénommés (*Circ.* 764).

Tissus de phormium tenax, d'abaca, et d'autres végétaux filamenteux non dénommés. — Cette dénomination embrasse tous les tissus de végétaux filamenteux autres que ceux spécialement désignés par le Tarif conventionnel. Dans cette classe doivent être rangés les tissus d'écorce purs ou mélangés qui sont spécialement repris au Tarif général et notamment les tissus en fibres de palmiers dits *pagnes* ou *rabanes* (*Circ.* 764).

Tissus de bourre de soie façon cachemire. — D'après le Tarif général officiel, note (587), on entend principalement par cette désignation les châles de bourre de soie fabriqués à l'imitation des châles de cachemire. Ces produits suivront le régime des tissus de bourre de soie en général (200 fr. les 100 kilog.) (*Circ.* 798).

Vêtements et articles confectionnés en soie. — Les vêtements et articles confectionnés en soie suivent le régime des tissus dominant en poids dans leur fabrication. Ainsi ils seront traités, suivant le cas, ou comme tissus de pure soie et admis alors en franchise, ou comme tissus de bourre de soie pure ou de soie et bourre de soie, ou comme tissus de soie ou de bourre de soie avec or ou argent fin, mi-fin ou faux, ou enfin comme tissus de soie et bourre de soie mélangés dans lesquels la soie ou la bourre de soie dominent en poids. Mais, s'il s'agissait de vêtements ou articles confectionnés dans lesquels la soie ou la bourre de soie ne fût que l'acessoire (la partie non dominante en poids), les objets dont il s'agit seraient, suivant qu'il y aurait lieu, traités comme confections en coton, en laine, etc. (*Circ.* 798).

Toiles de lin ou de chanvre cirées.—Les toiles dont il s'agit ici sont reprises, dans le Tarif conventionnel, sous la rubrique, *articles divers*, et paient 5 fr. ou 15 fr. par 100 kilog., suivant qu'il s'agit de toiles cirées pour emballages ou bien pour ameublement, tentures ou autres usages.

Les toiles préparées pour la peinture à l'huile restent assimilées aux toiles cirées. Il y aura lieu de soumettre également à ce dernier régime les toiles cirées, avec marbrures ou dessins, dont on se sert pour tapis de pied, de table ou de carrosserie (*Circ.* 764).

Les mêmes tissus ainsi préparés en coton suivent la même règle.

Toiles métalliques en fer ou en acier. — Il n'est pas fait de distinction pour les toiles vernissées ou peintes : elles acquitteront, par conséquent, toutes indistinctement, le droit de 15 fr. Adaptées à des tamis, elles ne changent pas de régime ; mais, si elles font partie des formes à fabriquer le papier, le tout est soumis au régime des pièces détachées de machines non dénommées (*Circ.* 704).

Toiles en fils de cuivre. — (Voir l'observation mentionnée ci-dessus, à l'article des *toiles métalliques en fer ou en acier*) (*Circ.* 704).

Verres et cristaux.—Taxes complémentaires.—Un grand nombre des produits de verrerie sont passibles, indépendamment des droits de douanes, d'une taxe complémentaire réprésentant le droit de consommation perçu sur le sel employé à la fabrication des similaires français. Cette taxe est spécifique, sauf pour les glaces à l'égard desquelles elle se calcule d'après la superficie. Elle est reprise au tableau des droits, soit cumulativement avec le droit de douane quand l'unité sur laquelle doit porter la perception est la même, soit séparément, si cette unité est différente. La taxe supplémentaire n'est pas applicable aux cristaux proprement dits ni aux verreries à base de potasse, mais seulement aux produits à base de soude. En cas de doute, on devrait recourir à l'expertise légale (*Circ.* 798).

Bouteilles.— Le Tarif conventionnel établit un droit unique pour les bouteilles de toute forme et de toute dimension, bouteilles ordinaires, dames-jeannes, simples flacons ou fioles.

Il est entendu que l'on continuera de ne percevoir le droit sur les bouteilles pleines, qu'autant qu'elles contiendraient des liquides exempts de droits, ou taxés au net ou à la mesure.

Il n'y a plus lieu d'admettre, comme aujourd'hui, au droit des bouteilles, les petits flacons en cristal servant au transport de certaines substances telles que les essences à l'égard desquels le Tarif général autorise de déroger à la prohibition, quand ils ne forment manifestement que l'accessoire. La prohibition des cristaux étant levée, ces flacons suivront dorénavant le régime qui leur est propre (*Circ.* 798).

Verres à vitres.—Il s'agit ici exclusivement du verre à vitres ordinaire, à teinte plus ou moins blanche, qui sert habituellement aux vitriers. Il n'est question notamment, ni du verre à vitres de couleur, ni du verre à vitres poli.

Verres de couleur.—Il y en a de deux sortes : les uns sont colorés dans la masse ; les autres sont plaqués, c'est-à-dire formés de verre blanc recouvert d'une couche mince de verre coloré. Le service s'appliquera à établir cette distinction, car la valeur des verres plaqués s'élève parfois jusqu'au double de celles des verres simplement colorés.

Verres polis.—Il s'agit notamment d'un verre connu en Angleterre sous le nom de *patent-glass*. C'est une sorte de verre à vitres double qui est soumis aux différentes opérations du polissage des glaces. Il est d'une belle qualité et sert à faire des encadrements de luxe, des miroirs de petite dimension, des plaques photographiques, etc. (*Circ.* 798).

Gobeleterie et cristaux.—Il serait difficile d'indiquer ici les caractères distinctifs de cette catégorie de produits, de formes et d'usages très-variés. Il suffit de dire qu'elle comprend, en général, tous les articles de service de table, de pharmacie, d'éclairage, etc. Du reste, la difficulté ne consiste pas dans le classement des objets, mais dans la détermination de leur valeur. Sous ce rapport, on devra s'assurer d'abord s'il s'agit de verre ordinaire ou de cristal, ou d'un produit intermédiaire tel qu'il s'en fabrique en France et en Belgique sous le nom de demi-cristal. La transparence et la densité du verre, le son plus ou moins pur et prolongé qu'il rend, quand on le frappe légèrement, sont des signes qui suffisent généralement pour faire reconnaître la nature du produit. Mais la valeur dépend principalement de la main-d'œuvre qu'a reçue l'objet ; et, à cet égard, il n'est possible d'indiquer aucune base d'appréciation précise. On peut dire seulement que la gobeleterie, autre qu'en cristal, n'est soumise, le plus souvent, qu'à une main-d'œuvre peu importante, et, quant aux cristaux, on peut les classer en quatre catégories : la première, dont les prix moyens sont le moins élevés, comprend les cristaux blancs unis ou moulés, de force ordinaire, sans autre taille que le pointil ou la flette ; la deuxième, les verres et cristaux non colorés taillés, les verres et cristaux colorés unis et les articles d'éclairage non colorés gravés ; la troisième, les articles de lustrerie et les cristaux de couleur autres que ceux d'une seule couleur unie ; enfin, la quatrième, les cristaux colorés et taillés ornés de gravures, peintures, dorures, de bronze, etc.

Il doit être bien entendu qu'il ne s'agit ici que d'indications générales qui n'ont rien d'absolu. Ainsi, par exemple, le cristal mince ou demi-mince qui appartient à la première catégorie, a généralement une valeur aussi grande ou plus élevée même que les cristaux de la seconde ou de la troisième classe. Tout en tenant compte des données qui précèdent, le service ne devra donc négliger aucun autre moyen d'investigation propre à le fixer sur la valeur des produits.

Les cristaux avec ornement ou monture en bronze ou autre métal, acquitteront la taxe des cristaux sur la valeur cumulée du cristal et de la monture, à moins que celle-ci ne soit présentée isolément, auquel cas elle ne serait soumise qu'au droit des ouvrages en métaux, suivant l'espèce. (*Circ.* 798.)

Vitrifications. Émaux.—Les vitrifications montées en or faux, sont admissibles au droit des vitrifications de toute espèce par application de la règle relative au régime des produits mélangés.

Quant à la dénomination d'émaux, elle ne s'applique point ici, suivant son acception usuelle, aux peintures en émail, lesquelles rentrent dans la classe des objets de collection, mais seulement, comme l'indique l'article correspondant du

Tarif général, à l'émail en gâteaux, en baguettes ou en poudre autre que bleue. L'émail en poudre bleue continuera donc à suivre le régime de l'azur, et l'émail monté le régime de l'orfévrerie ou des ouvrages en métaux, suivant le cas (*Circ.* 798).

Verreries non dénommées.—Elles comprennent notamment : les jouets d'enfants, classés par le Tarif général de 1844 dans la bimbeloterie, les maillons en verre pour métiers et les tissus en grains de verre, rangés dans la mercerie fine, et le verre filé, assimilé aux vitrifications en grains percés pour broderie.

Justifications à la sortie. — On s'en tiendra, quant à la justification de destination des produits dont le régime est modifié à leur exportation pour l'Angleterre ou la Belgique, à la déclaration des expéditeurs, soit que l'opération se consomme par mer, soit qu'elle ait lieu par terre (*Circ.* 798).

TARIF FRANCO-ITALIEN.

***DROITS D'ENTRÉE** applicables à divers produits du* Royaume d'Italie (États-Sardes) *en vertu du traité du* 5 *novembre* 1850 *et des conventions des* 20 *mai* 1851 *et* 14 *février* 1852 (1).

Produits	Mode d'importation	Unité	fr. c.
Bestiaux. V. le *Tarif général*.			
Céruse*	*par navires français*	100 k. n.	13 33
	par navires italiens et par terre	» n.	14 66
Corail taillé, non monté. V. le *Tarif général*.			
Fromages blancs, de pâte molle, *par la frontière de Savoie*		» b.	3 30
Fruits de tables frais. Citrons, oranges *et* leurs variétés	*par navires français*	» b.	4 00
	par navires italiens	» b.	4 40
— Carrobe *ou* carouge	*par navires français*	» b.	0 25
	par navires italiens	» b.	1 00
— Autres indigènes	*par navires français*	» b.	exempts.
	par navires italiens	» b.	1 76
— Autres exotiques	*par navires français*	» b.	exempts.
	par navires italiens	» b.	3 52
Gaze de pure soie* importée par terre		1 k. n.	29 30
Huile d'olive* *par navires français ou italiens, et par terre*		100 k. b.	+6 00
Livres, gravures, lithographies, musique gravée et *autres ouvrages d'art et d'esprit* (a). V. le *Tarif général*.			
Mules et **Mulets** *importés par navires français ou italiens, et par terre*		Par tête.	6 00
Peaux brutes, petites, fraîches *ou* sèches de bélier, brebis *et* mouton, revêtues de leur laine. V. le *Tarif général*.			
— d'agneau, *quel que soit le mode d'importation*, revêtues de leur laine, *pesant*	plus d'un kil. V. le *Tarif général*		
	un kil. *ou* moins	100 k. b.	exemptes.
— d'agneau, *quel que soit le mode d'importation*, dépouillées de leur laine		» b.	id.
— de chevreau, *quel que soit le mode d'importation*		» b.	id.
— autres, *importées par navires français* ou *italiens* et *par terre*		» b.	id.
Poissons marinés ou à l'huile. V. le *Tarif général*			
Riz en grain. V. *Ibid.*			
— en paille. V. *Ibid.*			
Soies* *quel que soit le mode d'importation*, en cocons		» b.	id.
— *quel que soit le mode d'importation*, écrue, grége ou moulinée, y compris les douppions		» b.	id.

DROITS DE SORTIE.

Produits	Unité	Droits
Mules et **Mulets**, *exportés à destination du royaume d'Italie* (Etats-Sardes)	Par tête.	exempts.
Soies écrues, gréges ou moulinées, y compris les douppions, exportées à destination du *royaume d'Italie* (*États-Sardes*). V. le *Tarif général*.		

(1) Ce traité a été étendu à toutes les parties de la Péninsule qui composent le royaume d'Italie, en vertu d'une décision concertée entre les départements des affaires étrangères et des finances, au mois d'août 1861.

\+ Décime compris.

(a) Les produits de la librairie sont affranchis du certificat d'origine (*Circ.* 787).

DROITS D'ENTRÉE applicables aux fruits de table frais et à l'huile d'olive de la principauté de MONACO.

Article	Mode d'importation	Unité	Droits
Fruits de table frais	*par navires français*	100 k. B.	Droits applicables aux fruits des États-Sardes importés sous pavillon francais.
	par navires de la principauté de Monaco.	» B.	Droits applicables aux fruits des États-Sardes importés sous pavillon italien.
	par navires étrangers. V. le *Tarif général.*		
Huile d'olive*, *par navires français ou de la principauté de Monaco*.		» B.	+6 fr. 00

DROITS applicables à divers produits importés des PAYS-BAS, *en vertu du Traité du* 25 *juillet* 1840, *de la convention littéraire du* 29 *mars* 1855 *et de l'arrangement complémentaire du* 27 *avril* 1860.

Article	Subdivision	Détail	Unité	Droits (fr c.)
Céruse de Hollande *, *par navires français* ou *hollandais*. . . .			» B.	
Fromages *de pâte dure* de Hollande, *par navires français* ou *hollandais*.			100 k. B.	13 33 10 00
Livres, *quelque soit le mode de transport (a)*.	en langues mortes ou étrangères . .	Almanachs.	» N.	1 00
		Autres.		
	en langue française.	Mémoires scientifiques.	» N.	20 00
		Autres ouvrages publiés à l'étranger		
		Réimprimés sur éditions françaises		
Marchandises spécifiées en l'art. 22 de la loi du 28 avril 1846 (b), importées des Pays-Bas	par la frontière de terre..	*par la voie du Rhin* et *de la Moselle, sous pavillon français* ou *hollandais*, et présentées aux bureaux de Strasbourg *et* de Sierck.	. . . . .	Droits applicables aux provenances des entrepôts d'Europe, *par navires français*.
		par tous autres bureaux.	. . . . .	Conditions du tarif général.
	par mer	*sous pavillon hollandais*.	. . . . .	Même régime et mêmes droits que pour les importations *par navires français*.
Toutes autres marchandises importées directement des Pays-Bas.				

+ Décime compris.

(*a*) Les produits de la librairie sont affranchis du certificat d'origine (*Circ.* n° 787).

(*b*) Ces marchandises sont celles qui, autres que les denrées provenant des Colonies françaises, sont marquées de *deux astérisques* (**) au *Tarif général*.

DROITS applicables, quel que soit le mode de transport, aux Livres, Cartes, Gravures, Musique, de l'empire de RUSSIE (*Convention littéraire du* 6 *avril* 1861), *du royaume de* SAXE, *du grand duché de* BADE, *de la ville de* HAMBOURG *et du canton de* GENÈVE (*conventions littéraires des* 2 *et* 19 *mai* 1856, 2 *juillet* 1857 *et* 30 *oct.* 1858.

N. B. Les produits de la librairie sont affranchis du certificat d'origine (*Circ.*, n° 787).

				De Russie.	De Saxe, du duché de Bade, de Hambourg, et du canton de Genève.
				fr. c.	fr. c.
Livres en langues mortes ou étrangères	Almanachs	100 k.	B.	exempts.	1 00
	Autres	»	B.	Id.	1 00
— en langue française	Mémoires scientifiques	»	N.	Id.	20 00
	Autres ouvrages publiés à l'étranger	»	N.	Id.	
	Réimprimés sur éditions françaises	»	N.	Id.	
Cartes géographiques		»	N.	Id.	
Gravures et lithographies (*a*)		»	N.	Id.	
Musique		»	N.	Id.	

(*a*) La convention conclue avec le canton de Genève comprend, en outre, les *photographies*.

AUTRES PAYS avec lesquels la France a conclu des Traités qui assimilent, dans certains cas, les importations effectuées sous pavillon de ces pays aux importations par navires français.

BRÉSIL	Produits originaires *et* importés directement du Brésil, *par navires brésiliens*	Même régime et mêmes droits que pour les importations *par navires français*.
PORTUGAL	Produits originaires *et* importés directement du Portugal, *par navires portugais*	
RUSSIE	Produits de toute origine, importés directement de Russie, *par navires russes*	
ILES SANDWICH	Produits originaires *et* importés directement des îles Sandwich, *par navires hawaïens*	
RÉPUBLIQUE DU CHILI, — DU PARAGUAY	Produits de toute origine, importés directement de ces Républiques, *par navires du pays*	
— DE BOLIVIE, — DE COSTA-RICA, — DOMINICAINE, — DE L'EQUATEUR, — DES ETATS-UNIS, — DE GUATEMALA, — DE HONDURAS, — DU MEXIQUE, — DE NICARAGUA, — DE LA NOUVELLE-GRENADE, — ORIENTALE DE L'URUGUAY, — DE VENEZUELA	Produits originaires *et* importés directement de ces Républiques, *par navires du pays*	

RÉGIME COLONIAL.

LOI (du 3 juillet 1861) sur le régime des Douanes aux colonies de la Martinique, de la Guadeloupe et de la Réunion.

Insérée au *Bulletin des lois* du 9 juillet 1861, n° 948.

ART. 1er.

Toutes les marchandises étrangères dont l'importation est autorisée en France peuvent être importées dans les colonies de la Martinique, de la Guadeloupe et de la Réunion.

ART. 2.

Les marchandises étrangères sont assujetties, à leur importation aux colonies, aux mêmes droits de douane que ceux qui leur sont imposés à leur importation en France.

Toutefois, un décret rendu dans la forme des règlements d'administration publique, qui sera soumis au Corps législatif dans la session qui suivra sa promulgation, pourra convertir en droits spécifiques les droits *ad valorem* pour lesquels cette conversion sera jugée nécessaire.

ART. 3.

Les marchandises étrangères peuvent être importées aux colonies sous tous pavillons.

Importées par navires étrangers, elles sont soumises à une surtaxe de pavillon réglée ainsi qu'il suit, par tonneau d'affrétement :

Des pays d'Europe, ainsi que des pays non européens situés sur la Méditerranée.	A la Réunion.	30f
	Aux Antilles.	20
Des pays situés sur l'Océan Atlantique, non compris la ville du Cap et son territoire.	A la Réunion.	20
	Aux Antilles.	10
Des pays situés sur le grand Océan, y compris la ville du Cap et son territoire.	A la Réunion.	10
	Aux Antilles.	20

ART. 4.

Les marchandises étrangères actuellement admises aux colonies continueront à être régies par les tarifs résultant des lois, ordonnances et décrets qui en ont autorisé l'importation, dans tous les cas où les droits de douane ou les surtaxes de pavillon, établis par les dispositions qui précèdent, seraient supérieurs à ceux qui ont été fixés par les tarifs existants.

ART. 5.

Les produits étrangers, dont les similaires français sont soumis actuellement à un droit de douane à leur entrée aux colonies acquittent le même droit, augmenté de celui qui est fixé par le tarif de France.

ART. 6.

Les produits des colonies à destination de la France, et les produits de la France à destination des colonies, peuvent être transportés sous tous pavillons.

Lorsque les transports sont effectués sous pavillon étranger, il est perçu une taxe de trente francs par tonneau d'affrétement, sur les produits à destination ou en provenance de la Réunion, de vingt francs sur les produits à destination ou en provenance de la Martinique et de la Guadeloupe (1).

ART. 7.

Les colonies peuvent exporter sous tous pavillons leurs produits, soit pour l'étranger, soit pour une autre colonie française, pourvu que cette colonie soit située en dehors des limites assignées au cabotage.

ART. 8.

Les produits des colonies autres que le sucre, les mélasses non destinées à être converties en alcool, les confitures et fruits confits au sucre, le café et le cacao, importés en France par navires français, sont admis en franchise de droits de douane.

ART. 9.

La composition du tonneau d'affrétement sera déterminée par un décret rendu dans la forme des règlements d'administration publique.

ART. 10.

La présente loi sera exécutoire à partir du 1er septembre 1861.

(1) La surtaxe d'affrétement est passible du double décime (*Circ.*, 788); excepté à l'égard des sucres (*Circ.*, 803).

TABLEAU

De la composition du tonneau d'affrétement pour l'exécution des articles 3 *et* 6 *de la loi du* 3 *juillet* 1861.

(Décret du 25 août 1861.)

MARCHANDISES.	POIDS du tonneau de mer.	OBSERVATIONS.
	kilogr.	
Abaca, chanvre de Manille	»	Voir Chanvre.
— cordages en glènes	»	Voir Cordages.
Absinthe, en balles	200	
Acide borique	800	
— citrique, muriatique, nitrique, sulfurique	800	Ou au cubage.
Acier	1,000	
Agaric, en balles	350	
Ail, en grenier	500	
— en paniers	450	
— en fûts	400	
Albâtre brut	1,000	
— ouvré	»	Au cubage.
Alizari d'Avignon, en balles pressées avec cercles de fer	500	
— d'Avignon, en balles rondes	300	
— de Naples, en balles pressées avec cercles de fer	800	
— de Chypre, en balles	400	
— autres sortes, en balles	500	
— autres sortes, en fûts	400	
Aloès, en fûts ou en caisses	800	
Alpiste	»	Voir Graine longue.
Alquifoux (mine de plomb)	1,000	
Alun	1,000	
Amadou	250	
Amandes cassées, en balles, quel que soit l'emballage	800	
— cassées, en fûts	700	
— dures, en coques	600	
— tendres, en coques	550	
— demi-fines ou fines	450	
Ambre brut, en caisses	600	
— en fûts	500	
Ambrette	750	
Amidon en poudre	1,000	
— en branche, en fûts	700	
— en branche, en caisses	800	
— en branche, en grains	750	
Ammoniaque	500	
Amurca (marc d'huile)	1,000	
Anchois, en fûts	800	
— en flacons, en caisses	700	

MARCHANDISES.	POIDS du tonneau de mer.	OBSERVATIONS.
	kilogr.	
Ancres	1,000	
Anis étoilé, en caisses ou en balles	500	
— en fûts	400	
Anis vert, en balles	600	
— en fûts	500	
Anisette	»	Voir Boissons.
Antimoine	1,000	
Arachides en cosses, en grenier	500	
— en cosses, en sacs	450	
— écossées, en grenier	700	
— écossées, en sacs	650	
— écossées, en fûts	600	
Ardoises	1,000	
Argent et argenterie	»	Voir Métaux précieux.
Argent-vif	1,000	
Argile	1,000	
Aristoloche	700	
Armes	1,000	Ou au cubage.
Arrow-root, en caisses	600	
— en futs	500	
Arsenic	1,000	
Asphalte	1,000	
Aspic, en balles	250	
Assa-fœtida	700	
Avelanèdes, en balles	500	
— en fûts	400	
Avirons de 2 à 3 mètres	»	Nombre : 70.
— de 3 à 4 mètres	»	— 60.
— de 4 à 5 mètres	»	— 40.
— de 5 à 6 mètres	»	— 25.
— de 6 à 7 mètres	»	— 20.
— de 7 à 8 mètres	»	— 15.
Avoine, en greniers ou sacs	700	
— en fûts	600	
Azur	1,000	
Bablah, en balles	400	
Badiane	»	Voir Anis étoilé.
Baies de genièvre, en balles	600	
— de laurier en balles	500	
Balais non emmanchés	»	Nombre : 350.
— emmanchés	»	— 250.
Ballottages	»	Au cubage.
Bambous	400	
Barbançons, pleins ou vides, clissés ou non	»	300 litres.
Barille ou soude	1,000	
Barriques bordelaises	»	Voir Futailles en bottes.
Basane	600	Ou au cubage.
Bassins de cuivre	750	
Bastin non fabriqué, en balles pressées	500	
— filé, en paquets	350	
— cordé, en glènes	»	Voir Cordages.
Baume de Copahu, du Canada et du Pérou	750	
Benjoin	800	
Beurre, en pots	800	
— en fûts	1,000	
— en flacons ou boîtes	»	Voir Caissages.
Bière	»	Voir Boissons.

MARCHANDISES.	POIDS du tonneau de mer.	OBSERVATIONS.
	kilogr.	
Bijouterie d'or et d'argent *a*	»	A la valeur.
Biscuits, en caisses	600	
— en fûts	500	
Bismuth ou étain de glace	1,000	
Bitume	1,000	
Blanc de baleine (spermaceti)	1,000	
Blanc d'Espagne et de Meudon	1,000	
— de zinc	1,000	
Blé, en grenier ou en sacs	1,000	
— en fûts	900	
Bleu de Prusse, en caisses	800	
— en fûts	700	
Bœuf salé	1,000	
Bois d'acajou, de Cuba et de Santo-Domingo	1,000	
— de la république d'Haïti, de Honduras, de la Côte-Ferme et de l'Amérique centrale	800	
— de buis, cailcédra, calliatour, campêche, coupe d'Espagne, ébène, érable, espenille, gaïac, grenadille, teck, palissandre jaune, et autres bois durs de teinture et d'ébénisterie en bûches régulières	1,000	
— de campêche, Haïti, Lima, Pernambuco, sassafras et Sainte-Marthe	800	
— de laurier rose, sandal, sapan et violet	700	
— de cèdre, à crayons	600	
— de cèdre, autres sortes	800	
— de réglisse, en balles ou paquets	550	
— de Brésillet, fustet et Nicaragua	500	
— de fustet, en sacs	400	
— de teinture moulu, en balles	500	
— de teinture moulu, en fûts	400	
— de construction, chêne, teck, etc.	»	Au stère.
— à bâtir, poutres, poutrelles, soliveaux, etc.	»	Au stère.
— à bâtir, planches sap.	»	Au cubage.
— à brûler, orme, etc.	»	Au stère.
— de marqueterie, en lames	»	Au cubage.
Boissellerie	»	Au cubage.
Boissons et autres liquides :		
En bordelaises	»	4 barriques.
En gros et en petits fûts	»	900 litres.
En gros et en petits fûts doubles	»	550 litres.
En dames-jeannes	»	450 litres.
En bouteilles, en caisses, en paniers et en futailles	»	324 bouteilles ou au cubage.
Bombes, boulets et autres projectiles	1,000	
Borax brut et raffiné	1,000	
Boucauts, en bottes	»	Voir Futailles en bottes.
Bouchons de liége, en balles	450	
— de liége, en caisses	»	Au cubage.
Bougies	700	Ou au cubage.
Bourre ou poils d'animaux, en balles non pressées	200	Ou au cubage.
— ou poils d'animaux, en balles pressées	400	Ou au cubage.
— de soie, en balles pressées	400	Ou au cubage.
Bouteilles vides, en vrac avec paille, d'un litre	»	700 bouteilles.
— vides, en vrac avec paille, autres au-dessous d'un litre	»	900 bouteilles.
— vides, en vrac avec paille, demi-bouteilles	»	1,400 demi-bouteilles.
— vides, emballées	»	Au cubage.

a Pour la bijouterie fausse, voir Mercerie.

MARCHANDISES.	POIDS du tonneau de mer.	OBSERVATIONS.
	kilogr.	
Brai gras ou sec, en balles ou en fûts	1,000	
Briques de toutes espèces	1,000	
Bronze	1,000	
Brosseries, en caisses ou paniers	»	Au cubage.
Brou (écorce de noix), en sacs	600	
Brun-Rouge	1,000	
Cabillaud	»	Voir Morue verte.
Câbles et grelins, blancs	500	
— et grelins, goudronnés	600	
Cacao, en sacs ou en balles	700	
— en fûts	600	
— en grenier	750	
Cachou	800	
Café, en sacs ou en balles	900	
— en fûts	800	
— en couffins	800	
Caissages	»	Au cubage.
Camphre brut, en caisses	600	
— brut, en fûts	500	
— raffiné, en caisses	800	
— raffiné, en fûts	700	
Canéfice ou casse, en balles, sacs ou caisses	450	
— ou casse, en fûts	350	
Cannelle, en caisses	350	
— en ballots ou paquets	300	
Canons et caronades	1,000	
Cantharides, en balles ou caisses	400	
— en fûts	350	
Caoutchouc (gomme élastique), en balles ou caisses	450	
— en fûts	350	
— en planches	700	
— ouvré	»	Au cubage.
Câpres, en barils	900	
— en flacons ou caisses	600	
Cardamome	400	
Caret (écaille de tortue), en caisses	500	
— en fûts	400	
Carreaux de marbre, de terre cuite et de pierre	1,000	
Cartes à jouer	800	
Carton	700	
Casaques, en balles, caisses ou fûts	»	Au cubage.
Cascarille	500	
Cassave (farine de manioc)	700	
Cauris	1,000	
Cendres ou charrée	1,000	
Cercles	»	Tarif conditionnel (a).
Céruse	1,000	
Cévadille	800	
Chaînes	1,000	
Chaises	»	Tarif conditionnel (a). Ou au cubage.
Chandelles, en caisses	700	
Chanvre, en grenier	400	
— en balles pressées	500	
— de Calcutta (jute) et chanvre de Manille, en balles pressées et cordées	600	

(a) C'est-à-dire d'après le tarif débattu entre l'expéditeur et le capitaine.

MARCHANDISES.	POIDS du tonneau de mer.	OBSERVATIONS.
	kilogr.	
Chanvre en balles non pressées.	»	Au cubage.
Chapeaux.	»	Au cubage.
Charbon de bois.	600	
— de terre, en grenier	1,000	
— de terre en fûts.	900	
— de terre, en briquettes, en vrac.	1,000	
Chardons.	»	Au cubage.
Châtaignes (marrons), en grenier.	900	
— (marrons), en sacs.	800	
— (marrons), en fûts.	700	
Chaudières à sucre.	900	
— pour machines à vapeur.	1,000	
Chaudrons.	750	
Chaux.	1,000	
Chènevis.	»	Voir Graines de chanvre.
Chicorée moulue.	700	
Chiendent, en balles.	250	
Chiffons, en balles.	500	
Chiques (marbres à jouer).	1,000	
Chocolat.	900	
Choucroute.	800	
Chromate.	1,000	
Cidre.	»	Voir Boissons
Cierges.	800	
Cigares.	»	Au cubage.
Ciment.	1,000	
Cinabre.	1,000	
Cirage liquide, en bouteilles de grès ou en fûts.	600	
— liquide, en boîtes ou caisses.	1,000	
Cire brute, en caisses, balles ou pains.	900	
— brute, en fûts.	800	
Citrons, en caisses.	»	Au cubage.
Clous de cuivre, de fer ou de zinc.	1,000	
— de girofle.	»	Voir Girofle.
Coaltar.	1,000	
Cochenille, en caisses ou en surons de cuir.	600	
— en surons de latanier.	500	
— en fûts.	400	
Cocos à tourner et autres grains durs à tailler, en grenier.	1,000	
— à tourner et autres grains durs à tailler, en balles.	900	
— à tourner et autres grains durs à tailler, en fûts.	800	
— frais.	400	
Coke, en grenier.	500	
— en fûts.	400	
Colle de poisson, en balles.	600	
— de poisson, en fûts.	500	
— forte, en balle.	600	
— forte, en fûts.	500	
Coloquinte.	200	
Confitures, en caisses.	»	Au cubage.
Conserves alimentaires.	1,000	Ou au cubage.
Coprahs (amandes de coco), en grenier.	650	
— en robins ou sacs.	600	
Coques de cacao, en balles.	300	
— du Levant, en balles.	600	
Coquillages.	»	Au cubage.
Corail de jardin.	400	
Cordages blancs.	700	

MARCHANDISES.	POIDS du tonneau de mer.	OBSERVATIONS.
	kilogr.	
Cordages goudronnés	800	
— d'Alger, sparte, jute, abaca, pite, bastings	500	
— vieux, en grenier	800	
Coriandre, en balles	400	
Cornes de bœuf et buffle, en grenier	800	
— de bœuf et buffle, en balles	500	
— de bœuf et buffle, en fûts	400	
— de cerf entières	300	
— de cerf chapées	350	
— de mouton, en grenier	500	
— de mouton, en balles	450	
— de mouton, en fûts	400	
Côtes de tabac	»	Voir Tabac.
Coton, en balles carrées, pressées et cordées	500	
— en balles rondes, pressées et cordées	400	
— en balles rondes, non pressées	300	
— de l'Inde, en balles carrées, pressées et cordées	600	
— des mers du Sud, Porto-Rico, Cuba et Côte-Ferme, en balles carrées, pressées, cordées ou cerclées	450	
— du Brésil, en balles	450	
— de Cayenne, de la Martinique et de la Guadeloupe, en balles rondes et non pressées	300	
— de Haïti, en balles	300	
— filé, en balles pressées	600	Ou au cubage.
— filé, en balles non pressées	300	
Couffes, couffins et cabas	»	Tarif conditionnel (a).
Couperose	1,000	
Craie	1,000	
Crayons, garnis de bois, en caisses	500	Ou au cubage.
— garnis de bois, en fûts	400	
Crème de tartre	1,000	
Creusets	500	
Crins de Russie ou de toute autre provenance, tordus ou tressés en balles	500	Ou au cubage
— de Russie, non tordus ni tressés, en balles	400	
— de Russie, de la Plata et d'ailleurs, en balles pressées	700	
Cubèbe, en balles	500	
— en fûts	400	
Cuirs de Buenos-Ayres et autres de 12 kilog. et au-dessus	800	
— de la Côte-Ferme et autres, de 8 à 12 kilog. exclusivement	600	
— au-dessus de 8 kilog.	500	
— tannés, en rouleaux	700	
— verts ou salés, en paquets	1,000	
— corroyés, en balles, caisses ou malles	600	
Cuivre	1,000	
— vieux, en paquets ou en vrac	1,000	
— vieux, en fûts ou en caisses	900	
Cumin de Malte	750	
Curcuma, en balles	750	
— en fûts	650	
Cylindres (ou tubes, etc.) en cuivre, fonte, fer, etc.	1,000	Ou au cubage
Dames-Jeannes, vides	»	500 litres.

(a) C'est-à-dire d'après le tarif débattu entre l'expéditeur et le capitaine.

MARCHANDISES.	POIDS du tonneau de mer.	OBSERVATIONS.
	kilogr.	
Dattes en couffes ou caisses	700	
— en fûts	600	
Dégras de peau	1,000	
Demittes (toile de coton)	750	Ou au cubage.
Dents d'éléphant ou d'hippopotame, en grenier	1,000	
— en balles ou caisses	800	
— en fûts	700	
Derle	1,000	
Dividivi en graines, en grenier et en sacs	500	
— moulu, en sacs	800	
— moulu, en fûts	700	
Douvelles	800	
Draps de laine, en balles ou en caisses	500	Ou au cubage.
Drilles	»	Voir Chiffons.
Eau de cologne et eau de senteur, en caisses	»	Au cubage.
— de fleurs d'orangers, en caisses	»	Au cubage.
Eau-de-vie	»	Voir Boissons.
Eau forte	»	Voir Acide nitrique.
— minérale	»	Voir Boissons.
Ecaille de tortue	»	Voir Caret.
Echalas	800	
Ecorce à tan, non moulues, en grenier ou en paquets	500	
— à tan, moulues, en sacs	600	
Ecorces de grenade, d'orange et de citron, en balles	500	
— de grenade, d'orange et de citron, en fûts	400	
Edredon	»	Au cubage.
Effets à usage	»	Au cubage.
Ellébore (Racine d')	500	
Emeri	1,000	
Encens ou oliban, en balles ou caisses	900	
— ou oliban, en fûts	800	
Enclumes	1,000	
Encre à écrire, en bouteilles de grès enfutaillées	600	
Engrais, en fûts	900	
— en grenier ou sacs	1,000	
Epingles	1,000	
Eponges brutes, en balles	300	
— lavées, en balles	200	
— en paniers	»	Au cubage.
Esprit-de-vin	»	Voir Boissons.
Essence de parfumerie, en estagnons ou caisses	»	Au cubage.
— de térébenthine, en touques	800	
— de térébenthine, en fûts	1,000	
— de térébenthine, en bombonnes	»	Au cubage.
Essieux en fer	1,000	
Etain	1,000	
Etaux	1,000	
Etoffes	»	Au cubage.
Etoupes de cordages, blanches ou goudronnées, en paquets	400	
— de cordages blanches ou goudronnées, en balles pressées	500	
Euphorbe	800	
Extrait de sumac liquide	»	Voir Boissons
Faïence, en grenier	»	Tarif conditionnel (*a*).

(*a*) C'est-à-dire d'après le tarif débattu entre l'expediteur et le capitaine.

MARCHANDISES.	POIDS du tonneau de mer.	OBSERVATIONS
	kilogr.	
Faïence en barasses ou caisses	»	Au cubage.
Faîtières en terre	1,000	
Fanons de baleine	800	
Farine, en sacs	1,000	
— en barils	800	Soit 8 barils.
Fauteuils	»	Tarif conditionnel (a)
Faux et faucilles	1,000	
Fèces d'huile	1,000	
Fécule de pommes de terre, en balles	900	
— de pommes de terre, en fûts	800	
Fenouil	700	
Fer en massiaux, en barres et non ouvré	1,000	
Fer-blanc, en feuilles et en caisses	1,000	
Ferraille	1,000	
Ferrements	1,000	Ou au cubage
Feuillards de bois, en paquets	»	Au cubage.
— de fer	1,000	
Feuilles de laurier, en balles	250	
Feutre à doublage, goudronné	600	
— à doublage, non goudronné	500	
Fèves, en grenier	900	
— en fûts ou en sacs	800	
Féverolles	»	Voir Fèves.
Ficelles, en paquets ou en fûts	600	
Figues	900	
Fil de chanvre et de lin, en balles	600	
— de chèvre, en balles	500	
— de fer et de laiton	1,000	
Filasse, en balles	400	
Filets de pêche	400	
Fleurs de cannelle, en caisses ou balles	700	
— de cannelle, en fûts	600	
— de lavande, tilleul et tamarin, en caisses ou balles	400	
— de lavande, tilleul et tamarin, en fûts	350	
— de soufre, en balles	900	
— de soufre, en fûts	800	
Fleurs artificielles	»	Au cubage.
Foin, en balles pressées	400	Ou au cubage.
Follicules de séné, en balles pressées	500	
Fonte brute	1,000	
— ouvrée	1,000	Ou au cubage.
Formes à sucre en terre cuite	700	
Frisons de soie (*silk chassum*)	600	
Fromages de Hollande, en grenier	800	
— de Hollande, en caisses ou en fûts	700	Ou au cubage.
— de gruyère, en cuveaux d'un fromage	700	Ou au cubage.
— de gruyère, en fûts	800	
— autres sortes	»	Au cubage.
Froment	»	Voir Blé.
Fruits confits	700	Ou au cubage
Fusils de traite, en caisses	900	
Futailles, en bottes	800	
— vides	»	900 litres.
Galanga, en balles	500	

(a) C'est-à-dire d'après le tarif débattu entre l'expéditeur et le capitaine.

MARCHANDISES.	POIDS du tonneau de mer.	OBSERVATIONS.
	kilogr.	
Galanga en fûts	450	
Galbanum	800	
Galipot	1,000	
Galle (Noix de) lourdes du Levant, en balles	1,000	
— (Noix de) lourdes du Levant, en fûts	800	
— (Noix de) légères de Provence, en balles	400	
— (Noix de) légères de Provence, en fûts	350	
— (Noix de) d'Istrie, en balles	900	
— (Noix de) d'Istrie, en fûts	700	
Gambier de l'Inde, pressé	1,000	
Ganterie	»	Au cubage.
Garance moulue, en fûts	800	
— sèche (Alizari), en balles	»	Voir Alizari.
Garancine, en fûts	600	
Gaude	200	
Gélatine, en boîtes, en caisses	800	
Genièvre	»	Voir Boissons.
Gentiane, en balles	500	
— en fûts	450	
Gingembre, en balles	800	
— en fûts	700	
Ginseng, en balles	700	
— en fûts	600	
Girofle (Clous de), en balles	500	
— (Clous de), en fûts	400	
— (Griffes de), en balles	400	
— (Griffes de), en fûts	350	
Gomme ammoniaque, en caisses	800	
— d'Arabie, du Sénégal, en balles	1,000	
— d'Arabie, du Sénégal, en caisses	900	
— d'Arabie, du Sénégal, en fûts	800	
— copal, en balles	800	
— copal, en caisses	800	
— copal, en fûts	700	
— élastique	»	Voir Caoutchouc.
— -gutte	1,000	
— laque, en balles ou caisses	700	
— laque, sur bâtons, en sacs	650	
— laque, sur bâtons, en fûts	600	
— de sandaraque, en fûts	800	
Goudron	1,000	
Grabeaux de séné et de cochenille	500	
Grains	»	Voir Blé, Orge, Seigle, Maïs, etc.
Graines de chanvre (chènevis), en balles ou caisses	700	
— de chanvre (chènevis), en fûts	600	
— de colza, en grenier	900	
— de colza, en sacs	800	
— de colza, en fûts	700	
— de coton, nettes, en grenier	850	
— de coton, nettes, en sacs	800	
— de coton, nettes, en fûts	700	
— de coton, non dépouillées en grenier	750	
— de coton, non dépouillées, en sacs	700	
— de coton, non dépouillées, en fûts	600	
— de genièvre, en sacs, balles ou caisses	600	
— de genièvre, en fûts	500	

MARCHANDISES	POIDS du tonneau de mer.	OBSERVATIONS.
	kilogr.	
Graines de jardin, en balles ou caisses	700	Ces deux chiffres ne sont qu'approximatifs. L'article se règle aussi au cubage ou au tarif conditionnel (a).
— de jardin en fûts	600	
— jaunes, en balles ou caisses	800	
— jaunes, en fûts	700	
— de lin, en greniers ou sacs	900	
— de lin, en balles ou caisses	800	
— de lin, en fûts	700	
— longues (escayolles), en balles et sacs	1,000	
— longues (escayolles), en fûts	800	
— de luzerne, en grenier	1,000	
— de luzerne, en sacs ou caisses	900	
— de luzerne, en fûts	800	
— de moutarde, en grenier	800	
— de moutarde, en balles ou caisses	700	
— de moutarde, en fûts	600	
— de navette, en grenier	900	
— de navette, en sacs	800	
— de navette, en fûts	700	
— d'œillette et de pavot, en greniers ou sacs	800	
— d'œillette et de pavot, en fûts	700	
— de pastel, en balles, caisses ou fûts	450	Chiffre moyen approximatif. Cet article se règle habituellement au cubage ou au tarif conditionnel (a).
— de pourpier	»	Voir Graines de jardin.
— de psilium, en balles ou caisses	900	
— de psilium, en fûts	800	
— de ravison, en grenier ou sacs	1,000	
— de ravison, en fûts	800	
— de sésame, en grenier	900	
— de sésame, en sacs	850	
— de sésame, en fûts	750	
— de trèfle, en grenier	1,000	
— de trèfle, en sacs ou caisses	900	
— de trèfle, en fûts	800	
— non dénommées	700	Chiffre approximatif. Cet article se règle habituellement au tarif conditionnel (a).
Grainettes (fruits du lycium)	700	
Grains de verre ou rassade	1,000	
Graisse, en caisses	900	
— en boîtes de fer-blanc ou caisses	900	
— en fûts	800	
— en pôts	700	
Grapins	800	
Griffes de girofle	»	Voir Girofle.
Grilles de raffinerie et autres, en fer, fonte, etc.	1,000	
Groisil (verre cassé)	1,000	
Gruau	700	
Guano du Chili et du Pérou	1,000	

(a) C'est-à-dire d'après le tarif débattu entre l'expéditeur et le capitaine.

MARCHANDISES.	POIDS du tonneau de mer.	OBSERVATIONS.
	kilogr.	
Guano de Patagonie	800	
— d'autres provenances	900	
Guède	»	Voir Pastel naturel.
Gueuses en fonte	1.000	
Guinée de l'Inde, en balles pressées	700	Chiffre approximatif. Cet article se règle habituellement au cubage.
Gutta-percha	»	Traitée comme caoutchouc.
Harasses de faïence, poterie, verrerie	»	Au cubage.
Harengs salés, en barils	1,000	
— saurs, en feuillettes	400	
Haricots secs	»	Voir Légumes secs.
Herbes sèches et de capillaire	250	
Houblon, en balles	300	
Houille	»	Voir Charbon de terre.
Huile de poisson, de pied de bœuf et de suif	1,000	
— de palme et de coco, en fûts	900	
— de vitriol ou acide sulfurique	»	Voir Acides.
— autres de toute espèce (olives, graines, palma-christi, aspic, etc.	»	Voir Boissons.
Indigo, en caisses	700	Ou au cubage.
— en fûts ou surons	500	
Ipécacuanha, en balles ou caisses	500	
— en fûts	400	
Iris, en balles ou caisses	700	
— en fûts	600	
Itztle	600	
Ivoire	»	Voir Dents d'éléphant.
— végétal	»	Voir Noix de corozo.
Jalap, en caisses, fûts ou surons	800	Ou au cubage.
Jambons en grenier	900	
— en caisses	800	
— en fûts	750	
Jarres	»	900 litres.
Jarrosses, en grenier ou sacs	1,000	
— en fûts	900	
Jaune de chrome, en caisses ou en fûts	1,000	
— de Naples, en caisses ou en fûts	1,000	
Joncs et roseaux	400	
Jujubes, en balles ou en caisses	500	
Jus de citron, en fûts	900	
— de citron, en bouteilles	»	Comme Boissons.
— de réglisse, en caisse	800	
Jute	»	Voir Chanvre.
Kermès, en caisses	600	
— en fûts	500	
Lac-Dye	900	
Laine filée, en balles	300	
— surge (en suint) en balles pressées et cerclées de fer.	500	
— surge (en suint), en balles pressées et non cerclées.	400	
— surge (en suint), en balles non pressées	»	Au cubage.
— lavée, en balles	250	
Langues de bœuf, fumées	500	
— de morue	1,000	
Laque plate	»	Comme Gomme-laque.
Lard, en planches, en caisses	800	

MARCHANDISES.	POIDS du tonneau de mer.	OBSERVATIONS.
	kilogr.	
Lard en saumure	»	Voir Porc salé.
Latanier ou feuilles de palmier, en paquets ou en vrac.	300	
Lattes	»	Tarif conditionnel (a).
Laudanum	1,000	
Lauriers pour cannes	500	
Légumes confits ou marinés, en barils	750	
— confits ou marinés, en caisses	»	Au cubage.
— secs, en grenier	1,000	
— secs, en sacs	900	
— en fûts	800	
Lentilles	»	Voir Légumes secs
Librairie, en caisses	»	Au cubage.
Lichen	400	
Lie d'huile ou de vin, liquide ou sèche	1,000	
Liége, en balles	200	
— en planches	250	
Limes	1,000	
Lin, en balles pressées	500	
Liqueurs	»	Voir Boissons.
Litharge	1,000	
Lycopodium ou lycophodium	1,000	
Macaroni, en caisses	400	
— en corbeilles	300	
Machines	1,000	Ou au cubage, ou tarif conditionnel (a).
Macis	400	
Magnésie (Carbonate de)	250	
Maïs, en grenier	950	
— en sacs	900	
— en fûts	800	
Manganèse	1,000	
Maniguettes (Graines de paradis)	500	
Manioc (Farine de)	»	Voir Cassave
Manne, en caisses et fûts	800	
— pour curaçao	500	
Maquereau salé	»	Voir Poisson salé.
Marbre brut et ouvré	1,000	Ou au cubage.
Marbres à jouer	»	Voir Chiques.
Marc d'huile	1,000	
Marmites de fonte	500	
Maroquin	»	Au cubage.
Marrons	»	Voir Châtaignes.
Mastic en larmes	1,000	
Mâture	»	Tarif conditionnel (a).
Médicaments composés	»	Au cubage.
Mélasse	1,000	
Mercerie	»	Au cubage, comme caissage et ballottage.
Mercure	1,000	
Merrains	»	Voir Douvelles.
Métaux précieux	»	A la valeur.
Meubles	»	Au cubage.
Meules à aiguisier	1,000	
— autres	1,000	Ou tarif conditionnel (a).
Miel	800	

(a) C'est-à-dire d'après le tarif débattu entre l'expéditeur et le capitaine.

MARCHANDISES.	POIDS du tonneau de mer.	OBSERVATIONS.
	kilogr.	
Mil (Graine de)	»	Voir Graines.
Mine de plomb	1,000	
Minerai	1,000	
Minium	1,000	
Mitraille	1,000	
Modes	»	Au cubage.
Momie (Cire noire)	800	
Morfil	»	Voir Dents d'éléphant.
Morue verte	1,000	
— sèche	800	
Mouches cantharides	»	Voir Cantharides.
Mousse, en balles pressées	400	
Moutarde en poudre, en caisses	800	
— en pots, en caisses	800	
Musc	500	
Muscade	500	
Myrrhe	»	Voir Encens.
Nacre, en grenier	900	
— en caisses	800	
— en fûts	700	
Nankin	500	Ou au cubage.
Natron (Sel)	1,000	
Nattes	»	Au cubage.
Nerprun ou nerprum	600	
Noir de fumée, en balles	500	
— d'ivoire ou d'os de raffinerie ou animal, en grenier	1,000	
— d'ivoire ou d'os de raffinerie ou animal, en fûts	900	
— résidu de raffinerie, en grenier	1,000	
— residu de raffinerie, en boucauts	900	
Noix et noisettes, en grenier	700	
— et noisettes, en balles	600	
— et noisettes, en fûts	500	
— de Corozo, en grenier	1,000	
— de Corozo, en balles	900	
— de Corozo, en fûts	800	
— de galle	»	Voir Galles.
— muscades	»	Voir Muscades.
— vomiques, en balles	700	
Noves de morue	1,000	
Noyaux cassés, en balles	700	
— cassés, en fûts	600	
Ocre	1,000	
Œufs, en caisses ou paniers	»	Au cubage.
Oignons de toutes sortes, en grenier	800	
— de toutes sortes, en caisses ou paniers	700	
— de toutes sortes, en fûts	600	
— de fleurs	»	Au cubage.
Oing	»	Voir Graisse.
Oliban ou encens	»	Voir Encens.
Olives, en barriques	800	
— en barils emballés	700	
— en flacons, en caisses	700	Ou au cubage.
Onglons, en grenier	600	
— en sacs	500	
— en fûts	400	
Opium	1,000	
Or	»	Voir Métaux précieux.
Oranges	»	Au cubage.

MARCHANDISES.	POIDS du tonneau de mer.	OBSERVATIONS.
	kilogr.	
Orangettes, en balles.	800	
— en fûts.	700	
Orcanette, en balles.	700	
— en fûts.	600	
Oreillons et rognures de peaux.	500	
Orge, en grenier ou sacs.	800	
— en fûts.	700	
— mondé ou perlé.	1,000	
Orpiment ou orpin.	1,000	
Orseille naturelle ou lichen.	400	
— naturelle ou lichen, en balles pressées.	500	
— préparée ou en pâte.	1,000	
Orties de Chine.	350	
Os ordinaires, en grenier.	600	
— pour tabletterie, en grenier.	900	
— pour tabletterie, en fûts ou sacs.	800	
Osier brut.	350	
— blanc.	250	
Paille, en bottes.	»	Tarif conditionnel (*a*)
— en balles pressées.	350	Ou au cubage.
Paniers.	»	Tarif conditionnel (*a*).
Papier à écrire, à impression, à enveloppes.	800	
— brouillard, gris et roux.	700	
— à doublage de navires.	600	
— de Chine, de soie.	500	
Parchemin.	700	
Parfumerie.	»	Au cubage.
Pastel en pâte, en futailles.	700	
— naturel, en balles.	450	
Pavés en terre cuite.	1,000	
— en grès.	1,000	
Peaux de bœuf, buffle, cheval, vache et peaux vertes.	»	Voir Cuirs.
— diverses, en balles.	»	Au cubage.
Peinture préparée.	1,000	
Pelleteries fines, en balles.	500	
— fines, en fûts.	400	
Pelure de cacao.	»	Voir Coques de cacao.
Perlasse.	1,000	
Phormium tenax.	»	Voir Chanvre.
Pierres à feu.	1,000	
— brutes, de taille et de marbre.	1,000	Ou tarif conditionnel (*a*).
— meulières.	1,000	*Idem.*
Pierre ponce, en balles ou caisses.	500	
— en fûts.	400	
Pignons, en balles.	800	
— en fûts.	700	
Piment, en balles ou caisses.	500	
— en fûts.	400	
Pipes à fumer, de terre.	500	Ou au cubage.
— à fumer, du Levant.	700	*Idem.*
Pistaches, en balles ou couffes.	500	
— en fûts.	400	
Pite, en balles pressées.	500	
Planches de sapin.	»	Voir Bois à bâtir.
Plâtre.	1,000	

(*a*) C'est-à-dire d'après le tarif débattu entre l'expéditeur et le capitaine.

MARCHANDISES.	POIDS du tonneau de mer.	OBSERVATIONS.
	kilogr.	
Plomb	1,000	
Plombagine	1,000	
Plumes d'oie, à écrire	200	
— à lit, de parure et autres	»	Au cubage.
Poèles à frire et autres articles de chaudronnerie analogues	750	
Poils d'animaux	»	Voir Bourre.
Poires sèches, en balles	500	
— sèches, en fûts	450	
— tapées, en paniers emballés	»	Au cubage.
— vertes, en greniers	900	
— vertes, en fûts	800	
Pois	»	Voir Légumes secs.
— chiches	»	*Idem.*
Poisson salé	1,000	
Poivre, en grenier	800	
— en balles ou sacs	700	
— en fûts	600	
— en robins	650	
Poix	1,000	
Pommes de terre, en grenier	1,000	
— en balles, paniers ou sacs	900	
— en fûts	800	
Pommes sèches, en balles	500	
— sèches, en fûts	450	
— sèches, en paniers	»	Au cubage.
— vertes, en greniers ou sacs	800	
— vertes, en fûts	700	
Porc salé, en fûts	1,000	
Porcelaine	»	*Idem.*
Potasse	1,000	
Poterie, en harasses	»	*Idem.*
— en grenier	»	Tarif conditionnel (*a*).
Potiches	»	*Idem* (*a*).
Potin	1,000	
Pots de raffinerie	»	*Idem* (*a*).
Poudre à canon, en barils simples	700	
— à canon, en barils doubles	600	
— de marbre	1,000	
Poudrette sèche	1,000	
Poutres et poutrelles	»	Voir Bois à bâtir.
Pozzolane (Pouzzolane)	1,000	
Prunes sèches, en caisses	1,000	
— sèches, en barils	900	
— sèches, en paniers	700	
Quercitron en écorce, en fûts	500	
— en poudre	600	
— en sacs	500	
Queues de girofle	»	Voir Girofle.
Quincaillerie	1,000	Ou au cubage.
Quinquina, en balles ou caisses	500	
— en fûts ou surons	400	
Racines d'alizari	»	Voir Alizari.
— de gentiane	»	Voir Gentiane.
— de réglisse	»	Voir Bois de réglisse.

(*a*) C'est-à-dire d'après le tarif débattu entre l'expéditeur et le capitaine.

MARCHANDISES.	POIDS du tonneau de mer.	OBSERVATIONS.
	kilogr.	
Raisins de Corinthe, Zante et Lipari, en barils ou caisses.	900	
— secs, autres.	750	
Rassades..	»	Voir Grains de verre.
Ratafia.	»	Voir Boissons.
Redoul en feuilles, en balles.	300	
Résine.	1,000	
Rhubarbe, en balles ou caisses.	600	
— en fûts.	500	
Rhum et tafia.	»	*Idem*.
Riz avec ou sans pellicule, en grenier ou sacs..	1,000	
— en fûts.	900	
— en paille, en grenier.	800	
— en paille, en sacs.	700	
— en paille, en fûts.	600	
Rocou.	900	Ou 4 barriques bordelaises.
Rognures de papier.	»	Au cubage.
— de peaux.	»	Comme oreillons
Rogues de morue.	1,000	
Roseaux.	»	Voir Joncs.
Rotins.	»	*Idem*.
Sable.	1,000	
Sabots.	»	Au cubage.
Sacs de toile, vides.	»	*Idem*.
Safran.	400	
Safranum, en balles pressées.	600	
— en balles non pressées.	400	
Sagou, en balles ou caisses.	700	
— en fûts..	600	
Saindoux.	»	Voir Graisse.
Salep.	1,000	
Salpêtre.	1,000	
Salsepareille.	400	
Sandaraque.	»	Voir Gomme.
Sang-de-Dragon en masse, en caisse	800	
— en fûts.	700	
— en roseaux, en surons.	250	
Sanguine.	1,000	
Sardines confites, en boîtes, en caisses.	1,000	
— pressées, en barils.	900	
Sarrasin, en grenier.	850	
— en sacs..	800	
Saumon confit, en boîtes, en caisses.	1,000	
— confit, en fûts	900	
Savon.	1,000	
Scammonée.	500	
Scille.	»	Voir Oignons.
Sébadille.	»	Voir Cévadille.
Sébeste (*cordia officinalis*, petite prune d'Egypte).	700	
Seigle, en grenier.	850	
— en sacs.	800	
Sel.	1,000	
Sellerie.	»	Au cubage.
Semen-contra.	700	
Semoule, en sacs.	900	
— en fûts.	700	
Séné en feuilles, en balles ou fardes.	400	
Serpentaire de Virginie.	400	

MARCHANDISES.	POIDS du tonneau de mer.	OBSERVATIONS.
	kilogr.	
Simarouba	400	
Sirops, en caisses	»	Au cubage.
— ou mélasse	»	Voir Mélasse.
Soie écrue ou grége, en balles	400	
Soies de porc, en balles pressées	500	
— de porc, en balles non pressées	300	
— de porc, en caisses	800	
— de porc, en fûts	700	
Soieries	»	Au cubage.
Solives ou soliveaux de chêne et de sapin	»	Voir Bois à bâtir.
Son	300	
Soude	1,000	
Soufre brut ou en canons, en grenier	1,000	
— brut, en caisses ou en fûts	900	
— (Fleur de)	»	Voir Fleur de soufre.
Souliers	»	Au cubage.
Sparterie	»	*Idem.*
Spermaceti	»	Voir Blanc de baleine
Spiritueux	»	Voir Boissons.
Squine	500	
Stockfish, en grenier ou balles	600	
Storax liquide	800	
— en paniers	600	
Suc de réglisse	»	Voir Jus de réglisse.
Sucre brut et terré	1,000	
— raffiné en pains, en vrac	900	
— raffiné en pains, en fûts ou en caisse	700	
— raffiné, pilé	1,000	
— candi, en caisses	900	
— candi, en fûts	800	
Suif fondu, en caisses ou en fûts	1,000	
— fondu, en surons	900	
Sulfates	1,000	
Sumac en feuilles, en balles	400	
— en poudre, en balles	800	
Tabac de Virginie, en boucauts	800	
— de Kentucky, en boucauts	700	
— de Maryland et Ohio	500	
— du Brésil, en balles pressées	600	
— de Hongrie et du Levant, en balles	500	
— de l'Inde, en balles	600	
— de Hollande, Belgique et Palatinat, en balles pressées	700	
— de la Havane, de Haïti et autres provenances, en balles non pressées	350	
— (Côtes de), en balles	300	
— en poudre	800	
— en carottes et figues	900	
— de Chine	»	Au cubage.
Tafia	»	Voir Boissons.
Talc	1,000	
Tamarins confits, en fûts	1,000	
Tan ou écorce moulue, en sacs	600	
— ou écorce non moulue, en grenier ou paquets	500	
Tapioca	700	
Tartre	1,000	
Térébenthine en pâte ou liquide	800	
Terre d'ombre, de Sienne, etc.	1,000	

MARCHANDISES.	POIDS du tonneau de mer.	OBSERVATIONS.
	kilogr.	
Terre de pipe et à poterie	1,000	
Thé	400	Ce chiffre n'est qu'une moyenne approximative : le thé présente de grandes variations dans le poids et se tarife habituellement au cubage.
Thon mariné	800	
Tissus	»	Au cubage.
Toiles et toileries diverses	»	*Idem.*
Tôle	1,000	
Tourbe ou mottes à brûler	»	Tarif conditionnel (*a*).
Tournesol, en pain	500	
Tourteaux de graines, en grenier	1,000	
— de graines, en fûts	800	
Tripoli	1,000	
Truffes	»	Au cubage.
Tubéreuse	500	
Tufeaux	1,000	
Tuiles	1,000	
Turbith	800	
Tuyaux de terre cuite	»	Tarif conditionnel (*a*).
Vanille	350	
Veau ciré, en caisses ou malles	»	Au cubage.
Verdet ou vert-de-gris	1,000	
Vermicelles, en caisses	400	
— en corbeilles	300	
Vermillon en poudre	1,000	
Vernis	1,000	
Verre à vitres	1,000	
— cassé ou groisil	»	Voir Groisil.
Verrerie, en caisses ou harasses	»	Au cubage.
Verroterie, en caisses ou harasses	»	Voir Grains de verre.
Vesces, en grenier ou sacs	1,000	
— en fûts	900	
Vétiver, en balles	200	Ou au cubage.
Viande conservée ou marinée	»	Voir Conserves.
— fumée	800	
— salée	»	Voir Bœuf et Lard.
Vif-argent	»	Voir Argent-vif.
Vin	»	Voir Boissons.
Voitures	»	Au cubage ou tarif conditionnel (*a*).
Zadorica	500	
Zinc	1,000	

(*a*) C'est-à-dire d'après le tarif débattu entre l'expéditeur et le capitaine.

MARCHANDISES

ADMISES AU BÉNÉFICE DE L'IMPORTATION TEMPORAIRE.

MARCHANDISES.	ÉTAT DANS LEQUEL ELLES DOIVENT ÊTRE REPRÉSENTÉES.	RENDEMENT OBLIGATOIRE.	DÉLAI pour la représentation.	OBSERVATIONS.
Blé, froment pour la mouture.	Pour 100 kil. de froment importé, il faudra sortir : de farine blutée à 10 p. 100. / 20 p. 100. / 30 p. 100.	90 kil. p. 100 kil. / 80 » p. 100 » / 70 » p. 100 »	3 mois. / 3 mois. / 3 mois.	Entrée par tous les bureaux ouverts aux céréales, sortie par les ports d'entrepôts, ou par les bureaux ouverts au transit ou à l'entrée des marchandises taxées à plus de 20 fr. les 100 kil. On ne peut entrer moins de 15,000 kil. à la fois. Les droits seront acquittés sur les sons à la sortie.
Carbonate de potasse et potasse.	prussiate de potasse cristallisé.	50 kil. prussiate rouge. / 100 kil. prussiate jaune.	6 mois. / 6 mois.	Pour 100 kil. de potasse importés. / Pour 140 kil. id.
Chanvres bruts, teillées ou en étoupes.	cordages ou cordes.	poids pour poids.	6 mois.	
Chapeaux de paille grossiers.	apprêtés et garnis.	aucun déchet.	6 mois.	
Cylindres en cuivre, unis.	cylindres gravés.	id.	40 jours.	Il est alloué 1 k. 1/2 par cylindre p. déchet.
Débris de vieux ouvrages en fonte, fer ou tôle, provenant de machines à vapeur de navires étrangers venant se faire réparer en France.	chaudières neuves.	id.	40 jours.	Les déchets constatés à la sortie entraînent le paiement du simple droit d'entrée.
Étain brut, en saumons.	en lingots de 1 à 2 kil.	poids pour poids.	6 mois.	
Fontes brutes. — Fers en barres carrées, plates ou rondes.—Aciers en barres.—Cuivre laminé, pur ou allié. —Tôles et cornières.	navires et bateaux en fer, machines et appareils, soit pour l'établissement ou le service des chemins de fer, soit pour les constructions ou fabrications industrielles ou civiles en métaux.	poids pour poids.	6 mois.	Voir et consulter, pour les conditions d'admission qui sont restrictives, pour les obligations imposées aux maîtres de forges, constructeurs et fabricants, pour les conditions de réexportation, le décret du 17 octobre 1857 (*Moniteur* du 20 du même mois) et la circulaire n° 504.
Fer laminé	galvanisé.	poids pour poids.	2 mois.	
Foulards de soie écrue.	imprimés.	id.	3 mois.	
Fruits oléagineux. Arachides.	huile.	32 kil. p. 100 kil.	6 mois.	

Garance en racine.. verte.	garance moulue.	44 kil. p. 100 kil.	6 mois.	Tout manquant excédant 25 p. 100 donne lieu à l'application des pénalités prononcées par la loi du 5 juillet 1836.
Garance en racine.. sèche.	id.	80 » p. 100 »	6 mois	
Gommes du Sénégal.	triées et assorties.	poids pour poids.	4 mois.	
Graines. de colza.	huile de colza.	36 kil. p. 100 kil.	6 mois.	
Graines. de lin.	huile de lin.	30 » p 100 »	6 mois.	
Graines. de sésame.	huile de sésame.	50 » p. 100 »	6 mois.	
Graines. d'œillette.	huile d'œillette.	36 » p. 100 »	6 mois.	
Graines. de navette de Russie, dites graînes de ravison..	huile de navette, etc.	49 » p. 100 »	6 mois.	
Graines. de moutarde blanche.	id.	33 » p. 100 »	6 mois.	
Graines. — noire.	id.	34 » p. 100 »	6 mois.	
Graines. de navette	id.	30 » p. 100 »	6 mois.	
Huiles brutes.. de graines grasses.	épurées.	98 » p. 100 »	3 mois.	
Huiles brutes.. d'olives.	id.	98 » p. 100 »	6 mois.	
Iode.	raffiné.	100 kil.	3 mois.	Par 100 kil. d'iode brut introduit.
	iodure de potassium.	127 kil. 440 grammes.	3 mois.	
Liége brut.	liége façonné.	80 kil. p. 100 kil.	6 mois.	
Marchandises ou objets destinés à être réparés en France..	....	....	6 mois.	
Montres destinées à être repassées à Paris.	»	»	»	
Ouvrages en fer ou en tôle..	galvanisés.	poids pour poids.	2 mois.	
Planches de pin ou sapin..	caisses.	id.	2 mois.	
Plomb en saumons.	en lingots de 1 à 2 kil.	id.	6 mois.	
— brut.	litharge ou minium.	105 kil. p. 100 kil.	6 mois.	
— brut.	laminé ou converti en tuyaux, grenaille et balles.	poids pour poids.	6 mois.	
Riz en grains, importé des pays hors d'Europe.	décortiqué ou nettoyé.	97 kil. p. 100 kil.	2 mois.	On ne peut entrer moins de 1000 kil.
Suif brut (graisses de bœuf et de mouton).	bougies stéariques, acide oléique.	soit 100 kil. de bougies, soit 50 kil de bougies, et 50 kil. d'acide oléique pour 100 kil. de suif.	4 mois.	Par 100 kil. de suif brut admis.
Suif brut (graisses de bœuf et de mouton).	acide stéarique.		4 mois.	Par 100 kil. de suif brut admis.
Suif brut (graisses de bœuf et de mouton).	chandelles.	100 kil.	4 mois.	Par 100 kil. de suif brut admis.
Tartre brut..	crème de tartre.	83 kil.	6 mois.	
— en cristaux colorés.	acide tartrique.	59 kil.	6 mois.	
Tissus de COTON écrus. — (en pièces) de LAINE pure ou mélangée de coton, de soie ou de poil.	imprimés.	poids pour poids.	6 mois.	
Zinc brut ou en saumons..	laminé.	95 kil. p. 100 kil.	3 mois.	

MARCHANDISES DE RETOUR.

NOTA.—Ces règles sont applicables aux produits français envoyés aux *Expositions* étrangères.

Les marchandises françaises restées invendues à l'étranger, et dont il est possible de reconnaître d'une manière certaine l'origine, peuvent être réadmises par autorisations des directeurs et même des inspecteurs délégués. Ces autorisations ne s'accordent qu'aux seuls fabricants ou négociants pour le compte desquels les marchandises ont été exportées.

Aucune demande de retour ne peut être accueillie après l'expiration des deux années qui suivent la date de l'exportation, à moins d'autorisation spéciale de l'administration. Il faut produire l'acquit de paiement des droits de sortie applicables aux marchandises, ou, à défaut de cette pièce, un extrait des livres portant facture, dûment certifié par un officier public (*une simple légalisation serait insuffisante*). Il y a exception à cette exigence, et à justifier de la nécessité de réimporter les marchandises, lorsqu'elles ont été expédiées par erreur à l'étranger, et qu'elles n'ont pas cessé d'être sous la main de la douane étrangère.

Les marchandises de retour expédiées en transit sont dirigées sur la douane de Paris (rue de l'Entrepôt, nº 2) et non pas sur l'Entrepôt.

Les autorisations ne sont accordées qu'à la charge de payer le droit de 51 cent. par 100 kil. ou 15 cent. par 100 francs de la valeur, au choix du redevable, sauf pour les marchandises rapportées des colonies françaises.

S'il s'agit de marchandises ayant touché une prime, celle-ci doit être remboursée au moment de la réimportation.

Sont exclus du bénéfice du retour : les produits naturels, d'usine ou de laboratoire, qui peuvent être identiques partout et les liquides de toutes sortes, sauf les vins de la Gironde (dans les deux années de leur envoi à l'étranger, lorsque l'origine en est reconnue et constatée par le jury spécial institué pour cet objet à Bordeaux) et les vins de tous crus indigènes rapportés de nos colonies des Antilles et de la Réunion.

Les objets fabriqués avec des matières premières admises temporairement en franchise à charge de réexportation, après avoir reçu un complément de main d'œuvre, ne peuvent être réimportés qu'en payant le droit afférent à la matière brute dont ils sont composés d'après les tarifications en vigueur au moment de l'importation primitive.

Sont *exceptionnellement* admis au benéfice de retour :

Les châles et écharpes de cachemire de fabrique étrangère pour lesquels il a été justifié du paiement des droits d'entrée :

Les futailles ayant servi à exporter des vins et eaux-de-vie que l'on aura déclaré vouloir réimporter dans le délai d'un an ;

Les caisses et sacs, dûment estampillés par la douane, ayant servi à l'exportation des grains, du sel, etc., etc., délai d'un an) ;

Les estagnons ayant servi à exporter des essences (réserve de réimportation exprimée dans les acquits de sortie qui doivent être représentés) ;

Les bouteilles de verre et de grès dont la sortie primitive est justifiée ;

Les marchandises expédiées sur les foires de Pampelune (*a*) et de la Suisse ;

Les marchandises nationales rapportées des colonies françaises ;

Les morues de pêche française exportées, sous réserve de retour, en Algérie, en Espagne, en Portugal ;

Les produits français restés invendus en Corse ;

Les ouvrages d'or et d'argent provenant de l'industrie française.

Les armes de guerre et la librairie, qui sont soumises à des régimes particuliers, ne peuvent être réimportées en France que sur des autorisations spéciales délivrées, selon le cas, par le département de la Guerre ou par celui de l'Intérieur. C'est donc auprès de ces départements que les intéressés doivent se pourvoir.

Sont formellement exclues du bénéfice du retour les marchandises étrangères, qui ont été exportées de France, après avoir été nationalisées par le paiement des droits d'entrée et toute marchandise revêtue d'une marque de fabrication étrangère.

(*a*) Les marchandises que les négociants de Bayonne expédient à Pampelune pour la foire, à charge de justifier de leur exportation et de les réimporter par le bureau de sortie dans la huitaine de la clôture de la foire.

TARES LÉGALES

ACCORDÉES PAR LA DOUANE.

Marchandise	Emballage	Tare
Sucre	futailles . . . des colonies françaises	13 p. 100
	futailles . . . de l'étranger	12 p. 100
	caisses	12 p. 100
	balles ou sacs revêtus de plusieurs enveloppes	5 p. 100
	dito renfermant la marchandise à nu	2 p. 100
Café	en futailles ou caisses	12 p. 100
	en balles ou en sacs	3 p. 100
Cacao, **Poivre** ou **Piment**	caisses ou futailles	12 p. 100
	balles, ballots ou sacs	3 p. 100
Indigo	caisses ou futailles renfermant un sac de peau	21 p. 100
	dito dito un sac de toile	14 p. 100
	dito dito l'indigo à nu	12 p. 100
	surons	9 p. 100
	sacs de toile	2 p. 100
Coton en laine de Turquie	en ballotins ou ballots formés de deux emballages en nattes de jonc, ou d'un tissu grossier en poil de chèvre	10 p. 100
	ballotins ou balles de toute autre espèce, et notamment en tissu léger de crin	Comme les cotons d'autre origine.
— d'autre origine	ballotins au-dessous de 50 kil.	8 p. 100
	balles de 50 kil. et au-dessus	6 p. 100
Anchois	en petits barils pesant 3 kil. l'un	6e de l. poids.
Soie et **Bourre de soie** filée ou cardée	en balles revêtues de deux enveloppes	5 p. 100
	dito revêtues de deux enveloppes avec doubles cordes *ou* cercles en fer	6 p. 100
	dito renfermant la marchandise à nu	2 p. 100
	en caisses	12 p. 100
Rubans de velours	numéro 1 à 20 inclus	30 p. 100
	numéro 21 à 120 dito	20 p. 100
	au-dessus du numéro 120 inclus	10 p. 100
Toutes autres marchandises tarifées au *net*	caisses ou futailles	12 p. 100
	balles, ballots, sacs, paniers, colis à claire voie	2 p. 100
	surons	9 p. 100

PRIMES ET DRAWBACKS

A L'EXPORTATION.

SUCRES NON RAFFINÉS DONT LES PRODUITS SONT ADMIS AU DRAWBACK.				QUOTITÉ des droits par 100 kilog. de sucre non raffiné (*décimes compris*).	QUOTITÉ des drawbacks par 100 kilogr. de sucres raffinés.	
					Mélis ou candis (*rendement de* 76 p. %).	Lumps ou tapés (*rendement de* 80 p. %).
				fr. c.	fr. c.	fr. c.
Sucres au 1er type et nuances inférieures, importés :	des Colonies françaises :	au delà du Cap de Bonne-Espérance.	jusqu'au 30 juin 1864. . .	22 80	30 »	28 50
			du 1er juillet 1864 au 30 juin 1865.	24 60	32 36	30 75
			du 1er juillet 1865 au 30 juin 1866.	26 40	34 73	33 »
			à partir du 1er juillet 1866.	30 »	39 47	37 50
		d'Amérique.	jusqu'au 30 juin 1866. . .	26 40	34 73	33 »
			à partir du 1er juillet 1866.	30 »	39 47	37 50
	de l'Inde.		par navires français. . . .	33 »	43 42	41 25
			par navires étrangers . . .	30 »	39 47	37 50
	d'ailleurs, hors d'Europe.		par navires français. . . .	32 »	42 10	40 »
			par navires étrangers . . .			

PRODUITS DIVERS.		UNITÉS sur lesquelles portent les primes.	QUOTITÉ DES PRIMES.
			Remboursement des droits d'entrée.
			fr. c.
Beurre salé exporté par mer	première classe (*a*)..	100 kil.	1 20
	deuxième classe (*a*).	id.	0 80
Appareils de 100 chevaux au moins (chaque cheval de force estimé à 300 kil. de fonte), placés à bord des navires français employés à la navigation maritime. . . .		id.	2 »
Appareils, quelle qu'en soit la force, installés à bord des navires français employés à la navigation internationale maritime		id.	20 »

(*a*) V. la note, page 188.

PRODUITS DIVERS (*Suite*).	UNITÉS sur lesquelles portent les primes.	QUOTITÉ DES PRIMES.	
		Remboursement des droits d'entrée. (a)	
		1re classe.	2e classe.
		fr. c.	fr. c.
Viandes salées exportées par mer. — bœuf ou porc	100 kil.	4 00	3 00
— lard en planches	id.	3 20	2 70
— jambons	id.	3 00	2 50

PRODUITS DIVERS (*Suite*).	UNITÉS	QUOTITÉ DES PRIMES (fr. c.)
Sel ammoniacal	100 kil.	10 00
Soude brute à 33 degrés au moins	id.	4 35
Cristaux de soude	id.	4 35
Sulfate de soude anhydre	id.	6 00
Sulfite de soude anhydre	id.	6 00
Sel de soude à 80 degrés	id.	11 00
Acide hydrochlorique à 20 degrés	id.	3 00
Chlorure de chaux à 85 degrés au moins	id.	7 50
Chlorate de potasse	id.	66 00
Chlorure de magnésium	id.	4 00
Glaces ou grands miroirs	le mèt. sup.	1 00
Gobeleterie, verres à vitres et autres verres blancs	100 kil.	2 00
Bouteilles	id.	0 80
Outremer factice	id.	6 75

(a) La première classe comprend les viandes embarquées à destination des pays transatlantiques, des colonies et comptoirs français, ou pour la pêche de la morue et de la baleine.

La deuxième classe, celles embarquées à destination : 1° des pays étrangers d'Europe, les possessions françaises du nord de l'Afrique, le Levant, l'Égypte et les États Barbaresques de la Méditerranée; 2° les exportations par la frontière de terre des Pyrénées.

DÉLAIS

Dans lesquels les LOIS *et* DÉCRETS *sont* EXÉCUTOIRES, *à partir du jour de leur insertion au* Bulletin des lois.

(On suppose que l'insertion ait eu lieu le 1er du mois).

DIRECTIONS.	DÉPARTEMENTS.	DISTANCE de Paris au chef-lieu du département. myr.	kil.	JOUR de l'application de la loi ou du décret.
Dunkerque	Nord	23	6	le 6
	Pas-de-Calais	19	3	5
Lille	Nord	23	6	6
Valenciennes	Nord	23	6	6
Charleville	Nord	23	6	6
	Aisne	12	7	5
	Ardennes	23	4	6
Metz	Meuse	25	1	6
	Moselle	30	8	7
	Bas-Rhin	46	4	8
Strasbourg	Bas-Rhin	46	4	8
	Haut-Rhin	48	1	8
Colmar	Haut-Rhin	48	1	8
Besançon	Haute-Saône	35	4	7
	Doubs	39	6	7
	Jura	41	1	8
Bourg	Jura	41	1	8
	Ain	43	2	8
Chambéry	Savoie	58	8	10
	Haute-Savoie	64	6	11
Digne	Hautes-Alpes	75	5	11
	Basses-Alpes	75	5	11
	Var	89	»	12
Nice	Alpes-Maritimes	94	8	13
Toulon	Var	89	»	12
Marseille	Bouches-du-Rhône	81	3	12
Montpellier	Gard	70	2	11
	Hérault	75	2	11
Perpignan	Aude	76	5	11
	Pyrénées-Orientales	88	8	12
Tarbes	Ariége	75	2	11
	Haute-Garonne	66	9	10
	Hautes-Pyrénées	81	5	12
	Basses-Pyrénées	78	1	11
Bayonne	Basses-Pyrénées	71	1	11
	Landes	70	2	11
Bordeaux	Landes	70	2	11
	Gironde	57	3	9
	Charente-Inférieure	46	»	8
La Rochelle	Charente-Inférieure	46	»	8
	Vendée	43	3	8

DIRECTIONS.	DÉPARTEMENTS.	DISTANCE de Paris au chef-lieu du département.	JOUR de l'application de la loi ou du décret.
		myr. kil.	
Napoléon-Vendée	Vendée	43 3	le 8
Nantes	Loire-Inférieure	38 9	7
Vannes	Ille-et-Vilaine	34 6	7
	Morbihan	50 »	8
Brest	Finistère	62 3	10
Saint-Brieuc	Côtes-du-Nord	44 6	8
	Ille-et-Vilaine	34 6	7
	Manche	32 6	7
Saint-Lô	Manche	32 6	7
	Calvados	26 3	6
Caen	Calvados	26 3	6
Rouen	Calvados	26 3	6
	Eure	10 4	5
	Seine-Inférieure	13 7	5
Le Havre	Seine-Inférieure	13 7	5
Boulogne	Somme	12 8	5
	Pas-de-Calais	19 3	5
Bastia	Corse	145 5	18
Alger	Algérie	160 »	21
Paris	Seine	» »	3
Lyon	Rhône	46 6	8
Orléans	Loiret	12 3	5

AVIS

AUX VOYAGEURS ET AUX ÉTRANGERS

QUI VIENNENT SE FIXER EN FRANCE.

Par dérogation aux conditions générales du Tarif diverses faveurs sont accordées aux étrangers qui viennent se fixer en France, aux Français qui rentrent dans leur patrie et aux ouvriers ou industriels qui transportent leur industrie sur le territoire français.

Objets admis en franchise.—En pareilles circonstances, sont admis en exemption complète des droits d'entrée, savoir :

Les habillements, le linge de corps, de cuisine, de lit et de table ;

Les costumes de théâtre qui suivent les acteurs dans leurs déplacements ;

Les instruments de musique des artistes ambulants, ainsi que ceux portatifs faisant partie des bagages des voyageurs ;

Les livres de bibliothèque particulière reconnus d'espèce admissible, c'est-à-dire qui ne constituent pas des contrefaçons, ne sont pas contraires aux bonnes mœurs ni hostiles au Gouvernement ;

Les cadres, dorés ou non, pour tableaux et gravures, les glaces, les verreries, les batteries de cuisine, les meubles et généralement tous les objets et ustensiles de ménage, même d'espèce prohibée ;

Les vieilles porcelaines, les pianos, les outils et instruments d'art libéraux et mécaniques ;

Les trousseaux de mariage, et ceux des élèves envoyés ou résidant en France ;

Les matériels agricoles (chariots, tombereaux, voitures à échelles, manches d'outils en bois, et tous les objets rentrant dans la classe des objets en bois non dénommés), les jougs, harnais, instruments aratoires proprement dits, les herses, charrues, moissonneuses, faneuses, etc., et tous les objets qui peuvent rentrer dans la classe des machines agricoles.

Objets soumis à des droits.—Les tapis neufs ou usagés sont soumis indistinctement aux droits de 15 p. 0/0 de la valeur (*a*).

Restent subordonnés aux conditions ordinaires du Tarif les objets neufs, les appareils faisant partie des matériels industriels ainsi que les vins, les liqueurs, les denrées de consommation et les bestiaux.

Quant aux objets encore prohibés, aux termes du Tarif général, c'est-à-dire qui ne viennent ni d'Angleterre ni de Belgique, tels que, par exemple, la coutel-

(*a*) Plus les deux décimes à l'importation d'ailleurs que de Belgique ou d'Angleterre, et 15 p. 0/0, décimes compris, à l'importation de ces deux pays.

lerie, les ouvrages en cuir, les tissus de laine ou de coton, ils sont admis, par exception, moyennant le paiement du droit de 30 0/0 de la valeur (double décime en sus). Ceux qui sont importés d'Angleterre ou de Belgique acquittent les droits résultant des traités (V. le Tarif franco-anglais et franco-belge). Dans ce cas les voyageurs sont dispensés de produire des certificats d'origine.

Ces diverses conditions étant essentiellement de faveur, ne sont appliquées qu'autant qu'il s'agit évidemment de mobiliers proprement dits ou d'objets importés en dehors de toute spéculation commerciale, qui sont reconnus porter des traces d'usage et être en rapport par leur nombre, leur nature et leur qualité, avec la position des importateurs.

Argenterie. L'argenterie peut, aux choix des propriétaires, être admise temporairement sous le régime de la consignation, ou d'une manière définitive.

Dans le premier cas, il est dressé un état des objets importés et l'intéressé consigne entre les mains du receveur du bureau d'importation une somme égale aux droits de douane et de garantie dont seraient passibles ces objets s'ils restaient en France. Cette somme est intégralement restituée à la sortie par tous les bureaux indistinctement, lorsqu'il est constaté par la douane que tous les objets décrits dans la reconnaissance de consignation sont réexportés dans un délai de trois ans. Toutefois, ce délai peut être prorogé pour une nouvelle période de trois années, sur l'autorisation du Directeur général des Douanes.

Dans le second cas l'importateur doit acquitter immédiatement les droits qui frappent les objets en argent. Mais, si ces objets sont usagés l'administration fait d'ordinaire remise des droits de douane et il n'est perçu que le droit de garantie (un franc par hectogramme, poids net, plus les décimes).

Voitures. — Prohibées par le Tarif général, les voitures suspendues sont admises purement et simplement lorsqu'elles sont introduites attelées de chevaux de poste ou par les chemins de fer, chargées de bagages et qu'elles sont notoirement propres, par leur nature, à être employées comme voitures de voyage.

Dans tout autre cas, ces voitures ne peuvent entrer en France que moyennant la consignation d'une somme égale au tiers de leur valeur ; les trois quarts de cette somme sont restitués lorsqu'il est justifié de la réexportation de la voiture dans un délai de trois ans. (Voir en outre, page 137, *Carrosserie.*)

Provisions de cigares et de tabacs. Voir la note (*a*), page 33.

Les directeurs des Douanes sont autorisés à statuer dans tous les cas exceptionnels ci-dessus mentionnés.

RAPPORT DES POIDS, MESURES ET MONNAIES

DE LA GRANDE-BRETAGNE AVEC LES UNITÉS FRANÇAISES.

Basket (Panier); de grandeur variable.

Bushel. (Boisseau); mesure légale de capacité pour matières sèches = 8 gallons . . . . litres. 36 35

— de Winchester (anciennement employé). . . . . » 35 24

Carat. Le carat-diamant. . . . . décigr. 2 053

Chaldron = 12 *sacks*. . . . . hectol. 13 085

Crown (Couronne); monnaie d'argent=5 *shillings*. . . . . . francs. 5 70

Cwt. Abréviation de *hundredweigh* (littéralement 100 poids). C est pris ici comme chiffre romain.

D. Abréviation de *denier*. V. *Penny*.

Doz. Abréviation de dozen.

Dozen (Douzaine). La grande est de 13.

Dram = $\frac{1}{16}$ d'*ounce*. . . . . gramme. 1 771

Dw ou **Dwt.** Abréviation de pennyweight.

Fathom (Toise); mesure de longueur = 2 *yards*. . . . . mètre. 1 828

Feet. Pluriel de *foot*.

Foot (Pied). = $\frac{1}{3}$ de *yard*. . . . . décimèt. 3 048

— *Square foot* (pied carré)=144 pouces carrés.. décimèt. carrés. 9 290

— *Cubic foot* (pied cube)=1728 pouces cubes. . décimèt. cubes. 28 016

Gallon. Mesure légale de capacité pour toute espèce de liquide, ainsi que pour les grains=4 *quarts*. . . . . litre. 4 543

Grain. $\frac{1}{7000}$ de la *livre avoir du pois* ou $\frac{1}{5760}$ de la livre *Troy*. centig. 6 479

Gill. Mesure légale de capacité ;=1/4 de *pint*. . . . . décilit. 1 42

Guinea (*Guinée*); monnaie d'or ;=21 *shillings*.. . . . . . . francs. 26 45

Halfpenny (*Demi-denier*); = 2 farthings.. . . . . franc. 0 052

Hogshead (Barrique). . . . . litres. 225 17

— à bière. . . . . » 245 35

— à mélasse . . . . » 278 52

Hundredweight. En abrégé Cwt (quintal), poids de commerce = 112 lbs.. . . . . kilogr. 50 80

— de *Troy*=100 lbs *poids de Troy*. . . . . » 37 32

Inch (Pouce).=$\frac{1}{12}$ du pied. . . . . centim. 2 53

— *Square inch* (pouce carré)=$\frac{1}{144}$ du pied carré . . . . cent. car. 6 45

— *Cubic inch* (pouce cube) = $\frac{1}{1728}$ du pied cube . . . . cent. cub. 16 38

Keg. Petit baril pour le poisson mariné. . . . . litres. 10 09

Last ou **Load** (Charge); mesure de capacité pour les grains = 80 *bushels*. . . . . hectol. 29 08

— Pour goudron (12 barils n'ayant pas chacun plus de 31 1/2 gallons. . . . . hectol. 17 17

— V. aussi *Load*.

LB-LBS. Abréviations de livre, *pound* (unité de poids).

LIVRE. V. *Pound*.

LOAD ou LAST (Poids). = 40 cwt. = 2 tonneaux. . . . . kil. 2031 88

— Pour les bois, le last ou load de planches contient 50 pieds cubes, comme suit : le pied cube = 1728 pouces cubes = 28.315 décimèt. cub.

MILE = 1760 *yards*. . . . . mètres 1609 315

OUNCE (Once).—L'once *avoir du pois*=$\frac{1}{16}$ de la livre. . . . grammes. 28 349

— (Once). — L'once poids de Troy $\frac{1}{12}$ de la livre *Troy*. » 31 103

OZ. Abréviation de *Ounce*.

PENNY ou DENIER. Au pluriel *pence* (denier) monnaie de cuivre = 4 *farthings*. franc. 0 105

PENNYWEIGHT. Denier *ou* poids du denier—pour l'or, l'argent, etc. $\frac{1}{20}$ de l'once. gramme. 1 555

PINT (Pinte). =$\frac{1}{8}$ du gallon. . . . . litre. 0 567

PIPE (Pipe). Futaille pour les liquides = 2 hogsheads. . . . . litres. 476 94

POUND. (*Avoir du pois pound*) livre légale. . . . . gram. 453 55

— *Imperial standard troy pound*, livre, étalon, poids de *Troy*, pour l'or, l'argent, les bijoux, les perles, la soie, la pharmacie. . . . . gram. 373 20

POUND STERLING (Livre sterling) ; monnaie de comptes=20 *shillings*. . . . . francs. 25 00

POTTLE. Mesure légale pour les liquides. . . . . litre. 2 271

— Mesure légale pour les matières sèches. . . . . » 2 271

QUART. Mesure légale de capacité, pour les liquides et les matières sèches = $\frac{1}{4}$ du gallon. . . . . litre. 1 135

QUARTER. Mesure légale pour les matières sèches=8 *bushels*. . » 290 781

— Poids légal=$\frac{1}{4}$ du *hundredweight*. . . . . kil. 12 700

— *of a pound* = $\frac{1}{4}$ de la livre ou quarteron.

SACK = 3 *bushels*. . . . . hectol. 1 090

SHILLING. Monnaie d'argent=12 *pence*. . . . . franc. 1 25

SOVEREIGN (Souverain). Monnaie d'or = 20 shillings. . . . . » 25 00

STANDARD (Étalon modèle).—S'emploie pour désigner les modèles qui doivent servir de base à la confection des poids et mesures légaux.

— Titre, degré de finesse ou de pureté de l'or et de l'argent ; pour l'or 22 carats de fin, ce qui équivaut à $\frac{11}{12}$ ou 916 $\frac{2}{3}$ millièmes ; pour l'argent 11 onces 2 dwts = $\frac{37}{40}$ ou 925 millièmes.

TON ou TUN (Tonneau de mer).=20 cwt. . . . . kilogr. 1016 048

YARD (Littéralement verge) ; mesure légale de longueur et d'aunage = 3 pieds. . . . . mètre. 0 9144

— *Square yard* (yard carré). . . . . mètre carré. 0 8362

— *Cubic yard* (yard cube) . . . . mètre cube. 0 7646

ou décistères. 7 646

TABLE DES MATIÈRES.

Paris.—Imprimerie de COSSE et J. DUMAINE, rue Christine, 2.

www.ingramcontent.com/pod-product-compliance
Ingram Content Group UK Ltd.
Pitfield, Milton Keynes, MK11 3LW, UK
UKHW021141260726
13994UKWH00001B/236